THE
MARKET
SYSTEM

시장체제
시장체제란 무엇이고, 어떻게 움직이며, 무엇을 할 수 있는가

The Market System : What It Is, How It Works, and What to make of It
by Charles E. Lindblom

시장체제 시장체제란 무엇이고, 어떻게 움직이며, 무엇을 할 수 있는가

1판1쇄 펴냄 2009년 4월 13일

지은이 | 찰스 E. 린드블롬
옮긴이 | 한상석
감수 | 이덕재

펴낸이 | 박상훈
주간 | 정민용
편집장 | 안중철
책임편집 | 박미경
편집 | 성지희, 이진실, 최미정
디자인 | 서진
경영지원 | 김용운
제작·영업 | 김재선, 박경춘

펴낸곳 | 후마니타스(주)
등록 | 2002년 2월 19일 제300-2003-108호
주소 | 서울 마포구 서교동 464-46 서강빌딩 301호(121-841)
편집 | 02-739-9929, 9930 제작·영업 | 02-722-9960 팩스 | 02-733-9910
홈페이지 | www.humanitasbook.co.kr

인쇄 | 표지·본문 인성인쇄 031-932-6966
제본 | 일진제책사 031-908-1406

값 15,000원

ⓒ 찰스 E. 린드블롬, 2009
ISBN 978-89-90106-79-7 03320

이 도서의 국립중앙도서관 출판시도서목록(CIP)은 e-CIP홈페이지(http://www.nl.go.kr/ecip)에서
이용하실 수 있습니다(CIP 제어번호: CIP2009000446).

THE MARKET SYSTEM

시장체제

시장체제란 무엇이고, 어떻게 움직이며, 무엇을 할 수 있는가

찰스 린드블롬 지음 한상석 옮김

후마니타스

차례

3부 어떤 사회를 원하는가

감사의 글

시장체제를 설명하고 분석하는 책을 쓰면서, 나는 독자 대중에게 큰 관심을 불러일으키고 또 그 관심을 만족시키고 싶었다. 그래서 여러 사람에게 이 책의 원고를 읽고 조언해 달라고 부탁했다. 지식 계층이든 아니든, 남다른 인내심이 있든 없든, 시장체제를 찬성하든 반대하든 관계없이 그렇게 했다. 한두 장을 읽어 준 사람도 있고, 즐거운 마음으로 원고 전체를 꼼꼼하게 읽어 준 사람도 있다. 모두에게 감사하면서, 특별한 도움을 준 몇몇 사람들에게 고맙다는 말을 전하려고 한다. 이 책에 도움을 준 것은 물론이고 내가 그들에게서 배운 점들에 대해 깊이 감사한다.

수잔 로즈 애커먼Susan Rose-Akerman, 마이클 바즐리Michael Barzelay, 한스 블록랜드Hans Blokland, 데이비드 코헨David K. Cohen, 존 코벨John Covell, 로버트 달Robert A. Dahl, 수잔 프리드먼Susan Friedman, 로라 길버트Laura Gilbert, 로널드 제퍼슨Ronald L. Jefferson, 이라 캐츠넬슨Ira Katznelson, 앨빈 클레보릭Alvin K. Klevorick, 스티븐 린드블롬Steven W. Lindblom, 에릭 린드블롬Eric N. Lindblom, 리처드 넬슨Richard R. Nelson, 브루스 니콜스Bruce Nichols, 머튼 펙Merton J. Peck, 하워드 삭스Howard R. Sacks, 이안 샤피로Ian Shapiro, 크리스토퍼 티민스Christopher D.

Timmins, 제임스 토빈James Tobin, 샤구앙 왕Shaguang Wang, 에드워드 우드하우스Edward J. Woodhouse, 로스 주커Ross Zucker와 지금은 고인이 된 윌리엄 파커William J. Parker가 바로 그런 사람들이다.

그 밖에도 유익한 논평을 많이 해준 로버트 레인Robert E. Lane에게 고마움을 전한다. 특유의 재능과 활력으로 비서 일을 도와준 파멜라 라모나카Pamela A. Lamonaca와 파멜라 그린Pamela A. Green에게도 기쁜 마음으로 감사를 전하며 예일대학교 사회정책연구소the Yale Institution for Social and Policy Studies와 특히 도널드 그린Donald Green과 바버라 도지어Babara Dozier에게 감사한다.

THE MARKET SYSTEM 1 서론 : 시장체제의 시대

오늘날과 같은 21세기를 있게 한, 20세기 말의 어마어마한 사회 변화를 살펴보는 것으로 이 책의 서문을 대신하고자 한다. 세계 곳곳에서 예상치 못했던 큰 변화가 있었다. 공산주의 체제는 중앙집권적인 계획경제를 포기하고 그 자리에 시장체제를 도입하려 했다. 중국은 국가 통제에 묶여 있던 농민들에게 자유로운 생산과 판매를 허용함으로써 이윤을 추구할 수 있게 했고, 산업 분야에서도 국가가 목표치와 할당량을 정해 주던 방식에서 벗어나기 시작했다. 중국만큼 성장 속도가 빠른 것은 아니지만 베를린 장벽과 함께 경제체제가 붕괴된 러시아도 마찬가지였다.

공산주의 체제의 변화보다 훨씬 이전에 자본주의 진영에서도 예기치 못한 일이 일어났다. 서유럽 사회민주주의자들이 전통적으로 시장체제에 대해 가졌던 이념적인 적대를 포기한 것이다. 제2차 세계대전 이후 그들은 더 이상 시장체제를 폐기하려 하지 않았다. 대신 프랑스, 이탈리아, 영국의 사회주의 정당들은 사기업보다 국영기업이 주도하는 새로운 유형의 시장체제를 주장했다. 그러나 그것도 그리 오래가지 못했다. 그들은 자신들이 지향하는 사회주의적 열망을 소득재분배와 복지국가의 사회정책 프로그램을 통해 추구하면서, 점점 자본주의의 근간이라 할 기업에 친숙해지기 시작했다. 영국 노동당이 보여 주듯이 이제는 되도록 국유화를 언급하지 않는다. 그들이 말하는 것은 '제3의 길'다. 그 길이 무엇을 의미하는지는 아직 명확하게 규정되지 않았지만, 어쨌든 간에 그 길은 시장체제와 함께하는 길이다.

자유주의자나 보수주의자들도 마찬가지다. 기업 활동에 대한 정부 규제와 사회복지 정책에 반대해 온 이들 역시 시장체제에 새로운 관심을 나타냈다. 그들의 관심은 국가의 실패로 간주되는 관료주의적 경직성과 과도한 파당적 이해 등에 기인하는 바가 크지만, 그것은 유럽공동시장을 구축해야 한다거나, 세계화를 추진해야 한다거나, '신경제'¹의 기회를 활용해야 한다는 등 시장체제를 옹호하고자 자주 개진되고 있는 최근의 주장들에서 비롯한 것이기도 하다.

이런 거대한 변화의 흐름에도 불구하고, 공산주의 체제가 시장체제로 완전히 전환될 것 같지는 않다. 구소련에 속했던 일부 국가는 물론, 러시아조차 체제 전환의 어려움에 직면해 있다. 대부분의 러시아인들은 새롭게 태동하고 있는 시장체제를 갱들의 약탈 행위와 비슷한 것으로 본다. 그 체제를 뭐라고 지칭하든 그들이 경험하고 있는 이행기 체제가 몹시 착취적이기 때문이다. 오늘날의 러시아는 시장체제가 가질 수 있는 가장 나쁜 모습을 보여 주고 있다. 사태가 어떻게 종결될지는 아직 아무도 모른다.

---

1 신경제(New Economy)란 인플레이션 없이 장기 호황을 유지했던 1990년대 미국의 경제 모델을 가리키는 개념으로, 일반적으로는 정보통신 분야의 기술혁신을 통해 생산성을 지속적으로 증대시키는 경제를 말한다.

새로운 세기의 출발치고는 놀랍지 않은가? 이런 거대한 변화와 실패를 다루려면 책을 한 권 써야 할 것이다. 시장체제를 찬양하거나 개탄하기 위해서가 아니라, 시장체제를 제대로 이해하기 위해서 말이다.

　오랫동안 시장체제에 대한 이해 없이도 경제학 연구가 가능했다. 나역시 시장체제가 무엇인지 제대로 이해하지 못한 채 대학을 졸업했다. 혹시 나를 가르친 사람들은 알고 있었는지 모르겠다. 하지만 그들이 시장체제의 구조가 어떤 것인지를 설명하려고 애쓴 적은 없었다. 그들이 가르친 것은 단지 인플레이션, 독점, 국제무역 같은 것이었다. 나무를 가르치긴 했으나 숲을 가르친 것은 아니다. 어찌 되었든 시장체제라고 불리는 사회조직의 전체적인 구조를 우리에게 이해시키지 못했다는 사실만큼은 분명하다. 아마 독자들은 자잘한 소재들로 가득한 화면을 한참 들여다봐야만 그 속에 숨겨져 있는 어떤 얼굴이나 형상이 문득문득 드러나는 그림을 본 적이 있을 것이다. 내가 부딪힌 문제도 마찬가지였다. 세부적인 것은 많이 알았으나 오랫동안 시장체제의 전체 모습을 발견할 수 없었다.

　적어도 지난 150년 동안 우리는 시장체제를 이해하기보다는 그 체제를 넘어서려는 성급한 논쟁에 사로잡혀 있었다. 이제야 우리는 열정에 치우치지 않고 냉정하게 시장체제를 생각할 기회를 갖게 되었다. 시장체제 옹호자들은 이제 더 이상 공산주의를 두려워할 필요가 없게 되었고, 이제는 이념적인 논쟁에서 벗어나 시장체제와 그 문제점에 관해 분별력 있게 말할 수 있게 되었다. 사회주의 체제 옹호자들도 좀 더 나은 사회에 대한 열망만으로는 충분치 않다는 것을 깨닫고 있다. 이제 그들은 더 나은 사회를 건설하기 위해 대면할 수밖에 없는 문제의 복잡성을 고려해야 한다.

물론 시장을 제대로 이해한다는 것은 쉬운 일이 아니다. 주류 경제학은 여전히 갈피를 못 잡고 있다. 시장의 장점에 눈이 부셔서 시장이 안고 있는 결점에 대해서는 반쯤 눈감고 있기 때문이다. 반면에, 시장체제의 비판자들은 불타는 적대감이 뿜어내는 연기에 가려 시장의 장점을 제대로 보지 못한다. 하다못해 가장 학술적인 토론의 장에서조차 시장의 장점에 대해 여간해서는 입을 열지 않는 경직성을 종종 드러낸다. 따라서 사회철학자 위르겐 하버마스처럼 자유와 이성, 도덕성 같은 가치의 관점에서 시장체제가 미친 영향에 주목하려는 역사·문학·철학 분야 학자들과, 다른 한편 시장체제를 찬양하는 데 몰입하고 있는 대부분의 경제학자 사이에서 지적인 토론을 찾아보기 어려운 것은 당연한 일이다.

시장체제에 대한 이해는 때로, 시장 기능에 대해 갖고 있는 신비화된 인식에 의해 방해받기도 한다. 애덤 스미스는 200년도 더 지난 글에서, 시장에서의 수많은 활동은 하나의 '보이지 않는 손'에 의해 조율$^{coor-dinate}$된다고 했다. 그러나 이제는 그와 같은 보이지 않는 손과 함께 수많은 '보이는 손'의 작동에 대해서도 충분히 설명할 수 있어야만 한다.

시장체제란 무엇인가

우선, 시장체제와 시장을 구분할 필요가 있다. 모든 사회가 시장체제를 선택하거나 포용하는 것은 아니다. 하지만 현존하는 모든 사회는 시장을 이용한다. 마오쩌둥 시대의 중국이나 구소련을 여행해 본 사람이라면 거리를 걷다가 이발소나 자전거 수리, 소비재를 취급하는 시장을 보았을 것이다. 주의 깊은 여행자라면 원자재와 기계를 취급하는 시장 — 합법적인 시장이라기보다는 아마 암시장이겠지만 — 도 금방 발견했을 것이다. 노래를 부르든 석탄을 캐든, 사람들이 다른 사람들로 하여금 어떤 일을 하도록 대가를 지불하는 빈번한 상호 거래는 언제나 시장을 만들어 낸다. 마오쩌둥 시대의 중국과 구소련에서도 그런 거래 행위는 공공연하게 이루어졌다. 하지만 그 사회를 일컬어 시장체제라고 하지는 않는다. 시장체제는 시장이 확산되어 특정한 방식으로 서로 관련을 맺고 있을 때에만 존재하는 것이기 때문이다. 컴퓨터 부품이 한 바구니 있더라도 그 부품을 조립하거나 특정한 방식으로 활용하기 전까지는 컴퓨터라고 할 수 없듯이, 여러 시장들이 사회 속 인간 활동의 대부분을 구체적으로 조직하거나 조율하는 특정한 방식으로 채택되어야만 시장체제가 되는 것이다.

시장체제가 경제활동을 조직하고 조율하는 방식은, 정부의 계획을 통해서가 아니라 판매자와 구매자 사이의 거래를 통해서 이루어진다. 시장체제가 확립되려면 단지 물건을 사고파는 것만으로는 충분치 않다. 중요한 것은, 중앙집권적인 권위에 의해서가 아니라 사람들 사이에서 사고파는 행위가 사회를 조율할 수 있어야 한다는 사실이다. 이로부터 우리는 지금의 논의 단계에서 어느 정도 그 목적에 부합하는 시장체제에 대한 정의를 얻을 수 있다. 즉 시장체제란 중앙집권적인 명령을 통해서가 아니라, 거래의 형태로 이루어지는 상호작용을 통해 인간 활동을 사회 전체적으로 조율하는 체제를 말한다.

우선 시장체제를 그와는 다른 조직화 방식을 가진 체제와 대비해 보는 것이 유용할 것이다. 비록 규모는 작지만 가족 단위 경제체제를 뜻하는 가구^{household}가 대표적인 예다. 시장 이전 단계의 가족 단위 경제 체제에서 생필품을 획득하고 삶의 기쁨을 얻고자 가족 구성원의 활동을 조율한 것은 아버지 혹은 누군가의 권위였다. 필요로 하거나 원하는 것이 무엇이었든, 가구는 자신들이 사용할 목적에 맞게 생산하도록 조직되었다. 육아와 가사일 그리고 농사를 조율한 것도 가구였다. 가구 구성원들은 특별한 도움이 필요하거나 스스로 만들지 못하는 어떤 상품을 얻어야 할 때만 예외적으로 가구의 울타리를 벗어났다. 그들이 돈을 구경하는 것은 극히 드문 일이었을 것이다. 이렇듯 가구가 자급자족의 용도가 아니라 판매를 목적으로 생산하려는 경우 — 단지 가족을 위해서가 아니라 멀리 떨어져 사는 불특정 다수를 위해 생산에 깊이 관여하게 되는 경우 — 바로 그때 시장체제가 출현할 수 있다. 오직 이런 경우에만 시장체제와 같은 광범위하고도 섬세한 사회적 조율이 발생했다.

물론 시장체제가 '자급자족'을 특징으로 하는 가구를 완전히 대체한 것은 아니다. 가구는 여전히 현대 시장체제의 근간을 이루며 — 육아와 식사, 가정관리의 많은 부분을 조직하는 기능을 한다. 그렇다면 시장체제의 등장과 함께 어떤 변화가 있었는가? 가족 구성원 가운데 일부가 가구 밖에서 '판매를 위한 생산' — 예컨대 판매용 신발을 만드는 제화공이 되는 것 — 을 담당함으로써 가구 스스로 생산하지 못하는 대상[대상물]^{object}이나 도움을 얻는 것이 전형적인 방식이다.

만일 한 가구만이 아니라 사회 전체가 조율된다면, 사회과정은 훨씬 더 확대되고 그에 따라 시장체제 참여자들은 아주 많은 역할을 부여받게 된다. 도구와 기계는 이를 사용할 사람들에게 쓸모 있도록 만들어야 한다. 농부는 자신만이 아니라 산업 부문의 종사자들까지 먹여 살려야 한다. 논리적으로는 중앙집권적 통제를 통해서도 이 문제들을 해결할 수 있다. 하지만 실제 역사적인 사실의 관점에서 보면, 대체로 지금까지의 문제 해결은 거래 행위를 통해 이루어졌다.

시장 유형 중에서 다음의 세 가지는 아주 잘 알려져 있다. 노동시장, 농산물 시장, 그리고 산업이 소비자에게 제공하는 재화와 서비스 시장이 그것이다. 이보다는 덜 알려져 있지만 시장체제에 필수적인 시장 유형이 두 가지 더 있다. 하나는 컴퓨터 조립 업체에 판매되는 컴퓨터 부품처럼, 다른 생산자를 위해 생산된 재화와 서비스를 취급하는 중간재 시장이다. 다른 하나는 자본시장으로, 구체적으로 말하면 대부 시장과 증권 시장 및 여러 유형의 투자 시장을 말한다. 이런 두 가지 유형의 시장에 종사하는 주요 참여자는, 대개 일반인이 아니라 기업가와 기업체 그리고 금융기관이다.

가구라는 울타리 밖에서 판매를 위해 서비스와 재화를 생산하는, 이른바 시장체제적 조율은 서서히 그리고 불균등하게 발전했다. 1800년 무렵 영국이 먼저 시장체제의 면모를 갖추었으며(일부 역사가는 더 이른 연대로 잡기도 한다) 서유럽과 북아메리카가 그 뒤를 이었다.

물론 사람들을 가구의 울타리에서 더욱 확대된 조율 체계로 끌어내려는 발상은 그 이전에 이미 존재했다. 전형적인 방식은 고대 이집트에서처럼 통치자들이 가구에서 노동력을 차출해 관개 사업과 왕국의 방위 및 사원과 피라미드를 건설하는 데 투입하는 것이었다. 그 후 여러 세기를 거치면서 왕권을 통해 대규모 노동력을 조율하는 체제는 쇠퇴했지만, 사회 전체를 중앙집권적으로 조율한다는 발상까지 소멸한 것은 아니었다. 그런 발상은 그 후 3천 년 이상이 지난 뒤인 19세기 중반에도 사회를 재조직하려는 일부 이상주의자들의 열망 속에 여전히 남아 있었다. 그들은 원대한 포부를 가지고 화폐와 가격, 시장을 폐지하려 했다. 이것들이 합리적이고 인간적인 사회를 조직하는 데 방해물이 된다고 간주했기 때문이다. 몇몇 이상주의자들이 지금도 여전히 그런 꿈을 꾸고 있으므로 그런 발상은 명칭을 부여할 만하다. 나는 이를 [화폐나 가격, 시장의 매개를 필요로 하지 않는다는 점에서] 물리적 계획physical planning 이라 부르고 싶다.

이와는 달리 19세기 후반과 20세기 초 시장체제에 대한 반발로 새로운 발상의 중앙집권적 계획이 등장했다. 그것은 화폐와 가격으로 이루어진 거대한 교역 체제를 중앙집권적으로 조율되는 새로운 체제로 변혁하기 위한 것이었다. 이 새로운 계획주의자들은 러시아혁명을 통해 처음 권좌에 올랐다. 뒤이어 중국과 몇몇 작은 나라들에서 유사한 결과가 나타났다. 그들은 20세기의 파라오도 아니었고 물리적 계획의 옹호론자도 아니었다. 한층 세련된 계획주의자인 그들은 화폐, 가격, 심지어 시장까지도 중앙집권적인 통제의 도구로 활용했다. 이런 중앙집권적 계획체제야말로 20세기 공산주의자들이 시장체제에 대해 거대한 도전의 불길을 당길 수 있게 한 추진력이었다.

시장체제의 여러 차원

국가와 마찬가지로 시장체제는 사람들의 행동을 통제하고 조율하는 한 가지 방법이다. 만일 당신이 몇 명의 정원사를 불러 잡초 뽑는 일을 시킨다면, 그들을 통제하는 것은 국가가 아니라 당신이다. 정원사들이

와서 잡초를 뽑는다고 하자. 당신은 그들에게 압력을 행사하거나 명령하지 않고도 그들에게 돈을 지불하기만 하면 당신이 원하는 일을 하게할 수 있다. 마찬가지로 1백 명의 근로자가 매일 아침 8시 공장 정문에 나타나는 것은 국가기관의 명령을 받아서가 아니다. 그들이 출근하도록 스스로를 통제하고 조율한 것은 급여를 지급한다는 약속 때문이다.

외견상 무질서하게 보이는 매매 행위가 사회를 통제하고 조율하는 심오한 과업을 해낸다는 것이 과연 사실일까? 국가가 한 사회 전체를 일정하게 조율한다는 사실은 누구나 알 수 있다. 하지만 시장체제도 그런 일을 한다는 것 ― 사실상 한 나라와 전 세계를 조율한다는 것 ― 을 이해하기는 그보다 어렵다. 국가는 사람들을 통제하지만 시장에서는 모든 사람이 자기가 원하는 방식대로 행동한다는 생각은 사실일까? 그건 엄청난 착각이다. 시장체제라고 해서 개인이 각자 원하는 방식으로 행동하는 것은 아니다. 사람들은 서로 관련되어 있고, 시장의 상호작용을 통해 이렇게 저렇게 움직인다. 만일 사람들이 각자 제멋대로 행동하도록 방치된다면 시장체제를 특징짓는 그 놀라운 생산의 위업은 달성되지 못할 것이다. 시장의 참여자들이 스스로를 자유롭고 자발적인 선택을 하는 존재로 여긴다고 해서, 사고파는 행위를 통해 그들이 통제되고 있다는 사실까지 없어지지는 않는다.

시장체제란 애덤 스미스식의 자유방임주의, 즉 최소 국가와 하나의 짝을 이루는 경제체제가 아니다. 우리 시대의 시장체제란 정부에 의해 통제되는 시장체제이며, 고전적 자유시장론자들이 비난해 마지않는 '정부 개입'으로 점철되어 있다. 국가는 시장체제에서 최대 구매자다. 국가는 군대, 고속도로, 그리고 경찰과 공무원 등을 통해 일일이 나열하기도 어려울 만큼 많은 구매를 한다. 한편으로는 거대한 공급자이기도 하다. 물론 초등교육처럼, '생산물'을 돈을 받고 판매하기보다는 무상으로 제공하는 경우가 보통이지만 말이다. 대체로 국가는 수요·공급의 함수로 형성된 가격을 따르지 않고 직접 가격을 결정하기도 한다. 농민을 도우려고 농산물 가격을 높게 책정하거나 도시 빈민의 어려움을 덜어 주려고 농산물 가격을 낮게 유지하기도 한다. 어떤 경우는 국가가 판매를 금지하기도 한다. 오늘날 대부분의 국가는 노예 매매를 허용하지 않는다. 국가가 세금을 부과할 때, 단순히 세입을 늘리기 위한 목적이 아닌 경우도 있다. 담배처럼 특정 산업을 억제하려고 높은 세금을 부과하는 것이 대표적인 예다. 반대로 국가에 손을 벌리는 산업 부문도 많다. 국가는 이런저런 방식으로 산업 발전을 지원하기도 한다. 국가는 거액의 돈을 빌리는 채무자인 동시에 대부 업자이기도 하다. 자국의 기업이 해외시장을 확장하도록 돕는 해외 판촉 일도 한다. 또 사회복지 정책을 위해 어마어마한 기금을 모은다. 또한 국가는 금융 통제와 재정 정책을 통해서 통화와 신용의 공급을 책임지는 강력한 관리자다.

정부의 몇몇 활동은 시장체제를 활성화하는 데 필요하다. 물론, 정부의 행위가 시장체제의 작동에 도움이 되는 것도 있지만, 거꾸로 시장체제의 작동에 파괴적인 경우도 있다. 정부의 어떤 활동은 그저 국고를 낭비하는 것에 불과한 일이기도 하다. 그럼에도, 분명한 사실은 정부의 활동을 제외한 상태에서 시장체제가 어떻게 작동하는가를 말할 수는 없다는 점이다.

사고파는 일이야 인류에게 자연스러운 것일지 모르지만, 시장체제는 그렇지 않다. 역사적으로 보면 시장체제는 최근에야 나타났다. 회사와 법인에 관한 복잡한 법규, 주식이나 채권과 같이 추상적 형태로 표현되는 소유 지분, 노사 간 단체 협상에서 나타나는 여러 양상 등이 모두 자연스러운 것은 아니다. 그것들은 자연적으로 나타난 것도 아니고 신이 준 것도 아니다. 또한 그 어떤 시장체제도 결코 똑같지 않다. 지금의 시장체제는 50년 전의 시장체제와 다르고 앞으로 나타날 시장체제와도 다를 것이다.

모든 기업 혹은 적어도 대기업들이 국가 소유의 형태로 시장에서 활동하는 시장체제를 상상해 볼 수도 있을 것이다. 국영기업이 국가 소유지만 시장 기업일 수 있는 이유는 생산과 투자의 결정을 정부의 명령이 아니라 시장의 수요에 따라 내리기 때문이다. 또한 기업을 소비자가 소유하는 협동조합형 시장체제도 상상할 수 있다. 또 다른 가능성은 종업원들이 기업을 소유하고 운영하는 것이다. 그러나 오늘날 지배적인 시장체제는 마르크스가 자본주의라고 칭했던, 주로 사기업 체제라고 부르는 경제체제다. 그리고 이것이 본론에서 우리가 가장 많은 관심을 갖게 될 유형의 시장체제다. 하지만 다른 유형의 시장체제나, 시장과 국가가 결합된 흥미로운 혼합형 역시 관심에서 배제하지는 않을 것이다.

오늘날 시장체제를 지향하는 세계적 흐름은, 독재에서 민주주의로의 전환이라는 또 다른 거대한 세계사적 운동과 얽혀 있다. 구소련은 시장화와 민주화라는 두 마리 토끼를 쫓는 과정에서 무너졌다. 그러나 양자는 같은 것이 아니다. 중국 지도자들은 시장체제를 추구하지만 민주주의를 추구하지는 않는다. 시장체제를 채택한 많은 나라가 아직도 민주주의를 실천하지 않고 있으며, 혹은 멕시코처럼 최근에야 겨우 마지못해 민주화된 국가도 있다. 시장화가 필연적으로 민주화로 이어진다고 생각해 시장체제를 찬양한다면, 이는 순진하거나 잘못된 생각이다. 중국과 러시아는 21세기 내내 민주화 없는 시장체제를 추구할 수도 있다. 민주주의 사회에서조차 시장체제에 대해 회의적인 사람들은,

때로 시장체제가 민주주의를 종식시킬지 모른다고 두려워한다. 대기업이 민주주의와 배치되는 권력을 행사하고 있다는 사실, 그리고 나국적기업이 작은 나라들에서 압도적인 영향력을 갖는다는 사실 역시 그들이 두려워하는 것이다. 시장과 민주주의 사이의 복잡한 연관을 드러내는 일이 간단하지는 않겠지만, 사실을 있는 그대로 이해하는 것에서부터 논의를 시작해 보자.

우리가 알지 못하는 것

서구의 경험은 시장체제가 사회를 부유하게 만들 수 있다는 점을 명확히 보여 주었다고 시장 옹호자들은 말한다. 또한 시장체제가 개인의 자유를 보호한다는 것 ─ 시장 사회는 구소련의 강제 노동 수용소와 같은 억압 체제로 전락하지는 않는다는 것─역시 분명하다고 주장한다. 시장은 성공을 거두었고, 따라서 시장체제에 대한 그간의 진부한 공격 역시 쓸데없는 일에 불과하다는 이야기를 덧붙이기도 한다. 이제는 시장체제의 모든 것을 이해하게 되었다는 것이 그들의 주장이다. 시장체제를 건강하게 유지하려면 신체 건강을 지키는 의사의 역할처럼 경제학자의 전문적인 연구가 필요하겠지만, 시장체제의 기본 골격과 작동 방식만큼은 이미 제대로 이해하게 되었다고 믿고 있는 것이다.

　그러나 그간 사회를 풍요하게 한 것은 시장체제라기보다 기술과 산업화 덕분일 수도 있다. 게다가, 인도네시아 등 몇몇 나라에서 볼 수 있듯이 시장체제를 채택하고 있음에도, 시장체제가 강화시켜 준다고 하

22

는 자유 자체를 짓밟고 있는 사례도 많다. 시장체제에 어느 정도의 비중과 위상을 부여하느냐 하는 문제 역시 여러 나라가 고심하고 있는 사안이다. 일본 정부가 대표적인 예인데, 처음에는 시장의 투자 결정에 국가가 깊이 관여했으나 나중에는 개입을 많이 줄였다. 사실 대부분의 시장 사회는 시장체제와 복지국가를 결합하는 문제로 고심하고 있다. 또 환경보호를 위해 시장을 규제하는 문제도 확신하지 못한다. 몇몇 나라는 특히나 어려움에 직면해 있다. 과연 시장은 신체 건강한 모든 성인들에게 일자리를 제공할 수 있을까? 시장에 첨단 기술의 도입이 확대되면 숙련 노동자가 불필요해지는 것은 아닐까? 그들을 시장체제로부터 추방함으로써 국가 복지 정책에 의존해 살아가도록 만드는 것은 아닐까?

이와 같은 의제들은 경제 전문가도 해결할 수 없는 전문적 지식 이상의 문제를 제기한다. 여기에는 성장이냐 환경보호냐의 갈등과 같은 좀 더 구체적인 의제는 물론이고, 자유냐 평등이냐, 개인주의냐 공동체냐 하는 거대한 쟁점들이 포함된다. 만일 이와 같은 의제에 대해 어느 정도 이성적인 선택을 하고자 한다면, 시장체제가 할 수 있는 것과 할 수 없는 것, 더 정확하게 말하면 시장체제를 통해 우리가 선택할 수 있는 것과 선택할 수 없는 것에 대해 지금보다 더 많은 이해가 필요하다. 예컨대 시장체제에서 소득의 불안정이나 극단적인 소득 불평등이 줄어들지 않는다면, 소득재분배를 위한 복지 정책과 세출의 상한선을 더 높게 설정해야 할 것이다.

시장체제에 대한 여론의 지지가 증대하고 있지만, 사람들의 생각이 틀렸을 수도 있다. 지금의 시장체제에 대한 사회적 합의는 정치적인 현상일 뿐, 과학적으로 입증할 수 있는 것은 아니다. 시장체제의 반대자들 역시 쉽게 무시할 수 없는 타당한 논리를 갖고 있다. 누구든 냉정한 눈으로 시장체제가 가져온 결과를 살펴본다면, 시장체제가 우리 모두를 재앙으로 이끌 수도 있음을 알 수 있다고 그들은 경고한다.

그들은 시장체제가 세계의 자원을 고갈시키고, 지구온난화 등 환경 재앙을 초래한다고 주장한다. 또한 그들은 시장체제가 점점 더 많은 사람을 한꺼번에 도시로 끌어들이면서 건강을 위협하는 도시 환경을 만들어 냈다고 이야기한다. 시장체제가 극심한 빈곤과 그에 따르는 비인간적 상황을 없애지 못했다는 사실도 분명하다. 그들이 강조하듯, 어떤 사회든 시장체제가 도입되면서 그 같은 폐단이 나타날 것이다. 시장체제를 대체할 수 있는 대안을 도입한다고 해서 더 나을 것이 없을 수도 있겠지만, 그렇다고 해서 시장체제가 미치는 부정적 영향을 살펴보지 못할 이유는 없다.

시장체제를 찬성하거나 반대하는 이런저런 주장 가운데 어느 것도 분명하게 참이거나 분명하게 거짓인 것은 아니다. 하지만 우리의 미래를 생각한다면 어떤 주장이든 중요하게 고려해야 한다. 시장체제는 그 체제를 옹호하는 사람들이 생각하듯이 그렇게 효율적인가? 시장체제의 놀라운 성과를 보면 그렇다고 할 수 있다. 시장체제는 비효율적인가? 빈곤 문제 혹은 적절한 의료 지원이 부족한 현실을 보면 그렇다고 할 수 있다. 시장 사회는 환경을 훼손하고 우리의 자원을 고갈시키는가? 그렇다. 하지만 시장 사회만 그런 것이 아니라 모든 유형의 사회에서 그런 모습이 나타나는 것을 볼 때, 어쩌면 우리는 그 원인을 잘못 파악하고 있는지 모른다. 시장체제가 인격과 문화를 타락시키는가? 이 점에 관해서는, 현실의 어떤 측면을 그 증거로 볼지 혼란스럽다. 다른 가치는 모두 무시한 채 돈만 추구하는 사람들을 보면 그렇다고 할 수 있지만 시장 사회에서 번성하고 있는 과학, 교육, 예술을 위한 제도나 기구들을 보면 달리 생각해야 할지 모른다. 시장체제는 민주주의의 동지인가 적인가? 민주주의라고 불리는 정치체제가 시장 사회가 아닌 곳에 존재하지 않는다는 것도 사실이다. 그러나 정치에 미치는 돈의 영향력을 생각하면 그 어떤 시장 사회도 그리 민주적이기 어렵다는 의심을 불러일으키는 것 역시 사실이다.

이런 논점을 통해 우리는 시장체제 전반에 관해 몇 가지 질문을 제기하게 된다. 시장체제는 어떤 일을 하는가? 시장체제는 사회에 어떤 긍정적인 성과와 부정적인 폐단을 안겨 주는가? 똑같은 현상이 새로 시장체제에 편입되는 나라들에서도 그대로 나타날 것인가? 시장체제는 어떤 미래를 제시하고 있는가? 오늘날의 시장체제와는 다른 유형의 시장체제를 고려해 볼 수는 없을까? 시장체제가 우리에게 기회와 제약을 동시에 가져다준다면 우리가 시장체제를 받아들일 수 있는 조건 내지 방식은 어떤 것인가?

미래에 관한 이야기를 하려면 새로운 어휘가 필요하기도 하다. 정보혁명과 [광섬유를 통한 정보 전송 기술의 일종인] 포토닉스, 모바일 네트워크, 세계화 같은 용어들은 기술적으로 점점 정교해지는 미래의 모습을 보여 준다. 그러면서 마치 정보가, 자본·노동·토지와 같은 전통적인 생산의 세 요소를 대체하는 기초 자원이 된 것처럼 보인다. 이런 첨단 모바일 정보 혹은 지식 자원을 국가적인 차원에서뿐만 아니라 세계적인 차원에서 어떻게 조직하고 조율해야 할까? 어느 누구도 개별 국민국가의 중앙집권화된 정부에 그 역할을 맡기자고 제안하지는 않는다. 그렇다고 정보와 지식에 관한 새로운 기술을 조율할 세계정부를 창설하자는 주장이 있는 것도 아니다. 실제로 우리가 듣는 주장들은, 새로운 힘이 '새롭고 거대한 시장을 열' 것이고, 시장이 '세계 전체로 확산되고 있으며', '정보 기술이 시장 사회의 변화를 가속화시키고 있다'는 것이다. 좋든 나쁘든 시장체제가 세계화를 주도적으로 추진하고 있는 것은 분명하다. 시장체제는 개별적인 국민국가의 자율성을 약화시키고 노동과 자본을 전 지구적으로 끊임없이 움직이게 하는 중요한 제도적 도구다.

앞으로도 시장체제에 관한 논쟁이 끝을 맺긴 어려울 것이다. 그럼에도 우리는 시장체제와 관련해 몇 가지 중요한 사실을 입증할 수는 있다. 인간이 경험한 다른 어떤 체제, 어떤 제도, 어떤 사회과정보다도 시장체제는 더 넓은 범위에서 더 정확하게 인간 행동과 활동을 조율하고 있다. 그러나 시장체제는 거칠고 대체로 잔인하기까지 한 조율자다. 시장체제는 자유의 동지일 뿐만 아니라 자유의 적이기도 하다. 참여자에게 선택의 범위를 열어 놓는다는 점에서 시장체제는 자유의 동맹 세력이다. 반면 중요한 선택들을 아예 차단한다는 점에서는 어쩌면 자유의 적이기도 하다. 시장체제는 역사적으로 그 이전 체제가 만들어 놓은 불평등 구조를 수없이 파괴하지만, 새로운 불평등 구조를 만들어 내기도 한다. 시장체제는 정확히 계산된 선택을 할 수 있게 함으로써 전례 없는 효율을 성취할 수 있게 한다. 하지만 시장체제가 불가능하게 만든 잠재적 선택들을 고려한다면, 전체적으로는 비효율적이다. 역사적으로 시장체제는 민주주의를 뒷받침해 왔고, 시장 사회가 아닌 나라 가운데 민주주의를 채택한 국민국가는 존재하지 않는다. 그러나 민주주의로 분류할 수 있는 나라들에서 시장 사회는 민주주의의 중심적인 가치가 실현되는 것을 방해하는 요인으로 작용해 왔다. 시장체제와 민주주의 양자 모두 정부 엘리트와 경제 엘리트에 대한 시민적 혹은 대중적 통제를 가능케 한다는 점에서, 시장체제와 민주주의는 서로 경쟁 관계이기도 하다. 시장체제가 관할하는 범위는 흔히 생각하는 것보다 훨씬 더 넓고, 사람들이 생각하는 것보다 시장체제는 더 많은 것을 할 수 있다. 하지만 역설적이게도 시장체제는 시장경제 영역에서조차 작동하지 않을 수 있으며 지금껏 국가에 의해 효과적으로 유지된 시장체제가 있었던 것도 아니다.

이 책이 어떤 중요한 명제를 담고 있는가? 독자들이 그런 명제를 찾고자 하는지 아닌지에 따라, 그렇다고 말할 수도 있고 아니라고 말할 수도 있다. 이 책의 몇몇 일반적인 명제들은 분명 내가 만든 것이 아니다. 시장체제를 찬양하거나 비난해야 한다는 어떤 결론을 가지고 독자들을 설득하려는 것도 아니다. 시장체제를 둘러싼 역사적 논의를 살펴보겠지만 그렇다고 시장체제가 승리했다고 결론 내리지도 않을 것이다. 오히려 나의 명제라고 한다면, 어떤 사회든 그 사회의 미래에서 시장체제가 어떤 위상을 차지할 것인지와 관련해 아직 해결되지 않은 매우 중요한 문제들이 있다는 것이다.

　매우 특이한 사회과정으로서 시장체제를 살펴보고자 하는 욕구에서 나는 이 책을 쓰게 되었다. 그것은 마치 우리에게 우호적일 수도 있고 위협적일 수도 있는 엄청나게 복잡한 기계나 생물학적 유기체 앞에서, 경이감 내지 심지어 두려움을 느낌에도 불구하고 애써 들여다보고 싶어 하는 그런 욕구와 비슷하다. 시장체제는 대체로 우리 모두에게 익숙한 것이다. 그렇지만 경제학자들조차 그 체제를 완전히 이해하고 있는 것은 아니다. 그러므로 나는 이 책을 통해 시장체제에 대한 독자들의 이해를 돕는 것은 물론이고, 경제학자로서 나 자신의 이해도 넓히고 싶

다. 좀 더 잘 알게 될 때 얻을 수 있는 어떤 결실을 생각해 볼 수도 있겠
지만, 새로운 이해 그 자체가 즐거운 일이라고 본다.

THE
MARKET
SYSTEM

1부

시장체제는 어떻게 움직이는가

앞서 지적했듯이 시장체제는 사회를 조율하는 한 방법이다. 그렇다면, 사회 조율(혹은 사회 조직화)이란 무엇인가? 사회 조율은 어떻게 이루어지는가? 조율은 매우 광범위한 개념이다. 이 개념은 시장체제가 어떻게 광범위한 영향을 미치게 되는지를 보여 주는 길잡이가 될 것이다. 시장체제의 영향은 경제라고 하는 사회의 한 단면에만 국한되지 않기 때문이다.

　당분간 경제체제라는 개념은 잊기로 하자. 경제체제와 같은 개념은 들어본 적도 없다고 치자. 수요와 공급, 상품, 생산과 유통 등 시장체제를 설명할 때 흔히 사용하는 개념들도 잠깐 잊자. 이런 개념들은 시장체제와 사회 조율 혹은 시장체제와 사회조직이 맺는 관계의 핵심을 이해하는 데 방해가 될 뿐이다. 사회를 생각하고 경제는 잊자.

　아무도 살지 않는 프랑스 크기의 어떤 지역에 2천만 명에 이르는 가족들이 흩어져 산다고 하자. 처음에, 그들은 사회라기보다 조직되지 않은 무리에 지나지 않을 것이다. 가족은 각각 고립된 상태이고, 그중 일부는 다른 가족에 싸움을 건다. 그들이 어떻게 하나의 사회를 이룰 것인가? 그것은 그들의 행위를 조율하는 특정의 관행을 통해 시작될 것이다. 여기서 말하는 관행이란 안전과 협력을 위해서, 나아가 식량이나 도구와 같은 생필품을 얻기 위해서 서로 간의 교환 방식을 창조해 내는 것을 말한다.

당신과 내가 식사를 같이하기로 한다면 우리 사이에도 작은 조율이 이루어진 것이다. 정당은 더 큰 조율이며, 8천만 명이 서로 평화롭게 지내는 것은 훨씬 더 큰 조율이다. 예를 들어, 부모가 자녀를 양육하는 것처럼 이미 익숙해진 몇몇 사례는 조율로 인식되지 않을 수도 있다. 반면, 입법자, 교사, 등기소 직원의 활동과 같이 가시적인 사회적 기구가 필요한 경우도 있다.

조율은 독재적인 것이 있는가 하면 민주적인 것도 있다. 내가 말하는 잘 조율된 사회 혹은 잘 조직된 사회라는 개념은 플라톤의 철인왕이나 귀족정에서와 같이 지배 엘리트를 상상하게 할 수도 있고 반대로 매우 평등한 제도를 떠올리게 할 수도 있다.

조율의 기능에는 두 종류가 있다. 하나는 사람들이 서로에게 피해를 주지 않도록 제어하는 것이다. 이것은 폭력과 절도를 금지하는 경우처럼 타인의 움직임에 대한 규제나 간섭을 필요로 한다. 이것을 사회의 평화를 유지하기 위한 조율, 간단하게 '평화 조율'이라고 하자. 두 번째 목적은 좀 더 적극적으로 서로 도움을 주고받는 행위를 조직하려는 것이다. 거의 누구나 다른 사람을 돕기도 하고 도움을 받기도 한다(반드시 도움을 준 바로 그 사람에게서 도움을 받는 것은 아니지만 말이다). 이것을 협력을 위한 조율, 곧 '협력 조율'이라고 하자.

물론 어떤 조율이든, 즉 평화 조율이든 협력 조율이든 자발성만으로는 충분하지 않다. 오히려 조율이 성공적인 경우는 사람들이 통제에 따르기 때문일 때가 대부분이다. 예컨대 법은 가정의 사생활이 침해받지 않도록 막아 주는 중요한 조율자다. 관습도 중요한 조율자다. 일례로, 관습은 사람들에게 서로 이해할 수 있는 공통의 언어를 제공함으로써 협력이 이루어질 수 있는 수많은 가능성을 제공한다. 그러나 조율된 행동을 유도하는 통제에는 법과 관습만 있는 것이 아니다.

때로 우리는 협력이란 꼭 필요한 것이 아니며 단지 '그랬으면' 하는 바람에 불과하다고 여기면서 이를 무시하곤 한다. 하지만 사회적 협력은 그저 보기 좋은 그림의 떡이 아니다. 사실, 규모가 크든 작든, 모든 사회의 기초는 협력이다. 이보다 분명한 것은 없다. 어린애는 계속 보살펴 주지 않으면 생존하기 어렵다. 심지어 집 앞에 자신만 사용하는 주차 도로를 낸다 하더라도 최소한 삽을 만드는 사람의 도움이 있어야 한다. 다른 사람과 도움을 주고받는 협력을 통해서만 전염병을 억제하고, 과학을 증진시키고, 놀이와 우정에 따르는 기쁨도 누릴 수 있다. 그리고 피해를 막기 위한 규칙을 제정하고 시행하는 일에도 입법자와 판사, 경찰의 협력이 필요하다.

우리는 협력의 중요성을 충분히 인식하지 못하고 있다. 협력이라는 용어의 의미가 일반적으로 좁게 사용되기 때문이다. 흔히 협력이란, A와 B가 모두 의식적이고 의도적인 상황에서 A가 B를 돕고 B가 A를 돕는 상황이라고 생각한다. 예를 들면, 당신과 내가 협력해서 무거운 가구를 옮기는 상황과 같은 식이다. 이런 제한적 개념은 사회 존립의 토대를 제공하는 더 큰 유형의 협력 개념을 간과하기 쉽다. A가 B를 돕는다고 하자. 그렇지만 B는 A가 아니라 C나 D를 돕고, 또 C는 D나 F …… Z를 도울 수 있다. 그렇다고 해서 Z가 반드시 A를 돕는 것도 아니다. 또한 도움은 의도적일 수도 있고 아닐 수도 있다. 그리고 도움은 서로 인지하지 못하는 가운데 제공될 수도 있다. 당신이 당신의 집 앞마당에 쌓인 쓰레기를 청소했다고 하자. 그것은 내가 경찰을 불러 그 쓰레기 더미를 치우도록 강제하는 수고를 덜어 주기도 했지만, 그 밖에도 여러모로 내게 유익했다는 점을 당신은 모를 수 있다. 사람들이 모인 집단이 사회를 이루고 그 속에서 사람들이 생존하고 번영하는 것은 이런 유형의 협력이 있기 때문이다. 바로 이런 협력이 사회생활의 토대이며 시장체제의 핵심이다.

대체로 협력이라고 하면 어떤 공동체 의식을 연상하는 경우가 많다. 하지만 넓은 개념의 협력은 반드시 그런 의식을 필요로 하지 않는다. 협력하는 사람들은 서로 의견을 나누는 것도 아니고, 심지어는 서로 알지 못할 수도 있다. 어쩌면 협력하고 있는 사람들이 서로 싫어할 수도 있다. 야망에 찬 두 장관처럼 서로 적대적인 경쟁자들도 내각에서 자리를 유지하려면 반드시 협력해야 한다. 일반적으로 사람들은 멀리 떨어져 있고 사적인 친분 없이 비인격적으로만 연결되어 있을 뿐이다. 전 세계에 흩어져 있는 기상학자들이 서로 협력하는 경우처럼 말이다. 기상학자들은 대체로 서로 모르는 낯선 사람들이지만, 그들 모두의 노력은 일기예보의 정확성을 향상시키는 데 기여한다. 협력이 반드시 고상한 마음으로 이루어지는 것도 아니다. 사람들은 보통 다른 사람을 이롭게 하려는 마음으로 협력하기보다는 자신의 목적에 도움이 되거나 어쩔 수 없기 때문에 협력한다. 또한 사람들은 대체로 협력할 의도가 없거나 자기가 실제로 협력에 참여하고 있다는 의식 없이도 협력한다. 내가 빈 병을 재활용 센터로 가져가면 누군가 이를 재생 공장으로 싣고 간다. 그 후에는 다른 단계들이 이어진다. 내가 긴 협력 사슬 가운데 하나의 고리를 형성하고 있지만 그에 대해서 전혀 의식하지 않고 있어도 그런 대규모 협력은 이루어진다.

우리의 시야를 넘어서는 넓은 범위의 협력을 생각해 보기 위해, 고등학생 한 명을 졸업시키기 위해 얼마나 많은 사람이 협력해야 하는지 계산해 보자(얼마나 많은 사람이 서로 사랑해야만 하고, 서로 알아야 하고, 자기 역할을 인지하고 있어야 하는가를 따질 필요까지는 없다). 공식 교육의 형태는 아닐지라도, 부모와 다른 가족 구성원들도 많은 것을 가르쳐 준다. 그들 역시 자기 부모와 다른 가족의 구성원에게서 그렇게 배웠다. 여기에 유치원에서부터 고등학교를 졸업할 때까지 학생이 속했던 학급의 교사 전체와 또 그 교사들을 가르친 교사의 수를 더해야 할 것이다. 급우들도 포함된다. 그들은 서로 가르치고 배우며 그 과정에서 각자 자기 가족 구성원에게 배운 것들로 서로 영향을 미친다. 여기에 학교 건물을 지은 사람들과 관리하는 사람들도 포함해야 한다. 이들을 다 포함하려면 아마도 옛 조상에서부터 건물 관리인에 이르기까지 수도 없을 것이다. 그렇게 할 경우 협력자의 명단은 수백이나 수천 명이 아니라 수백만 명에 달할 것이다.

공교육과 외교정책, 세금에 관한 논쟁에서 볼 수 있듯이, 피상적으로 보면 사람들은 협력하기보다 싸우는 것처럼 보인다. 그러나 잘 들여다보면 그와 같은 싸움은 그들이 서로 협력하고 있다는 증거다. 우리가 교육과 세금 문제로 다투는 이유는 공교육 체제를 유지하는 데 협력하지 않으면 안 되도록 서로 연계되어 있기 때문이다. 그 싸움은 누가 협력을 주도해야 하고, 어떻게 수행해야 하고, 누가 그 비용을 지불해야 하며, 누가 수혜자가 되어야 하는가 등의 문제에 관한 것이다. 이익 분배에 관한 갈등은 격렬하고 끈질기며 때로 신랄하기까지 하다. 이것은 부부 싸움을 하는 부부의 경우나 정부 기금을 놓고 경쟁하는 지방자치단체들의 경우도 마찬가지다.

우리 중에는 평화 유지를 위한 것이든 협력을 위한 것이든 사회적 조율이 이루어 놓은 성과를 충분히 인정하지 않는 사람이 많다. 그러나 그것은 수백만 명이 서로 충분히 잘 조율되어야 평화롭게 살 수 있다는 사실이나, 그간 사람들은 협력을 통해 인류의 수많은 이상을 충족시켜 줄 새로운 방법들을 계속해서 만들 수 있었다는 사실을 진지하게 고려하지 않는 태도다.

그런 사람들은 사회적 조율의 성과보다는 조율이 제대로 안 된 상태, 즉 서로에게 가하는 엄청난 피해와 잔혹성에 관심을 갖는다. 또는 무지와 빈곤과 영양실조 등 조율이 제대로 이루어지지 못한 결과로 나타난 폐단에 관심을 보인다. 그러면서도 잘못된 조율을 해결하려고 노력하지는 않는다. 그런 조율이 비효율적일 뿐만 아니라 계속해서 비극을 만들어 냄에도 말이다. 이렇듯 인간의 위대한 업적인 동시에 실패할 경우 비극을 낳을 수 있는 사회적 조율에 관해 제대로 파악한다는 것은 쉬운 일이 아니다.

조율자 없는 조율

시장체제란 중앙집권적 조율자에 의해서가 아니라 참여자들 간의 상호 조정mutual adjustment을 통해 사회를 조율하는 방법이다. 따라서 조율자 없이 조율이 이루어질 수 있다는 것을 이해할 필요가 있다. 많은 사람이 볼 때, 상호 조정을 통한 조율이라는 개념이 낯설게 느껴질 수도 있다. 하지만 우리 모두는 끊임없이 그런 조율에 관여한다.

전형적으로 남편과 아내는 평화 조율이든 협력 조율이든 서로 조정하여 일을 처리하는 방식으로 조율한다. 부부 중 한쪽은 상대방의 기질을 고려하여 상대에게 영향을 미칠 방법을 찾는다. 경우에 따라 노련한 장모에게 달려가기도 하지만 자기들끼리 조율에 성공할 수도 있다. 과학자, 교사, 정치가나 운동장의 어린이들과 마찬가지로 공무원들도 끊임없이 상호작용하는 가운데 서로 조율한다.

많은 사람이 조율을 조율자의 가시적인 활동 내지 그 성과로 정의한다. 하지만 이렇게 정의하면 상호 조정을 통한 조율의 성격을 이해하지 못하게 된다. 게다가 눈에 보이는 조율자라고 해서 반드시 조율을 잘하는 것도 아니다. 조율자가 일을 망칠 수도 있다. 성서에 따르면, 가장 위대한 조율자인 조물주도 세상을 창조하는 과정에서 했던 실수를 없애려고 세상을 홍수로 쓸어 버렸다. 이처럼 많은 중앙집권적 조율자들은 자신의 실수를 숨기려 해왔다.

중앙집권적 조율과 상호 조정적 조율의 차이는 단독 통제와 다수 통제의 차이로 볼 수도 있다. 누가 통제하는가? 중앙집권적 조율자인가? 상호작용하는 다수 참여자인가? 두 조율 체계 모두 같은 방식의 통제 도구를 사용한다. 예를 들어 문제를 놓고 의논도 하고, 서로 가려운 데를 긁어 주기도 하고, 자기가 원하는 대로 하도록 누군가에게 대가를 지불하기도 한다. 두 체제 모두 사람들이 별로 좋아하지 않는 방식으로 통제하기도 하는데, 예를 들면 "이렇게 해라. 그렇지 않으면……" 하고 위협하는 것이다. 다른 점이 있다면 그것은 일방적이냐 그렇지 않느냐의 차이일 뿐이다.

여섯 명이 배를 물에 띄운다고 하자. 이 경우 어느 한 명이 나머지

다섯 명을 통제하며 조율할 수 있다. 또는 여섯 명이 서로 살펴보고, 반응하고, 상호 영향을 주는 것만으로 훌륭하게 조율할 수도 있다. 20여 명의 보행자가 거리 모퉁이에서 마주 오는 비슷한 숫자의 사람들과 맞부딪쳤다고 생각해 보자. 이들은 어떤 식으로 충돌을 피하는가? 옆에 있던 중앙집권적 조율자가 다가오는 사람들 각각에게 언제 어떤 경로로 가야 할지 일일이 지시할 수 있을 것이다. 하지만 그 지시가 참을 수 없이 더디고 어설프다면 누구도 귀를 기울이지 않을 것이다. 오히려 사람들은 별생각 없이 빠르고 정확하게 상대를 피해 간다. 사람들은 자기와 가장 가까이 있는 사람의 눈과 몸의 움직임을 세심하게 살핀다. 어떤 사람에게는 양보한다. 다른 사람에게는 점잖게 경고의 몸짓을 보낸다. 이런 식으로 몇 초가 지나지 않아서 두 무리의 보행자는 아무런 피해도 입지 않고 서로 지나간다. 이들 사이의 조율이 '좌측통행'과 같은 관행이나 규칙의 도움을 받을 수도 있고 아닐 수도 있다.

상호 조정이 언제나 작은 규모에서만 일어나는 것은 아니다. 언어는 다수에 의한 대규모 조율을 보여 주는 사례다. 3억 명의 사람들이 스페인어를 읽거나 쓰거나 말한다는 것은 그들이 특정한 소리와 상징에 합의하고 있다는 것을 의미한다. 이것은 조율이 만들어 낸 엄청난 성과이자, 협력이 가져온 현실적인 결과다. 개인이든 위원회든 그 어떤 지배적 권위로도 스페인어나 말레이어 혹은 다른 어떤 언어를 만들어 낼수는 없을 것이다. 하나의 언어는 소리와 상징을 사용함에 있어 수세기에 걸친 상호 조정을 통해 나타난 결과다. 프랑스 학술원에서는 프랑스어가 오염되지 않도록 보호하려고 하지만 이런 중앙집권적 통제는 부분적이고 예외적인 영향을 미칠 뿐이다.

도덕은 규모가 훨씬 더 큰 상호 조정을 통해서 규제된다. 인류는 도덕규범을 통해 여러 행위를 거의 전 세계적 차원에서 조율해 왔다. 대부분의 사람은 도덕규범으로 말미암아 다른 사람에게 물리적 상해를 입히는 일을 자제한다. 이 도덕규범들은 중앙집권적으로 만들어지고 강제로 부과된 것이 아니라, 상호 조정을 통해서 나타난 것이다. 이보다 훨씬 더 큰 규모의 상호 조정이 있는가? 생물학자들에 따르면 5백억 개의 원자가 조율되어 DNA 분자를 만들고, 1천조 개의 세포가 조율되어 몸을 만든다고 한다. 중앙집권적 조율이 전혀 없이, 완전한 상호 조정을 통해서 말이다.

지난 50년간의 국제정치 질서는 상호 조정이 얼마나 큰 범위에서도 일어날 수 있는가를 분명하게 보여 주었다. 그 기간 내내 상호 조정은 제1, 2차 세계대전 같은 파괴적인 살육이나 핵전쟁을 막아 왔다. 혹자는 유엔과 나토가 중앙집권적 조율을 담당했다고 생각할지 모른다. 그러나 그 기관에는 그에 필요한 독단적 권위가 없다. 회원국들이 그런 권위를 용납하지 않기 때문이다. 그 기관들은 국가 간의 상호 조정을 촉진하는 기능을 했을 뿐이다.

인터넷은 세계적 차원에서 다자간 커뮤니케이션을 크게 확장시켜 줄 핵심 기술이 될지 모른다. 그것은 상상도 할 수 없을 정도로 큰 상호 조정의 가능성을 보여 주고 있다.

물론 상호 조정의 참여자들은 상호작용에 미치는 역량 면에서 큰 차이가 있다. 복잡한 교차로의 보행자들은 키와 몸무게, 외모와 인상, 걸음걸이 등의 차이로 인해 서로 다른 영향을 미친다. 수상이나 기업 경영자가 사람들을 독단적으로 통제할 만큼 강하지 않을 수도 있지만, 그럼에도 다른 누구보다도 큰 영향력을 행사할 힘을 갖고 있다.

다 아는 것처럼, 사회는 유엔이나 노사정위원회 같은 일부 공식적인 상호 조정 기구를 의도적으로 만들어 낸다. 그렇지만 상호 조정은 계획적 통제 없이 눈에 띄지 않게 발생하는 일이 훨씬 더 많다. 그리고 상호 교환의 참여자들이 영향력을 발휘하는 것도 의도적이기보다는 비의도적인 경우가 더 많다. 즉 규모가 큰 조율에서 각자가 담당하는 부분을 반드시 알아야 하는 것은 아니다. 사람들이 '온라인' 같은 새로운 용어를 사용하는 이유는 자신의 편의 때문이지 새로운 언어를 만드는 일에 책임감을 갖고 있기 때문이 아니다.

서로 교환을 할 때는 흔히 얼굴을 직접 마주 대하거나 목소리를 직접 들어 가면서 한다. 그러나 이것이 상호 조정의 필요조건은 아니다. 예컨대, 세계적 윤리 강령은 대부분 서로 직접 본 적이 없는 사람들 간에 말 없는 동의를 통해서 작동한다. 또는, 서로 인접한 지방자치단체들이 사업 방향을 조율하는 일 역시 협상을 통해서 이루어지기보다 담당자들이 서로를 고려하는 방식으로 이루어질 때가 많다.

물론 현실 세계의 모든 조율 체계는 중앙집권적 조율과 자율적인 상호 조정적 조율 어느 한쪽의 배타적 체제가 아니라 서로에게 보완적 기능을 하는 혼합형이다. 미국 정치를 다른 나라 정치와 구분 짓는 여러 특이한 상호 조정 양식은 1787년 5월에 만들어진 미국 헌법에 의해 작동하기 시작했다. 혼잡한 거리에서 자동차가 움직이는 것 역시 중앙집권적으로 제정된 규칙과 운전자들 간의 끊임없는 상호 조정이 함께 이룬 성과다.

인정할 수밖에 없는 사실

상호 조정 또한 다른 형태의 조율과 마찬가지로 불완전하다. 하지만 내 생각에 상호 조정에 의한 조율의 중요성이 경시되는 이유는 상호 조정이 완벽하지 않아서라기보다 우리의 존경스러운 서구 정치철학자들의 잘못 때문인 측면이 크다. 그러므로 먼저 사상사를 개관해 보는 일이 필요하겠다. 사회질서는 어떻게 유지할 수 있는가? 분명히, 사회는 사람들에게 질서 정연하게 행동하도록 유도하는 통제를 통해 유지된다. 질서에 관해 글을 쓴 위대한 철학자들의 시대는, 엘리트들이 질서 유지에 반드시 필요하다고 여긴 통제력을 바탕으로 그들보다 '열등한 사람들'을 통치하던 때다. 아마 당시의 철학자들은 독단적이고 위계적인 방식이 아닌 형태로 통제가 이루어지는 것을 상상할 수 없었을 것이다. 그뿐만 아니라, 그런 가능성을 매력적으로 여기지도 않았을 것이다. 그 결과, 질서에 관한 연구나 조율에 관한 연구는 대체로 어떻게 엘리트들이 대중을 독단적인 통제 아래 둘 수 있는지, 그리고 어떻게 그런 행위를 정당화할 수 있는지에 관한 연구가 되고 말았다. 정치철학 초창기에 나타난 사례로 플라톤의 『국가』를 살펴보자. 『국가』의 기념비적인 업적에도 불구하고 이 책은 대중에 대한 엘리트의 위계적이고 수직적인 통치가 곧 정의라는 주장을 하고 있다. 질서에 관한 아리스토텔레스의 생각도 위계적인 것이었다.

철학과 신학이 질서 혹은 조율의 문제를 얼마나 심각하게 오해할 수 있었는가 하는 것은 무질서가 표출되는 역사적 사례를 보면 잘 알 수 있다. 비록 소작농들이 가끔 폭동을 일으키긴 했지만 사회질서를 가장 크게 어지럽힌 것은 소작농들이 아니었다. 오히려 중앙집권적 조율자를 자칭했던 독단적인 권위를 지닌 사람들이 그랬다. 알렉산드로스 대왕, 약탈적인 로마 황제들, 칭기즈칸, 중세와 르네상스 시대의 탐욕스럽고 호전적인 유럽 영주들, 나폴레옹, 레닌과 히틀러 같은 사람들도 여기에 속한다.

일부 사상가들은 상호 조정의 중요성을 인식하기도 했는데, 그들은 사회를 복종시키는 문제보다는, 어떻게 사회를 합리적으로 움직이게 할 수 있을까 하는 문제에 집중했다. 기원전 2세기의 역사가 폴리비오스는, 초기 로마 제도의 장점은 위로부터 아래로 부과된 상명하복의 착상에서 비롯된 것이 아니라 수많은 시행착오로 이루어진 일련의 정치적 상호작용을 통해 나타났다고 주장했다. 1748년 몽테스키외의 『법의 정신』에는 상호 조정에 관해 맹아적이기는 하지만 훨씬 진전된 해석이 나타난다. 틀림없이 이 두 인물과 비슷한 생각을 한 사람들이 있었을 것이고 이들은 두 사람 사이를 떼어 놓은 2천 년의 철학사 속에 묻혀 있을 것이다. 그렇지만 아무도 그들을 찾으려고 노력하지 않았다.

누군가 상호 조정을 통한 조율을 주제로 사상사를 쓴다면, 그 사상사에는 '역사상 가장 위대한 과학자'이자 1687년에 『자연철학의 수학적 원리』를 쓴 아이작 뉴턴이 제일 먼저 등장할 것이다. 뉴턴은 물리적 세계를 천체의 상호 조정 메커니즘으로 설명한다. 뉴턴은 중앙집권적 조율, 즉 중앙집권적 절대정신에 전혀 의존하지 않았다. 간단히 말해서, 신에게 천체의 상호 조정을 가동시키는 역할 외에 아무것도 부여하지 않았다. 그 다음에는 1859년에 『종의 기원』을 쓴 찰스 다윈이 자리를 차지할 것이다. 다윈은 종의 다양성, 즉 종의 변화와 진화의 형태를 통해서 생명체를 설명하려 했다. 뉴턴처럼 다윈도 상호 조정에서 해답을 찾는다. 물론 그가 언급하는 상호 조정이란 생명체 간의 상호 조정이다. 복잡한 생물학적 조율이 조율자 없이 진행된다는 진화론은 상호 조정을 인식하는 사상의 길을 북극의 쇄빙선처럼 개척한 기념비적 이론이다. 다윈은 중앙집권적 정신 혹은 권위체에 의존하지 않았다. 중앙집권자인 신이 있을지는 모르겠지만, 생명체를 설명하는 데 있어서 신은 필요하지 않다는 것이다.

1776년에 애덤 스미스는 『국부론』에서 사회 조율을, 왕이나 재무상의 중앙집권적 역량이 만든 결과라기보다는 자율적 상호 조정의 성과로 설명했다. 그러나 스미스는 그의 주장을 시장을 초월한 사회질서 전반으로까지 일반화하지는 못했다. 끝으로, 1900년경에 지크문트 프로이트가 등장한다. 프로이트는 앞의 세 인물에 견줄 수는 없지만 매우 중요한 인물이다. 프로이트가 인간 정신을 자세히 살펴보고 깨달은 것은, 우리 각자의 내면은 상호 조정이 이루어지는 하나의 경기장과 같다는 사실이다. 우리는 하나로 통합된 최상의 지적 능력에 의해 지배되는 존재가 아니라 서로 상충하는 충동과 인지, 의지로 이루어져 있다는 것이다.

상호 조정의 장점

모든 사회는 중앙집권적 조율과 상호 조정적 조율 모두를 필요로 한다. 상호 조정은 이를 불가피하게 만드는 특유의 장점이 몇 가지 있다. 하지만 여기서는 이미 널리 알려진 장점 말고 몇 가지 더 언급할 것이다.

어떤 조건에서는 규칙과 권위가 피해 발생을 잘 제어한다. 규칙과 권위는 '해서는 안 된다'는 것을 주 내용으로 하기 때문이다. 그러나 협력이 이루어지려면 잘 조율된 일련의 업무가 잘 나눠져서 부과되어야만 한다. 어떤 사회든 그 구성원들에게 무엇을 해서는 안 되는지를 명령하는 방식으로 의료 체계를 구축하거나 사람들에게 입을 것을 제공하지는 않는다. 적극적 협력을 위해 사회는 구성원들에게 수없이 많은 업무를 구체적으로 부여하는데, 여기에는 그 업무와 관련된 세부 사항과 누가 그 일을 담당할 것인지도 포함되어 있다. 예를 들면, 의료 체계를 구축하기 위해서는 일련의 금지 조항만이 아니라, 의사들이 교육을 받고 자격을 갖추는 방법과 책임, 근무 조건과 보상이 부과되는 방식과 관련된 복잡한 절차도 필요하다.

나아가, 업무의 할당도 끊임없이 조정되어야 한다. 부과된 업무는 단 한 번에 결정되고 고정되는 것이 아니라 의료 수요가 어떻게 변하는지에 따라 혹은 의료 종사자의 교육 수준과 경험, 나이 등에 따라 조정되어야 한다. 이런 조정 외에, 협력자들이 자신의 참여 방법과 시간을 어느 정도 자유롭게 선택하고자 할 경우, 협력은 훨씬 더 복잡해져서 규칙과 권위가 감당할 수 있는 범위를 넘어서게 된다.

규칙과 권위적 지시는 대체로 너무 투박하다. 그런 것들은 매우 정태적인 범주에만 적용될 수 있다. 극단적인 사례로, 어떤 축구팀에서 선수들이 정해진 규칙과 권위적 지시만을 따르면서 경기에 이기려고 하는 경우를 상상해 볼 수 있다. 하지만 실제 경기가 시작되면 선수들은 역동적으로 협력하면서 움직임과 목소리를 통해 서로 신호를 주고받는다. 규칙과 권위에 의해 지시되는 것보다 그들끼리의 신호를 통한 조율이 훨씬 더 정확하고 더 빨리 변화에 적응할 수 있다. 정부 관료들의 협력도 부분적으로는 규칙과 권위에 의해 규정된다. 하지만 그런 협력 역시 다당 체제에서 연립정부를 구성하기 위한 협상처럼, 신호와 보상, 위협 등으로 이루어진 다차원적 상호 교환을 필요로 한다.

가정생활에서부터 정치에 이르기까지 사회적 협력은 대부분 규칙과 권위를 이용하기보다는 복잡한 상호작용을 통해 이루어진다. 규칙과 권위는 때로 부적절하기도 하고 때로는 지나치게 강제적이다. 흔히 상호작용의 과정에서는 규칙과 권위보다 정보와 지능이 더 많이 활용된다. 정보와 지능이 활용된 조율에서 상호 조정은 독특한 이점을 제공한다. 무엇보다도 통찰력과 혁신이 사회에 도입될 가능성을 확산시킨다. 새로운 정보와 착상이 체계의 여러 지점에 반영될 수 있는 가능성도 확대된다. 무선 인터넷과 끊임없이 변화하는 컴퓨터 통신 같은 세계적 혁신의 물결을 보라. 위계 체계에서는 권위를 가진 중앙집권자가 밑에서 올라오거나 밖에서 들어오는 제안을 거부할 수 있다. '예'나 '아니오'를 결정하는 것은 중앙집권자의 권한이기 때문이다. 그러나 상호 조정에는 그런 결정을 하는 중앙집권적 관리자가 없다.

상호 조정에 따른 조율이 얼마나 넓은 범위를 다룰 수 있고, 얼마나 효율적인지는 과소평가되고 있다. 배우자, 운전기사, 곡예사, 아니면 임금 교섭 중인 협상가 등에서 볼 수 있듯이, 조율자에 의한 조율보다 상호 조정을 통한 조율이 더 빈번하다는 사실을 생각해 보라. 물론 상호 조정을 통한 조율도 중앙집권적 조율처럼 실패하는 경우가 많다. 하지만 상호 조정이 사회 전체에서 이루어지는, 이른바 사회적 조율을 이끄는 견인차라는 점은 분명하다.

조율과 희소성

지금처럼 사회가 풍족해져 이탈리아 관광객의 수가 늘어나기 이전에는, 미켈란젤로의 시스티나 성당 벽화를 관람하러 오는 사람들을 조율해야 할 필요가 전혀 없었다. 그러나 오늘날은 관람 시간의 제한, 입장권 구입, 줄 서기와 같은 조율이 필요하다. 주어진 혜택^{benefit}이 모든 사람을 다 만족시킬 만큼 충분하지 못할 때, 평화 조율이든 협력 조율이든 조율은 훨씬 더 어려워진다. 그러나 그만큼 조율은 더욱 필요해진다. 여기서 '충분하지 못하다'는 뜻은, 일부는 빈손으로 돌아가야 하며 완전히 만족하는 사람이 거의 없다는 것이다. 즉 바티칸 방문객 가운데 일부는 성당에 들어갈 수 있지만 일부는 들어가지 못한다. 이는 사회적 조율과 관련해 중요한 문제다. 즉 모두에게 다 돌아갈 만큼 혜택이 충분하지 못할 때 조율은 박탈감을 안겨 주며, 따라서 이에 따른 좌절감, 격해진 갈등과 분노에 대처해야 한다.

사람들이 원하는 대상과 경험은 대개의 경우 모두에게 다 돌아갈 만큼 충분하지 못하다. 혜택이 로마 관광처럼 무형적인 것이든, 빵처럼 실체적인 것이든 마찬가지다. 모두에게 다 돌아갈 만큼 빵이 충분하지 못한가? 그렇다. 빵은 충분하지 않다. 그런데도 공급 부족이 잘 보이지 않는 이유는 빵을 요구할 수 있는 사람의 수를 사회가 제한하기 때문이다. 즉 빵을 가져가려면, 빵 값을 지불해야 한다. 만약 그 제한을 없애면, 불충분하다는 사실이 금방 드러날 것이다. 분쟁을 제한하는 법규를 없애 보라. 그러면 판사가 심각할 정도로 부족할 것이다. 뭔가를 요구하거나 수요를 가진 사람들을 사회적으로 제한하기 때문에 부족함의 문제는 잘 드러나지 않는다. 예컨대, 대학 입학 조건과 같은 자격 관런 규칙은 흔히 볼 수 있는 제한의 효과를 갖는다. 상호 교환에서 사람들로 하여금 무엇인가 대가를 제공케 하는 것은 훨씬 더 광범위한 제한이다. 우리는 그런 제한에 익숙해져서, 공급이 모두에게 다 돌아갈 만큼 충분하다면 그런 제한이 필요 없다는 사실, 그리고 그런 제한이 존재하는 이유는 기본적으로 희소성 때문이라는 것을 자주 망각한다.

사실, 아무리 부유한 사회라고 해도 모두에게 다 돌아갈 만큼 모든 것이 충분하지는 않다. 온갖 것을 다 가진 듯한 사람이라도 가장 좋은 학교가 제공하고 있는 것보다 더 나은 교육을 자녀에게 제공하고 싶어 한다. 또 지금보다 더 나은 의료 서비스를 받기를 바란다. 가정에서 더 많은 편의를 누리고 싶어 하고, 전세 비행기나 전용 비행기, 더 넓은 생활공간을 얻고 싶어 한다. 반면, 전 세계에 살고 있는 수백만 명의 가난한 사람들에게 공급은 절대적으로 부족하다.

수요를 제한하지 않고는 모두에게 다 돌아가게 할 수 없다는 것, 다시 말해 수요에 비해 [공급이] 충분하지 못한 상황을 나타내는 일반적인 말이 희소성이다. 희소성이라는 말은 유용한 용어다. 이 용어의 의미를 '적은 양'이나 '약간의 것'의 의미로만 국한시켜 사용하지 않도록 조심한다면 말이다. 마찬가지로 희소성을 빈약하다거나 인색하다는 뜻으로 사용하면 안 된다. 희소성은 적은 양을 의미하는 것이 아니라, 바라는 것과 실제 취득할 수 있는 가능성 사이의 관계를 나타낸다. 지구상에는 수백만 제곱킬로미터의 기름진 땅이 펼쳐져 있다. 그럼에도, 땅이 모두에게 다 돌아갈 만큼 충분하지 못하고 희소한 이유는, 너무나 많은 사람이 그 땅을 경작하고자 하기 때문이다. 집집마다 문을 두드리며 다니는 소수의 전도자들이 마을에 왔다고 하자. 이들은 비교적 소수임에도 불구하고 희소하지 않다. 아주 소수의 가정만 이들의 사역을 원하기 때문이다. 시스티나성당의 벽화를 볼 기회가 희소해진 것은, 성당이 작아졌기 때문이 아니라 더 많은 사람이 성당에 들어가고 싶어 하기 때문이다.

끝으로, 사회의 모든 구성원 각자가 더 이상의 기대를 버린다고 해도, 희소한 것에 대한 각자의 몫이 유지되려면 조율이 필요하다. 만일, 오래 지속될 수 있는 안정된 조율 방식이 없다면 사회는 퇴락하고 말 것이다. 깨끗한 물이나 학교 혹은 그 외의 많은 것이 없는 상태가 되거나, 가장 조잡한 움막에서 가장 변변치 못한 식사를 하는 원시사회로 돌아갈 것이다. 우리가 오늘날 누리는 혜택은 과거에 이미 관습화된 협력에서 비롯된 것이다. 이 혜택을 유지하려면 반드시 협력이 계속되어야 한다.

시장체제는 상호 조정을 통해 이루어지는 거대한 조율 체계이며, 희소성 때문에 발생하는 어려움에 잘 적응해 왔다. 많은 이들, 심지어는 일부 경제학자들까지도 시장체제가 오직 경제 행위만 조율한다고 생각한다. 마치 경제적인 것이라고 하는 고유의 행위 영역이 존재하며, 시장체제는 오직 그 영역 안에서만 행위를 조율하는 것처럼 말이다. 이런 생각은 버려야 한다. 사실 시장체제는 엄청난 범위의 행동을 조율한다. 하지만 우리가 아직도 그것이 얼마나 다양한지 알지 못할 뿐이다. 다시, 경제는 생각하지 말고 사회를 생각하자.

크로마뇽인도 조개껍데기를 화폐로 사용해서 서로 교역을 했다고는 하지만 선사시대부터 18세기 산업혁명 이전까지 사람들에게 매매란 단지 사회적 조율의 부수적 방법에 지나지 않았다. 고대에도 교역로가 개발되어 있었지만, 사회를 조율하는 책임은 전통적 관습과 정치적 권위가 담당했다. 18세기 이후 최근에야 비로소 그 책임이 시장체제로 옮겨 갔다. 시장체제가 거대한 조율자가 되기 위해서는 노예제가 임금노동에 자리를 내주고, 토지에 대한 사람들의 정태적이고 봉건적인 속박 역시 해체됨으로써, 노동과 재산이 시장에서 거래되는 상황으로 대체되어야 했다. 그리고 도시에서는 좀 더 자유로운 매매가 가능하도록 길드 형태의 사회적 통제[중세 도시에서 동업 조합을 조직한 상공업자들의 공급 독점 체계]가 종식되어야 했다.

협력

우선, 시장체제가 어떻게 협력을 달성하는지 살펴보자. 시장이 평화를 유지하는 방식에 대해서는 나중에 살펴볼 것이다. 시장이 상호 조정을 통해 협력을 이루어 내는 능력을 보여 주는 데는 이론이나 정교한 분석이 필요하지 않다. 흔히 발견할 수 있는 한두 개의 사례로 충분하다. 시장체제에서 사는 사람이라면 거의 누구나 기본적으로 시장적 협력에 관해 잘 알고 있다. 그럼에도 불구하고 이제 살펴볼 사례들은 시장적 협력의 문제를 다시 생각하게 할 것이다.

밀라노에서는 많은 사람이 에스프레소 커피를 마시려고 아침부터 카페를 찾는다. 이들은 당연히 자신이 카페에서 커피를 마실 수 있으리라고 생각한다. 이들이 그렇게 확신하는 이유는 무엇인가? 사실 커피를 마시려면 수많은 협력이 필요하다. 구체적으로 말하면, 한 사람의 능력을 뛰어 넘는 수많은 일이 다양한 사람들에 의해 수행되어야 한다. 협력은 다양한 업무를 할당하고 이를 서로 연결하는 시장 거래를 통해 달성된다. 농민은 커피 원두를 재배하고 수확하는 일을 통해 협력한다. 트럭 운전사나 열차 기관사는 고속도로나 철도를 이용해 원두를 항구로 운반한다. 물론, 고속도로나 철도는 다양한 분야의 노동자들이 협력을 통해 건설한 것이다. 항구에서는 항만 노동자와 선원이 협력에 참여한다. 제노바의 선착장에서 밀라노로 보낼 원두를 선적하는 일에는 다시 항만 노동자와 창고업자, 트럭 기사의 도움이 필요하다. 이런 작업들로 이루어진 사슬 속 어디에선가 어떤 사람들은 원두를 볶고, 다른 사람들은 원두를 담을 자루를 만든다. 보험업자와 검사관, 도소매 유통업자 등 다른 협력 참여자를 떠올려 보자. 에스프레소 커피 제조 기계와, 그 기계를 제작하고 배송하며 설치하는 협력의 사슬도 잊지 말자. 밀라노에서 얼마나 떨어져 있든지 간에 수많은 사람이 자신의 역할을 담당하며, 카페 웨이터도 무뚝뚝하건 상냥하건 제 역할을 한다. 그러나 이 과정을 너무 이상화하지는 말자. 때때로 트럭이 납치되기도 하고 기업이 횡령을 당하기도 하며, 예상했던 협력이 이루어지지 않기도 하니까 말이다.

그와 같은 일의 사슬 혹은 연결망을 깊이 생각해 보지 않았기 때문에 우리는 시장 협력의 세세한 과정을 놓칠 수 있다. 그 사슬 속에 있는 작은 단면의 안을 들여다보자. 밀라노의 수입업자 사무실에서 연필을 물고 있는 회계 담당자에게 연필을 제공하기 위해, 1백 명의 노동자가 연필 공장에서 직접 일을 하고, 또 다른 1백 명이 연필 끝의 지우개를 만드는 일을 할 수 있다. 그리고 연필을 만들 건물을 짓는 데 1백 명이 참여하고, 전력을 생산하고 송전하는 일에 넉넉히 1천 명 이상이 참여하고, 송전용 금속 전선을 만드는 데 마찬가지로 1천 명 이상이 참여할 수 있다. 끝으로, 필요한 광석을 채굴하고, 정련하고, 녹이고, 운반하는 데 수천 명이 참여할 수 있다. 그러나 '마지막으로'라는 것은 없다. 연필 제조자는 밀라노 카페에서 커피를 주문한 사람 가운데 한 명일 수도 있다. 협력은 일직선적으로 연결되어 있지 않고 복잡하게 연결되어 있다.

콜롬비아에서의 활동과 밀라노에서의 활동을 연결하는 사슬이나 연결망 가운데 어떤 것도 아무런 이유 없이, 임의적이거나 우연적으로 만들어진 것이 아니다. 또한 협력은 매우 높은 수준의 예측 가능성을 보여 준다. 커피 재배자가 시골 길가에 서서 커피를 사러 올지도 모를 돈 많은 삼촌이나 우연한 구매지를 막연히 기다리는 것은 아니다. 원두를 재배하는 사람이 원두를 팔지 못하는 경우는 매우 드물다.

또 다른 사례로, 신발 제조에서 이루어지는 협력의 많은 연결 고리 가운데 일부를 생각해 보자. 인도네시아에서 영업하는 어떤 한국 기업은 오리건 주에 자리 잡은 회사에서 만든 디자인과 원자재 그리고 타이완 업체의 또 다른 디자인을 사용해서 신발을 만든다. 텍사스에서 키운 후 도살해 벗겨 낸 소가죽이 갑피용 가죽으로 이용된다. 소가죽은 텍사스에서 화물열차로 로스앤젤레스까지 가고, 거기서 무두질을 위해 배나 비행기로 부산으로 간 다음에 다시 항공편으로 인도네시아로 간다. 신발의 중창은 석유를 원료로 하는 화학물질을 이용해서 만든다. 그 화학물질 가운데 하나는 사우디아라비아산 석유에서 증류하여 추출한 것으로 유조선에 실려 한국의 정유 공장으로 보내진 것이다. 타이완에서 원자력발전소의 전력을 사용해서 만든 합성고무는 겉창 바닥판으로 사용된다. 일본제 기계가 신발에 회사 상표를 박음질한다. 신발은 수마트라산 나무를 원료로 만든 종이로 싼 후에, 뉴멕시코 제지 공장에서 만든 상자에 넣어져, 초대형 컨테이너 선박에 실려 태평양 너머 미국으로 발송된다. 이렇게 협력하는 각각의 기업은 가까이에 있는 수백 명의 협력 공급자 및 피고용인과 연결되어 있다. 그리고 원자력발전에 필요한 광석을 녹이는 연료를 제공하는 사람들처럼 수천 혹은 수백만 명의 원거리 공급자와도 연결되어 있다. 물론, 협력의 범위와 치밀함이 대단하다고 해서 협력을 이상화시키려는 것은 아니다. 신발 산업에 대한 일반적인 불만은, 해외 노동자들이 협력에 기여하는 것에 비해서 그들의 임금이 지나치게 적다는 것이다.

심지어는 같은 지역에서 제공되는 것처럼 보이는 대상object과 용역performance조차 긴 협력의 사슬을 필요로 한다. 당신이 목수를 불러서 썩어 가는 울타리 기둥을 바꾼다고 하자. 이때 목수가 그 일을 할 수 있는 것은 앞서 삽과 망치를 만든 사람들의 협력이 있었기 때문이다. 물론 그들은 다시 금속과 전력 등을 제공한 온갖 분야의 사람들에게 의존해야 한다.

커피 한 잔이나 신발, 혹은 새로운 울타리 기둥을 손에 넣기 전에 행해졌던 엄청난 작업에도 주목하자. 광산, 배, 공장, 기차와 발전기가 모두 이런 협력의 일부다. 인간 사회는 땅과 노동에다가, 자본이라는 인위적 자원을 결합한 후에야 비로소 수천 년간 지속된 빈곤에서 벗어났다. 이런 성과는 자본 형성을 위한 사회적 협력을 달성하는 데 있어서 특별히 주목해야 할 두 가지 과제를 부각시킨다.

첫 번째 과제는 최종 소비재 생산에 투입되던 노동과 천연자원의 상당 부분을 생산재 생산으로 전환하는 일이다. 말하자면, 밀 생산에 들어가던 노동과 자원을 트랙터 생산으로 전환하는 것이다. 두 번째 과제는 매우 전문적인 참여자를 늘리고 확산시키는 것이다. 책상에서 직접 손으로 글을 옮겨 적는 필경사는 복사기나 인쇄기로 대체되는데, 이 과정에서 인쇄기 제조업자, 부품 공급자, 기계 관리자, 운송업체, 서비스업체 등 전문화된 일을 담당하는 수많은 사람이 필요하다.

이 가운데 무엇보다 중요한 것은, 무생물인 커피 원두나 신발이 아니라 살아 있는 사람들이 제공하는 노동의 연결, 즉 사람들의 수고를 서로 엮어 내는 일이다. 시장체제는 특정 유형의 협력하는 인간 행동을 말하는 것이지, 단순히 이동 중인 한 자루의 원두가 아니다. 시장 협력을 이해하기 위해 주목해야 할 것은 협력으로 묶인 사람들의 행동이지 신발이나 한 잔의 커피 같은 대상물이 아니다. 사람들이 수행하는 용역은 대체로 어떤 물질적 대상을 산출하지만, 그렇지 않은 경우도 있다. 예컨대, 의사, 정원사, 교사들은 다른 사람들에게 직접적인 도움이 되는 용역을 제공함으로써 협력을 한다. 선진 산업사회에서는 노동인구 가운데 절반 이하만이 물질적 대상을 생산하는 데 참여하며, 나머지 사람들은 대부분 용역을 생산한다. 시장 활동의 결과가 물질적 대상으로 구체화되는 것을 가능케 하는 것이 바로 용역이다.

덧붙여 말하면, 장소로서의 '시장'marketplace이란 용어는 거의 언제나 잘못된 것이다. 시장체제는 장소가 아니라 망, 즉 위치가 아니라 조율된 일군의 용역이다. 시장체제에서 일부 상호작용은 농산물 시장이나 증권거래소처럼, 시장이라고 부르는 공간적으로 제한된 장소에서 발생한다. 그러나 많은 '시장'은 장소가 없으며, 시장에서 상호작용을 하는 참여자들은 장소에 구애받지 않고 널리 분산되어 있다. 그런 시장을 더 잘 나타내는 것은 전화나 인터넷 커뮤니케이션이지 어떤 장소가 아니다.

시장체제는 협력을 조직한다. 하지만 협력은 시장체제의 목적이 아니다. 시장체제는 협력을 '위해서' 존재하지 않는다. 시장체제는 필요를 충족시키기 '위해서'나, 자본축적을 '위해서' 혹은 엘리트의 대중 착취를 '위해서' 존재하지 않는다. 목적을 추구하는 주체는 시장체제라고 하는 사회적 과정이 아니라 그 속에서 움직이는 사람이다. 시장체제 참여자들은 목적을 추구하지만 시장체제 자체가 목적을 추구하기 위해 존재하는 것은 아니다. 그러나 사회적 협력의 엄청난 과제를 이루어 내는 것은 바로 의식도 없고 목적도 없는 시장체제다. 그리고 시장체제는 온갖 유형의 개인적 목적에 이바지하는 협력을 조직한다. 이처럼 시장체제는 경제적인 범주의 목적을 달성하는 것으로 국한되지 않는다.

시장체제가 사회 협력을 조율한다는 명제는 오랫동안 시장을 경쟁, 즉 심지어 먹을 것을 놓고 아귀다툼하는 생존경쟁과 동일시해 온 사람들에게는 잘 이해되지 않을 것이다. 물론 시장체제에는 경쟁의 무대가 많이 있다. 그러나 시장체제에 참여하는 사람들 각각은 수백만 명의 다른 사람들과 협력 관계로 연결되어 있는 반면에, 경쟁 관계로 연결되어 있는 사람들은 상대적으로 소수다. 커피의 사례에서, 해운업자는 무수히 많은 다른 시장체제 참여자와 협력적 관계로 연결되지만, 각 해운업자가 경쟁하는 상대는 비교적 소수의 다른 해운업자일 뿐이다. 물론 해운업자는 피고용인을 구하는 다른 고용주나 홍차를 운송하는 해운업자와도 경쟁한다. 최종 소비자가 커피를 마시다가 차로 바꾸거나 반대로 홍차를 마시다 커피로 바꿀 수 있다는 점에서 차를 파는 사람과 커피를 파는 사람도 경쟁한다. 하지만 이 정도의 경쟁 범위는 결코 협력의 범위에 비교가 되지 못한다.

실제로 현대사회에서 시장체제는 적어도 20억 명의 협력을 조율하는 국제적인 조율자가 되었다. 다른 어떤 사회적 협력 방법도 그 범위와 치밀함에 있어서 시장체제를 능가할 수 없다. 우리는 흔히 협력을 조직하는 가장 중요한 단위로 국가를 생각한다. 그러나 어떤 정부도, 커피와 신발 사례가 보여 주는 것처럼 수백만 명의 사람들에게 구체적인 역할을 부여하고, 세부적으로 일을 분배한 적이 없었다. 나아가, 세계적 시장체제는 있지만 세계국가는 존재하지 않는다. 심지어는 한 나라 안에서조차 시장체제는 수백만 명의 사람들에게 정확하게 규정된 역할을 할당하는 치밀한 협력을 조직하지만, 국가나 정부는 그렇지 못하다.

시장체제는 협력을 조직하는 데 있어서 그 어떤 체제보다 유능해 보인다. 시장체제는 가장 긴 팔과 가장 솜씨 좋은 손가락을 지닌, 세계에서 가장 광범위하고 가장 치밀한 사회 협력 조직자다. 시장체제를 인류에게 주어진 커다란 혜택으로 간주하든, 아니면 시장체제의 긴 팔과 솜씨 좋은 손가락을 괴물의 것으로 의심하든, 시장체제는 놀라운 협력의 조직자다.

그렇다고 시장체제가 최적의 결과나 균형을 제공한다고 주장하려는 것은 아니다. 사람들이 조율되었다고 말하는 양상은 서로 다르다. 누군가는 높은 수준의 평등을 원하고 다른 사람은 그렇지 않을 수 있다. 또 누군가는 조율이 이루어지면서 자연 보존과 같은 일부 가치가 무시되었다고 생각할 수 있다. 그럼에도 불구하고, 밀라노 카페에 커피를 가져오거나 전 세계 사람들에게 신발을 제공하는 데 필요한 수많은 참여자 각각의 구체적 역할이 조율된다는 점은 부인할 수 없다. 조율의 질과 관련된 문제는 잠시 제쳐 놓기로 하자.

이상에서 살펴본 모든 협력은 국가의 도움을 필요로 한다. 국가는 자유권, 재산권, 계약법 등을 확립한다. 이런 것이 없다면 우리는 매매와 같은 시장 행위를 할 수 없다. 언제나 성공하는 것은 아니지만, 약탈과 해적 행위를 막는 것도 국가다. 국가는 선착장과 운하, 고속도로와 철도를 건설한다. 국가는 통화제도를 유지하며, 은행 규제와 신용 발행에 개입한다. 기업의 투자 분위기가 위축되지 않도록 손해 발생 시 손실 분담을 약속하기도 한다. 일반적으로 국가는 채권자에 대한 책임을 면하기 위한 파산 신청권을 기업에 제공한다. 또한 국가는 세계무역기구WTO에서처럼 다른 국가와 손을 잡고 국제무역을 위한 규칙을 수립하고 시행한다. 판매 전망만이 시장 활동에 활력을 불어넣기에 충분한 유인이라고 생각하는 사람도 있겠지만, 어떤 시장체제도 정부의 도움이 없으면 살아남을 수 없다. 그리고 정부가 도움을 제공하는 것은 시장체제의 작동을 위해서일 뿐만 아니라 경제성장을 지원하기 위한 것이기도 하다. 시장체제를 춤이라고 하면 국가는 춤판과 음악을 제공한다.

시장체제의 중요한 행위자인 국가는 끊임없이 변화하는 상황에 발빠르게 대처한다. 타이완 정부는 1990년대 말 아시아의 경제 위기를 극복하기 위해서, 변동환율제를 채택하면서, 타이완 기업의 외환 취득을 제한했다. 타이완 정부는 금융기관으로 하여금 기금을 이용해 증권시장을 지원하도록 했고, 통화 공급을 확대해 주택 매입을 촉진했으며, 은행을 압박해 기업 대출을 늘렸다. 또한 은행의 수익성을 높이는 많은 조치를 취하고, 증권시장의 거래세를 줄이고, 첨단 기술 산업을 위한 새로운 세제 지원책을 만들었다. 이처럼 정부는 거의 매달 시장체제에 관한 정책을 점검하고 변경한다.

평화 유지

시장이 권리의 침해를 막고 평화로운 질서를 만드는 데 이바지했다면, 그것은 시장이 창출한 협력 덕분인가? 이 물음에 답하기는 쉽지 않다. 많은 사람이 이 질문 자체를 당혹스럽게 생각한다. 그들은 이렇게 말할 것이다. 시장체제는 평화로운 사회에서 번영한다. 따라서 비록 시장체제가 평화를 유지하는 기능을 잠재적으로 가지고 있긴 하지만 그렇다고 시장체제가 그런 과업을 수행하는 것은 아니다. 이는 설득력 있는 논리다. 평화로운 시장체제가 어떻게 평화롭게 되었는지 묻기 전까지는 말이다.

분명한 사실은 다음과 같다. 땅이나 노예, 높은 지책이나 명예 등을 누가 가질 것인가 하는 문제를 놓고 사람들이 격렬한 갈등에 휘말리는 상황을 피할 수 있는 길은, 오직 이런 문제를 평화롭게 해결하기 위한 사회적 절차를 발전시키는 방법뿐이다. 말하자면, 사회가 내적으로 평온해 보인다고 해도, 구성원들 사이에서 갈등을 일으킬 만한 열망이 존재하지 않는다고 추론할 수는 없다. 그보다는 갈등을 해결할 수 있는 적절한 절차가 작동하고 있다고 추론하는 것이 현실적이다. 갈등을 해결할 수 있는 적절한 절차 가운데 하나가 시장체제다. 시장체제가 평온한 사회에서만 번성하는 것은 아니다. 나아가 시장체제는 사회를 평화롭게 만드는 일을 돕는다. 거의 3세기 전에 몽테스키외는 그런 생각을 '부드러운 상업'[2]이라는 개념으로 표현했다. 다시 신중하게 표현해 보자. 시장체제는 사회를 평화롭게 만든다. 그러나 그렇다고 해서 반드시 효율적이거나 공정하거나 인도적인 것은 아니다.

누군가 다음과 같은 논리로 시장체제를 평화 유지자라고 주장할지 모른다. 사람들은 생활 속에서 자기 몫에 만족하지 못할 때 서로 다툰

---

[2] 부드러운 상업(doux commerce)은 온화한 상업, 평화로운 거래 등으로 번역되기도 한다. 봉건시대에 전쟁을 통한 전리품 획득보다 상업을 보호함으로써 얻게 되는 이익이 더 크다는 사실을 깨닫게 되면서 무력 사용이 줄어들었다는 의미에서 쓰인 용어다.

다. 그러나 높은 소득, 특히 수입 증가는 불만과 갈등을 줄이고, 따라서 상호 간의 손해를 줄여 평화롭고 안정된 정치 질서를 가능하게 한다. 시장체제는 역사적으로 서유럽과 북아메리카에서 그랬고 현재 아시아에서 분명히 그런 것처럼, 고소득과 성장을 안겨 준다. 그러므로 시장체제는 사회 평화에 이바지한다.

이 논리가 옳을 수도 있지만, 시장체제 자체가 상호 간의 폭력과 권리 침해를 줄이는 사회적 메커니즘을 제공한다고 주장하기 위한 근거로는 부족하다. 오히려, 이 논리가 말하는 바는 다음과 같다. 즉 사람들이 평화를 유지하고 싶어지는 것은, 그들이 국가가 상호 간의 권리 침해를 방지하기 위해 제정한 법률에 기꺼이 복종할 만큼, 시장 사회에서 충분히 부유하기 때문이다. 그렇다면 실제 평화 유지자는 국가다.

시장체제는 사람들이 법에 복종하도록 유도하는 것 외에도, 그 자체로 사회에서 상호 간의 이익 침해를 줄이고 평화를 유지하려는 행동 유형을 만들어 낸다. 조금만 돌려서 생각하면 그 작용 메커니즘을 알 수 있다.

상호 간의 권리 침해와 사회적 무질서가 발생할 수 있기 때문에 개인이나 가족은 타인에 의한 권리의 침해를 막을 수 있는 방법을 필요로 한다. 즉 사회 평화를 지키기 위해 개인이나 가족들에게는 각자의 자율성을 유지할 수 있는 잘 방비된 공간이 있어야 하는 것이다. 만약 사회에 그런 공간이 있다면, 관습과 법이라는 보호 장치만으로도 충분히 사회 평화를 유지할 수 있을 것이다. 이런 보호 장치를 통해 시민들 각자는 타인에게 침해받지 않을 자격과 권리를 누릴 수 있을 것이다. 이 경우 평화 유지자로서의 시장체제의 역할은 필요하지 않을 것이다. 정말 이런 여건이라면, 시장체제가 사회 평화에 기여한다는 관념은 부

자연스럽거나 이상하게 보일 것이다.

그러나 사람들은 침입을 막는 고정된 울타리에 만족하지 않는다. 사람들은 새롭고 다양한 욕구를 갖고 있다. 사람들은 더 많은 것을 얻고자 서로 다툰다. 이런 다툼이 더욱 격렬해지는 것은 자원의 양이 모두에게 돌아갈 만큼 충분하지 않기 때문이다. 사람들은 요구할 수 있는 것이 더 많아지길 바라는데, 그 요구는 경제적인 것에만 국한되는 것은 아니다. 특히 협력의 혜택 ─ 경제적인 협력뿐만 아니라 여타의 모든 협력을 통해 산출된 ─ 을 더 많이 분배받고 싶어 한다. 즉 나누어 가질 파이에서 더 큰 조각을 분배받고 싶어 한다. 그런데 사람들이 얻는 것의 많은 부분은 다른 사람의 몫에서 가져온 것이다. 따라서 평화를 유지하는 메커니즘이 없다면 사람들은 서로에게 더 많은 손해를 입히려 할 것이다. 결국 평화 유지는 고정된 울타리만으로는 부족하다. 사람들은 희소성의 상태에서 더 많이 가지려고 다투면서 나타나는 복잡한 갈등과 상호 이익 침해, 그리고 끊임없이 변화하는 다양한 특성에 대처해야 하기 때문이다.

그 다툼에서 각자가 지닌 열망은 평생 끊임없이 변하기 마련이다. 성년이 되면서 사람들은 생활할 거처와 배우자, 동료 집단을 얻으려고 한다. 더 시간이 지나면서는 더 나은 거처, 더 많은 동료 집단을 얻으려고 다툰다. 그러다가 70대가 되면 연금과 의료 혜택 같은 지원을 받고자 다툰다. 심지어는 달마다 혹은 주마다 하나의 열망에서 다른 열망으로 옮아가는가 하면, 다시 이전의 염원으로 돌아가기도 한다. 오늘은 식량이 필요하지만, 그것을 손에 넣으면 일주일 정도는 그럴 필요가 없다. 때로는 예기치 않게 건강에 문제가 발생한다. 누가 어떤 일을 해야 하는가? 누가 어떤 지위를 차지해야 하는가? 얼마나 많은 식량과 어떤 종류의 식량이 개인에게 혹은 가족에게 배분되어야 하는가? 양고기는 매일 주어야 하는가 아니면 일주일이나 한 달에 한 번 주어야 하는가? 그리고 어떤 사람에게 주어야 하는가? 새로운 웃옷을 원하는 사람에게는 어떻게 해야 하는가? 어떤 종류의 옷을 주어야 하는가? 평화를 유지하려면 사회는 이처럼 끝없는 문제를 해결할 체제가 필요하다. 시장체제는 바로 이런 문제를 해결함으로써 평화를 유지시키는 메커니즘이다.

우리는 시장체제를 너무 당연하게 생각한 나머지, 상충하는 요구들을 둘러싼 갈등의 잠재적 폭력성, 강제적인 배분을 평화로운 교환으로 대체하는 시장체제의 중요성에 대해 진지하게 생각해 보지 않는다.

주류 경제학은 다른 각도에서 문제를 바라본다. 희소성은 효율성의 문제를 제기한다고 주류 경제학은 말한다. 만일 모두에게 다 돌아갈 만큼 충분하지 못하면, 사회는 그 대안을 모색하고 방법을 찾아야 할 것이다. 만일 자동차를 더 많이 생산하기 위해 주방 기구 생산에 투입된 노동력과 원자재를 자동차 생산 라인으로 가져와야 한다면, 자동차를 더 많이 생산하는 것이 주방 기구의 공급을 줄일 만큼 가치가 있는 일인지 결정해야 한다는 것이다.

주류 경제학의 이런 분석은 옳다. 우리는 실제로 어떻게 시장체제가 효율적인 선택에 필요한 방법을 제공하는지 나중에 살펴볼 것이다. 하지만 지금 여기서 내가 검토하고 있는 문제는 희소성 때문에 발생하는 좀 더 근본적인 문제, 즉 희소성으로 인한 잠재적 폭력성이다. 희소성으로 말미암아 나타나는 첫 번째 문제는 효율적인 선택에 관한 것이 아니라, 상충하는 여러 요구들에 희소한 대상과 용역을 적절하게 할당함으로써 사람들이 서로를 공격하고 죽이지 않도록 하는 것에 관한 것이다.

일단 이 단계에서는 시장체제를 마치 정치적 과정인 것처럼 생각하는 것이 도움이 된다. 실제 시장체제에서의 갈등 해결 과정은 정부에 의해 이루어지지 않지만 말이다. 예를 들어 사회는 수없이 많은 희소한 대상과 용역에 대한, 항상 변화하고 상충하는 열망 때문에 무질서의 위협에 직면해 있다. 시장체제는 폭발 직전의 이런 상황에 대해 한 가지 해결책을 제시한다. 사람들 각자가 요구할 수 있는 것을, 비로 그 사람이 시장에 가치 있는 어떤 것을 제공함으로써 획득할 수 있는 금액의 총합으로 제한하는 것이다. 즉 시장은 응분 보상 원칙quid pro quo — 일단은 이를 정치적인 원칙으로 보자 — 을 통해 사람들 각자의 요구를 제한한다. 사람들은 지불 자금이 충분하다면 어떤 것이든 한도 금액까지 신발이나 여행, 심지어 평판도 얻을 수 있는 권리를 행사할 수 있다. 이리하여 만인의 만인에 대한 투쟁의 가능성이 평화로운 과정으로 전환되기 시작한다. 이것은 매우 포괄적이고 효율적인 정치적 성과가 아닐 수 없다.

이상과 같은 절차는 법과 그것에 대한 대중의 승인을 통해 유지된다. 절차가 불공정하다고 저항할 때도 있지만, 대부분의 참여자들은 대체로 이 절차에 따라 살아간다. 참여자들은 응분 보상 원칙이 허용하는 한도 너머로까지 개별적인 요구를 밀어붙이지 않으며, 또 그렇게 함으로써 격렬한 갈등으로 입게 될 권리 침해를 피한다.

평화 유지라는 측면에서 볼 때, 시장체제는 역사적으로 인정받아 온 것보다 훨씬 더 큰 역할을 해왔다. 사회학자 배링턴 무어의 주장에 따르면, 야심만만한 사람은 오랫동안 폭력을 통해서 부와 권력을 추구했다. 그 예로는 알렉산드로스 대왕, 카이사르, 아틸라 그리고 서유럽과 20세기 초 중국의 호전적 제후들이 있다. 야망에 찬 사람들이 막대한 부와 권력을 움켜쥐려고 시장 쪽으로 눈을 돌린 것은 역사상 최근의 일이다. 푸거 가문, 로스차일드 가문, 19세기 후반 미국의 벼락부자들이나 오늘날의 조지 소로스와 빌 게이츠가 그 사례다. 인류학자인 레오폴드 포스피실도 비슷한 이야기를 전한다. 그가 발견한 내용에 의하면, 뉴기니 섬의 파푸아인이 뭔가를 획득하는 데는 두 가지 전략이 있다고 한다. 하나는 그 섬의 고지대 사람들처럼 서로 습격하는 것이고, 다른 하나는 저지대 사람들처럼 서로 교환하는 것이다. 때로는 양쪽의 선택이 명확하게 표현되기도 한다. 즉 원하는 것을 타인에게서 뺏어라. 그렇지 않으면 대가를 주고 얻어라. 하나는 폭력성의 정식이고 다른 하나는 평화의 정식이다.

우리는 응분 보상 원칙을 별로 중요하지 않은 것으로 받아들이는 경우가 많다. 따라서 거래를 통해 욕구를 충족시킨다는 것이 분란을 일으킬 여지가 있는 욕구 충족 방식을 포기하는 것임을 잘 깨닫지 못한다.

물론 시장체제에서 형식적으로 해소된 것처럼 보이는 갈등 가운데 일부는 세금과 연금, 정부 정책의 형태로 다시 표면화되기도 한다. 또한 시장체제는 사람들이 구매하지 않고 훔치는 —단순한 소매치기만이 아니라 횡령이나 기타 사기와 같은 모든 형태를 포함한— 행위를 통해 응분 보상 원칙을 위반하는 것에 제대로 대처하지 못할 때도 많다. 게다가 시장체제는 사그라지지 않는 계급 갈등의 불씨에도 제대로 대응하지 못한다. 역사적으로 서로 갈등하는 요구들에 대한 시장적 해결 방식은 재산권의 불평등한 분배로 이어졌다. 또한 사람들 사이의 숙련 기술 역시 불평등하게 분배되는 결과를 가져왔다. 두 가지 방식은 모두 평등주의와는 거리가 먼 결과를 낳았다. 그럼에도, 시장은 사회를 평화롭게 유지하는 거대한 메커니즘으로 기능한다.

물론 시장체제를 통해서만 평화를 유지할 수 있는 것은 아니다. 상충하는 요구는 법과 행정적 권위 혹은 다른 제도에 의해서 해소되기도한다. 확실한 시장 사회에서조차 이혼한 부모의 양육권 다툼에서부터, 공직을 놓고 경쟁하는 출마자들의 참정권에 이르기까지 많은 갈등이그런 방법으로 해결된다. 반대로 공산주의 체제에서는 강력한 국가권력에도 불구하고 소비 시장과 노동시장을 이용하지 않고서는 대상과용역, 일자리에 대한 상충하는 요구에 대치할 수 없었다. 그들도 국가가 내세우는 규칙과 권위만으로는 충분하지 못하다는 점을 명확히 깨달았다.

협력과 평화 유지

시장체제를 통한 조율이 갖는 몇 가지 특성, 특히 협력과 평화 유지와관련해서는 다음과 같은 사실에 주목할 필요가 있다.

참여와 통제의 확산. 시장체제는 참여와 통제를 극단적으로 확산시킨다는 점에서 주목할 만하다. 이 점에서는 다른 어떤 체제와도 비교가안 된다. 시장체제에서는 수십억 명의 사람들 전체가 시장체제를 통제하는 데 참여한다. 비록 기업가들의 영향력이 훨씬 크지만, 그들만이시장체제를 통제하는 유일한 주체는 아니다. 당신과 나 그리고 모든 구매자들도 모두 통제에 참여한다. 임금이나 보수를 위해서 노동력을 제공하는 사람들도 마찬가지다. 지출은 '투표'와 같은 기능을 하며, 따라서 강력한 통제 효과를 만들어 낸다. 시장 '투표'는 민주 선거에서 달성할 수 있는 것보다 훨씬 더 높은 참여율을 보인다. 조율에 참여하는 사람 중에서 비활동적이거나 소극적인 참여자는 없다. 투표하지 않는 사람이 없는 것이다.

결정의 단순성. 거대 법인 기업에서 기업가의 의사 결정은 상당히 힘들어 보일 수 있다. 하지만 그 문제는 중앙집권적 계획자들이 직면하는 효율적 선택에 관한 문제에 비하면 아무것도 아니다. 소득분배, 투자율, 노동력의 할당 등과 같은 문제는 시장 거래를 통해 쉽게 해결된다. 정책 결정자가 이런 문제에 관여할 필요는 없다. 기업에서 경영자가 결정해야 하는 것은 어떻게 하는 것이 사회를 위한 최선의 철강 배분인가 하는 문제가 아니다. 경영자는 기업이 철강을 구매해야 하는가, 아니면 판매해야 하는가, 혹은 생산해야 하는가 하는 문제만 결정하면 된다. 경영자는 가격 효율성을 기준으로 정보를 얻고, 평가를 하고 견적을 내기만 하면 된다.

상충하는 선호의 조율. 시장체제에서 항상적으로 존재하는, 두 거대 집단 사이에 상충하는 욕망의 문제를 해결하는 조율 방식은 매우 특별하다. 통치자나 유권자는 노동자의 40퍼센트를 철강과 자동차 같은 중공업에 투입하고자 하지만 노동자의 20퍼센트만이 그렇게 하기를 원하는 사회를 상상해 보자. 이 둘을 어떻게 화해시켜야 하는가? 필요한 노동력을 징집해야 하는가? 중공업 정책을 축소해야 하는가? 시장체제에서의 조율은 매우 조용해서, 우리는 문제가 무엇이고 해법이 무엇인지 의식조차 하지 못한다.

사람들이 현재 갖고 있는 것보다 더 많은 중공업 제품을 원한다면 중공업 제품을 더 많이 구입할 것이고, 따라서 다른 제품들에 대한 구입은 줄어들 것이다. 이런 변화는 중공업 분야에 새로운 일자리를 창출할 것이며 다른 일자리는 줄어들 것이다. 동시에, 중공업 제품에 대한 수요 증가는 중공업 제품 가격을 상승시킬 것이고 따라서 중공업 부문의 생산과 고용이 늘어난다. 따라서 두 개의 선호는 서로 만나게 된다. 우리는 노동자들이 이런 경로로 이동한다는 사실은 알고 있지만, 상품에 대한 구매가 변동함에 따라서 서로 상충하는 두 개의 선호가 화해하게 된다는 사실은 대체로 인식하지 못한다.

물론 일부 노동자들은 개인적 여건 때문에 어쩔 수 없이 기존의 일자리에 머물기도 한다. 움직일 수 없는 사람도 있는 것이다. 많은 사람들이 어떤 산업에서 다른 산업으로 움직여야 한다고 해서, 새로운 일자리가 모든 사람에게 다 매력적일 필요는 없다. 상충하는 선호가 서로 화해할 수 있을 정도면 된다.

적응성. 시장 조율을 통해 수많은 역할과 요구들이 세세하고 정확하게 할당되지만, 그럼에도 이런 역할과 요구들은 고정되어 있지 않고 매우 유동적이다. 만일 커피를 마시는 일이 좀 더 대중화된다면, 커피 생산에 참여하는 협력자들은 이에 체계적으로 적응한다. 우리는 지난 30년 동안 컴퓨터를 생산하고 이용하는 데 참여하는 사람들의 역할이 매우 빠른 속도로 변하고 있다는 사실을 목도해 왔다. 다른 유형의 사회적 관계에서 볼 수 있는 경직성과는 달리 시장적 조율에서는 유연한 변화를 쉽게 발견할 수 있다.

암시장과 회색시장. 이유는 다양하겠지만 규칙 제정자들은 시장에서 유아나, 인체 장기, 희귀한 공연의 암표 등이 거래되는 것을 금지한다. 혹은 세금을 매기거나 하는 방법으로 거래를 제한하기도 한다. 예컨대, 어떤 정부는 수입 자동차에 높은 관세를 물리기도 한다. 이런 경우, 참여자들은 불법적인 매매 행위를 하게 되는데, 이로 말미암아 합법적인 시장과 함께 암시장이 등장하기도 한다. 수입 관세를 속이는 사람들은 누구나 불법적인 시장에 참여하고 있는 셈이다.

공산주의 체제에서는 불법적인 매매 행위가 일상적으로 나타난다. 소비자는 합법적인 경로로는 구할 수 없는 대상과 용역을 얻기 위해 서로 책임과 이익을 공유하는 연결망을 만든다. 중앙집권적 계획을 통해 기업에 필요한 자재를 구할 수 없을 경우, 기업가는 다른 기업과의 불법적인 매매를 통해 이를 조달한다. 중앙집권적 계획자들도 이런 불법적인 매매가 체제를 작동시키기 위해서 필요하다는 사실을 인정하고 있으며, 따라서 그들은 이런 거래를 억압하기보다는 묵인한다. 이런 시장은 암시장이라기보다는 회색시장gray market이라 할 수 있다.

암시장과 회색시장은 규모를 산정하기 어렵지만 전 세계 시장 활동 중 상당 부분이 여기에 해당한다. 이런 시장들은 시장체제와 공산주의 체제에서 모두 발견되며, 조율을 방해하기도 하고 촉진하기도 한다.

THE MARKET SYSTEM 4 시장체제의 기본 골격

시장체제의 관습과 규칙

시장체제는 어떤 장소나 사물이 아니며, 심지어 사물의 집합도 아니다. 시장체제는 일련의 활동들의 집합이다. 시장체제에는 특정한 관습과 규칙이 필요하고, 그런 관습과 규칙이 있는 한에서만 시장체제는 존재한다. 시장체제의 골격을 이루는 것은 바로 이런 관습과 규칙들이다.

우리는 이런 관습과 규칙들이 어떻게 이루어져 있는지를 살펴봄으로써 시장체제를 다양하게 조명할 수 있다. 예컨대, 시장체제가 왜 등장하게 되었는지, 왜 참여자들은 일정한 역할을 수행하는지 등을 밝힐 수 있다. 또한 시장체제와 자유 및 재산 사이의 밀접한 연관성을 밝혀 주며, 시장체제에서 화폐와 기업이 차지하는 위치도 파악할 수 있게 한다.

처음부터 하나씩 뼈대를 맞추어 골격을 만들어 보자.

1. 자유권 : 관습과 법은 시장 참여자들에게 자신의 시간과 에너지를 자유롭게 처분할 수 있는 통제 권한을 (모두에게 똑같이는 아니지만) 광범

위하게 부여한다. 달리 말해, 관습과 법은 법적 자유 — 무엇이든 열망할 수 있고 그것에 대한 권리를 요구할 수 있는 — 를 부여한다. 예컨대, 누구나 집을 짓는 데 자신의 에너지를 사용할 수 있다.

이 말에는 협력에 대한 암시는 없고, 서로 권리를 침해하는 일을 최대한 막고 평화를 유지해야 할 필요성에 대한 암시만 있을 뿐이다. 시장에서의 상호작용에 대한 암시도 없다. 그럼에도, 폭넓은 개인의 자유(그 범위와 한계에 대해서는 나중에 논의할 것이다)는 시장체제를 형성하는 뼈대 혹은 기둥이다. 이런 자유가 없으면(봉건적인 책무에 묶여 있던 소작농에게는 이런 자유가 없었다) 시장체제가 불가능하다.

2. 재산권 : 자유권 이외에 우리는 유용한 대상을 통제할 수 있는 광범위한 권한을 추가할 수 있다. 이런 권한은 흔히 재산권이라 한다. 재산권은 땅을 포함해 사람들이 자신의 열망을 추구하는 데 유용하다고 생각하는 사물을 자신이 직접 이용하거나, 다른 사람에게 제공하거나 제공하지 않을 수 있는 권리를 분배하고 집행하는 관습과 법이다. 집을 짓기 위해서는 땅을 비롯해, 건축 자재, 망치 그리고 톱을 소유해야만 한다. 좀 더 구체적으로는, 이에 대한 통제권을 행사할 수 있어야만 한다.

시장체제에 필요한 이 권리를 이른바 사유재산권이라고 불리는 권리와 동일시할 필요는 없다. 재산권은 현재의 사유재산권처럼 거대한 불평등을 낳지 않을 수도 있다. '사유재산권'이라는 용어는 논쟁적이기도 하고 모두가 인정하는 것도 아니다. 아무튼 기존의 사유재산권에 찬성하든 반대하든, 유용한 사물에 대한 광범위한 일련의 통제권은 필요하다. 앞서 살펴본 자신의 시간과 에너지를 자유롭게 통제할 수 있는 자유권과 함께, 재산권은 (사람들이 각자 자신의 열망을 추구하고자 자신이 가진 자산과 자유를 사용할 때) 상호 조정을 가능하게 하는 요소다.

이런 두 권리, 즉 자유권과 재산권은 광범위한 사회 조율 체계의 토대로서 충분치 않아 보인다. 왜냐하면, 사유권과 재산권은 몇 가지의 특정한 금지 사항을 제외하면, 사람들이 자신이 원하는 대로 행동할 수 있도록 보장하기 때문이다. 그러나 조율이 이루어지기 위해서는 사람들이 단순히 자기가 하고 싶은 대로 하지 않고 협력과 평화 유지에 필요한 요구 사항에도 주의를 기울어야 한다. 이와 관련해 더욱 흥미로운 점은 자유권과 재산권이 조율과 평화 유지를 뒷받침하는 방식이다.

3. 응분 보상 원칙 : 시장체제에 필요한 세 번째 관습과 법은 응분 보상 원칙이다. 누군가를 설득하지 않는 한, 다른 사람으로부터 어떤 대상이나 용역을 얻을 수 있는 (선물로 받지 않는다면) 유일한 합법적인 방법은 다른 사람에게 그 대가를 지불하는 것이다. 이 규칙은 협력, 그것도 평화로운 협력의 가능성을 바로 보여 준다. 우리는 위협이나 도둑질, 또는 국가권력에 요청하는 방법 등으로는 상대방의 협력을 얻어낼 수 없다. 교환은 응분 보상 원칙에 따라 이루어져야 한다. 집을 짓는 데 이웃의 도움이 필요하거나, 이웃으로 하여금 당신의 집을 짓게 하려면, 반드시 대가를 제공해야만 한다.

이들 세 가지 관습과 법은 광범위한 상호 조정이 가능한 조건을 만들어 내는데, 이 과정에서 참여자들은 서로 셀 수 없이 많은 이익을 추구하며, 수없이 많은 협력을 달성하고 갈등을 축소할 기회를 갖게 된다. 당신은 다른 누군가에게 어떤 대상물이나 도움을 제공함으로써 당신의 자녀를 가르치거나, 음식이나 오락을 제공받을 수 있다. 당신은 자신이 제공한 것에 상응하는 대가를 얻기 위해 다양한 방법을 생각해 볼 수 있다. 사전에 정해진 선택 목록이나 경로는 없다. 당신은 어떤 열망을 어떤 방향으로 추구하든 원하는 것을 얻으려면 그만큼 에너지를 쏟아야만 한다.

그러나 당신이 어떤 것을 열망할 수 있고 그것에 대한 권리를 요구하는 데에는 한 가지 제약이 남아 있다. 앞서 살펴본 규칙에 따르면 아직까지는 교환만 할 수 있을 뿐, 당신에게는 당신이 원하는 것을 제공할 누군가가 있어야 한다. 당신이 마사지를 원한다고 하자. 당신은 마사지 기술을 가진 누군가를 만날 수 있는가? 이것은 일종의 우연의 일치를 필요로 하는 상황이다. 게다가 당신이 그런 사람을 발견하더라도, 그 마사지사가 당신이 제공할 수 있는 것을 원하지 않는다면 당신의 욕구는 여전히 실현되기 어렵다. 그 마사지사가 당신의 밭에서 기른 채소를 받아들일 것인가? 이 단계에서도 두 번째 우연의 일치를 필요로 한다.

그렇다고 해도, 교환은 콰키우틀족과 같은 많은 원시적 사회에서 일반적으로 볼 수 있는 느슨한 조율에 비하면 진일보한 것이다. 그런 사회에서 선물을 받은 사람은 답례로 선물을 해야 할 책무가 있다. 하지만 선물을 받은 사람은 어떻게 답례할 것인가를 결정만 하고 시기는 뒤로 늦출 수 있다. 서로 선물을 주고받는 그런 관습은 물물교환과는 다르다. 선물을 주고받는 관습은 교환과는 달리 누군가에게 혜택을 제공하는 것을 대가로 내가 원하는 혜택을 얻을 가능성을 거의 제공하지 않는다.

조율을 가로막는 욕망의 우연적 일치 문제를 해결하는 방법이 있다. 그 첫 번째 단계가 다음의 네 번째 법 혹은 관습이다.

4. 화폐 : 누구나 갖고 싶어 하는 가치 있는 어떤 사물이 교환 과정에 등장한다. 바로 화폐다. 조개든, 금이든, 종이로 된 증서든 상관없다. 화폐가 있으면, 필요한 우연은 두 가지에서 한 가지로 줄어든다. 즉 두 번째 우연은 더 이상 필요 없게 된다. 당신은 원하는 것을 제공할 사람을

여전히 찾아야 하지만 이제는 당신이 제공할 특정 대상과 용역을 원하는 사람을 찾을 필요는 없다. 당신이 제공하는 것은 특정한 대상이나 용역이 아니라 모든 사람이 보편적으로 원하는 사물이기 때문이다. 당신은 당신의 집을 짓기 위해서 당신이 제공할 수 있는 용역이나 대상만을 원하는 목수나 금속 세공인을 찾을 필요가 없다. 목수가 되었든 철물 공급자가 되었든 그들은 '돈'을, 당신이 필요로 하는 도움을 당신에게 제공하는 데 대한 충분한 보상으로 여기고 받아들일 것이다.

5. 판매 : 화폐가 사용되면서부터 이전까지는 가정에서 사용할 목적으로 활동하던 참여자들이 이제는 대상과 용역을 판매하기 위해서 활동하게 된다. 이제 참여자들은 가정 안에서 노력을 쏟아 붓고, 어쩌다가 생긴 잉여물을 교환하거나 판매하던 전통적인 방식을 고집하지 않고, 판매 기회를 염두에 두고 자신이 할 일을 결정한다. 당신은 살 집을 짓는 대신, 화폐 소득을 늘리거나 극대화할 수 있는 일련의 활동을 찾는다. 그런 뒤에 주택 구입과 같은 다양한 목적을 위해서 화폐 소득을 사용한다.

생산의 목적이 판매를 위한 것으로 변하면서 첫 번째 우연의 일치 ― 자신에게 필요한 것을 갖고 있는 타인을 발견하는 것 ― 도 필요하지 않게 된다. 그런 타인을 발견할 수 있는가? 이제 판매를 목적으로 하는 활동이 등장하면서, 사회는 나의 욕망을 예상하고 내가 구입하려는 것을 제공하는 사람들로 가득 차게 된다.

순진하게 생각해서, 사람들이 우연히 제공할 수 있는 잉여물을 교환하는 일련의 상호작용을 가리켜 시장이라고 한다면, 그때의 시장은 가련하고 초라한 사회 조율자에 불과할 것이다. 시장체제는 단순히 규모가 큰 도떼기시장이 아니다. 시장체제를 교환 체계라고 말하는 것은 시장체제의 특징을 제대로 규정한 것이 아니다. 시장적 관계는 어떤 방식으로든 '어딘가'에서 교환될 대상과 용역을 거래하는 것만으로 충분하지 않다. 시장적 관계는 만들어지거나 행해져야 할 것, 그리고 교환되어야 할 것 모두를 결정할 때 성립한다.

6. 중개인 : 판매 기회를 찾으려는 노력은 중개업을 등장시킨다. 자칭 판매자인 이 사람들은 상품을 직접적으로 원하는 사람뿐만 아니라 판매업에 종사하는 사람에게도 대상물과 용역을 판매하고자 한다. 그들은 주방 기구 판매자에게 트럭을 파는 것이 가능하다는 사실을 깨닫는다. 그들은 주방 기구 생산자에게 부품을 팔고, 다른 부품 생산자에게 또 다른 부품을 판다. 모든 생산자들에게 전력을 팔기도 한다. 금융과 회계 서비스를 판매하기도 한다. 카페 운영자와 커피 재배자가 협력해 소비자에게 커피를 공급할 수 있는 것은 이런 중개인들 덕분이다. 중개인은 해운업과 창고업, 가공업 그리고 커피 재배자와 카페 운영자를 잇는 다른 용역을 제공한다. 멀리 떨어져 있는 커피 재배자와 카페 운영자는 중개인이 없다면 서로 연결될 수 없을 것이다. 이런 식으로 보면 당신이 집을 구입한다는 것은 정작 당신의 참여 없이 거래를 통해서 무수한 용역과 대상물이 조율된 결과일 뿐이다.

7. 기업가 : 몇몇 참여자들은 전문 중개업자가 된다. 구체적으로 말해, 최종적인 대상이나 용역을 생산하기 위해서 혹은 새로운 중개 고리를 창출하기 위해서 노동, 토지, 자본을 조직화한다. 정확한 표현은 아니지만, 사람들에게 좀 더 친숙한 표현을 사용하자면, 몇몇 참가자들은 기업을 창업하며, 스스로를 기업가라고 부른다.

기업가들은 우회 생산9의 이점을 활용한다. 그들은 사용자에게 제품을 제공할 뿐만 아니라, 제품을 생산하기 위해 필요한 공장과 사무실용 건물, 기계, 장비, 부품 등을 만든다. 그럼으로써 그들은 엄청난 산출물

증대의 바탕이 되는 거대한 생산적 자본을 만들어 낸다. 마르크스는 이런 자본축적이 자본주의 시장체제의 핵심 과정이었다고 말한다.

　제품을 만드는 기업가가 공장을 지으려고 다른 기업가에게 의존하고 필요한 기계를 위해 또 다른 기업가에게 의존하는 방식으로 각각의 기업가들은 다시 각각 다른 기업가에게 의존한다. 긴 연결의 고리 혹은 커다란 연결이 망은 이런 식으로 형성되며, 이런 연결 고리니 망의 조율은 서로 얽혀 엄청난 범위로 확장된다.

　시장체제에 가장 활발히 참여하는 사람은 일반인이 아니라 기업가다. 이들은 노동과 여타의 다양한 투입물을 판매하거나 이를 대상과 용역으로 변형시킨다. 이들이 시장체제의 주인공이며, 가장 빈번한 결정을 할 뿐만 아니라 가장 중요한 결정을 한다.

　8. 법인 기업 : 기업가는 큰 규모로 움직인다. 즉 그들은 개별 기업가라면 할 수 없는 것을 가능하게 하는, 집단으로서의 기업을 만들어 낸다. 그들은 지출 능력을 결집시키는 방식을 통해서, 즉 이자나 배당을 대가로 자본을 차입함으로써 그렇게 한다. 이로 인해 그들은 다른 어떤 방식보다 더 크게 조직화된 조율의 위업을 달성할 수 있게 된다. 당신의 집을 지을 때, 개별 시장 참여자로서는 제공할 수 없는 전력이나 자재를 이용하게 되는데, 그것들은 모건건축자재회사와 같은 기업에 의해 제공된 것이다. 오늘날 널리 알려진 이런 집단의 형태로는 법인 기업이 있다. 법인 기

---

3 우회 생산(roundabout production)이란 토지, 노동과 같은 생산요소를 모두 최종 소비재를 생산하는 데 직접 사용하지 않고, 그 일부를 생산재의 생산에 우회적으로 사용함으로써, 다음 단계에서 최종 소비재 생산을 증대하는 방법이다. 독일 경제학자 로셔(Wilhelm Georg Friedrich Roscher)가 어부가 잡은 고기 모두를 식량으로 쓰는 경우와 그중 일부를 그물이나 배에 투자해 어획량을 늘리는 우화로 설명한 바 있다. 생산의 우회도가 높으면 그만큼 관련 산업의 생산 유발을 확대시키는 것이므로 우회도가 높을수록 전체 경제에 긍정적인 영향을 미치게 된다.

업을 '집단'이라고 부르는 것이 이상하게 들릴 수 있겠지만 말이다.

　이상에서 살펴보았듯이 자유권, 재산권, 응분 보상 원칙, 화폐, 판매, 중개인, 기업가와 법인 기업, 이런 것들이 시장체제의 뼈대다. 그러나 시장체제라는 춤은 국가가 제공하는 공연장과 오케스트라를 필요로 한다. 평범한 시장 참여자도 시장으로 가는 길의 안전을 위해 국가에 의존한다. 국가에 대한 기업가들의 의존성은 더 절실하다고 할 수 있을 것이다. 기업가들의 투자 의욕은 막대한 손실을 입을 수 있는 고도의 부담을 안고 있다. 그러므로 앞에서 말한 것처럼, 그들은 다양한 형태의 국가 지원이 없다면 소극적으로만 움직이거나 전혀 움직이지 않을 것이다.

시장의 '혼돈'?

커피 한 잔을 생산하기 위해 콜롬비아에서 밀라노에 이르기까지 수백만 명의 사람이 협력을 한다. 어떤 기관도, 심지어 국가조차도 협력을 조직화하는 능력에서는 시장체제와 견줄 수 없다. 이런 사실을 염두에 둔다면, 우리는 어째서 여전히 '시장의 혼돈'이라는 말이 자주 나오는지 궁금해 할 수 있다. 시장은 무질서하지 않다. 그렇다면 사람들이 시장이 무질서하다고 생각하는 이유는 무엇일까? 어떤 사람들은 시장이 겉으로 보기에 혼란스러워 보인다는 점에서 그렇게 이야기한다. 물론, 이른 아침의 농산물 도매시장은 뒤죽박죽처럼 보인다. 증권거래소에서 나타나는 소란스러운 몸짓과 외침은 조직화된 교환 행위라기보다는 길거리의 시위나 다를 바 없어 보인다. 내가 보기에도 몇몇 시장들은 무질서하다. 그러나 이런 겉모습과는 달리, 모든 소리와 움직임은 신속하고 정확한 조율의 일부다. 신선한 농산물을 도시에 공급하는 것은 조율이 이루어 놓은 인상적인 위업이다. 그것도 이른 아침 전 세계의 청과물 시장에서 매일 동시에 이루어지는 성취인 것이다.

혹자는 겉으로 나타나는 무질서한 모습 이상을 생각한다. 전 세계에서 수백만 명의 사람들이 직장을 잃고 시장체제에서 추방되었던 1930년대의 불황을 떠올리는 사람도 많다. 그들이 볼 때 그 당시의 불황은 혼돈으로 내달렸다. 비록 대부분의 사람들이 곧 규칙적인 생활과 일, 사회적 교환을 되찾았지만, 일부 국가에서는 그 몰락이 인구의 3분의 1을 집어 삼키기도 했다. 혹자는 그런 일이 다시 일어날까 봐 두려워할 것이다. 그러나 그런 파국이 반복되는 일 없이 50년 이상의 세월이 흘렀다. 사회는 특히 화폐 및 신용 공급의 관리와 정부 지출을 통해 시장체제를 안정시킬 수 있는 지식과 방법을 더 많이 알게 되었다.

그러나 아무리 정상적으로 움직이는 시장체제라도, 크고 작은 모든 사회제도와 마찬가지로 기대에 어긋나기도 한다. 즉 조율에 실패할 수도 있다. 시장체제는 몇 년을 주기로 경기후퇴라는 이상 상태로 빠져든다. 경기후퇴는 1930년대의 대공황에 비하면 소규모의 불황이지만 여전히 파괴적이다. 이런 이상 상태가 정상적인 것으로 간주될 만큼 시장체제는 자주 경기후퇴로 빠져든다. 경기후퇴는 수백만 명의 사람들에게 시련을 안겨 준다. 그러나 경기후퇴를 포함해 시장체제의 다른 어떤 결함도, 시장체제가 혼돈을 낳는다는 잘못된 주장을 정당화하지는 못한다. 물론, 우리 시대에 시장체제를 범세계적으로 해체시킬 수 있는 최대의 위협은 무능력한 정부의 금융정책과 무모한 금융 산업에 있을

지도 모른다. 그로 인해 가속화된 무질서는 1997년 인도네시아에서 다른 아시아 국가의 경제로 그리고 브라질과 러시아로 퍼져 나간 것처럼 한 나라에서 다른 나라로 확산될 것이다. 그러나 그렇다고 해도 시장체제를 곧 '혼돈' 그 자체라고 규정하는 것은 지나친 과장이다.

누구나 시장체제의 조율에 참가한다. 시장체제의 조율에서 비활동적
이거나 소극적인 불참자는 없다. 하지만 앞서 말한 것처럼, 기업가와
기업 ─ 이 가운데 대다수는 법인 기업이다 ─ 이 가장 중요하다. 이런
시장 참여자들은 어떤 힘을 가졌는가? 이들은 어떻게 통제되는가? 내
생각엔 이 책에서 우리는 다음과 같은 통속적인 생각보다는 좀 더 나
은 설명을 할 수 있다고 본다. 즉 오늘날의 세계는 기업이 지배하고 있
다거나(그렇기도 하고 그렇지 않기도 하다), 기업은 모두 무책임하고 탐욕스
러운 기업가들에 의해 다스려지고 있다거나(대체로 그렇기는 하지만 꼭 그
런 것은 아니다), 좋든 나쁘든 법인 기업이 시장체제를 대체했다거나(지나
친 과장이다), 혹은 기업은 스스로를 통제할 수 있으니 믿고 맡겨야 한다
거나(권력은 부패한다) 하는 등의 생각들 말이다.

　앞으로도 계속 거론되겠지만, 기업가와 기업은 어떤 방법으로 어떻
게 조율해야 하는가와 같은 중요한 문제를 매 순간 판단해야 하는 전
형적인 의사 결정자다. 이런 결정이 예컨대 철강 자재와 같은 어떤 대
상이나 용역을, 페인트칠해서 배달된 서류 캐비닛과 같은 다른 대상이

나 용역으로 전환시킨다. 일반인들은 그런 중요한 결정을 하지 않거나 할 수 없다. 그렇지만 그런 결정의 주체인 기업가는 소비자 대중의 반응을 중시한다. 만일 소비자가 대상물이나 용역을 구매하지 않으면 살아남을 수 없기 때문이다. 그러나 농부가 어떤 농약을 이용할 수 있게 될 것인지 또는 소음이 적은 시멘트 반죽기를 생산할 것인지 여부를 최종적으로 결정하는 것은 여전히 기업가의 몫이다. 요소의 투입에서 용역이나 대상의 산출까지 이어지는 상호작용의 긴 고리, 예컨대 커피 원두 재배자로부터 카페까지 이어지는 긴 고리를 살펴보자. 수많은 상호작용은 각각의 고리를 형성하는 기업가들 사이에서 이루어지며, 당신과 나는 연결 고리의 한쪽 끝에서 수동적으로 기다리고 있을 뿐이다.

기업은 시장체제의 가장 활발한 참여자인 동시에 정부를 제외하면 가장 규모가 큰 참여자이기도 하다. 수많은 교환의 한쪽에는 개개인이 있고 다른 쪽에는 법인 기업들이 있다. 한 법학자의 표현처럼 "코끼리들이 닭들 사이에서 춤추고 있다." 네슬레나 유니레버가 미치는 영향력과, 두 회사 제품의 소비자나 종업원 개개인이 미치는 영향력은 전혀 다르다. 세계 최대의 법인 기업 가운데 하나인 제너럴모터스에는 수십만 명의 종업원이 있다. 제너럴모터스가 임금을 대가로 종업원의 노동력을 마음대로 투입할 수 있는 거래는 조그만 마을에서 대장장이가 조수를 고용하는 것과는 차원이 다르다. 실제로 이런 법인 기업들의 규모는 대체로 한 나라의 규모와 맞먹는다. 판매액으로 평가하면 세계적인 규모의 법인 기업 하나의 산출이 여러 국가의 국민총생산을 합한 것보다 더 크다. 세계에서 가장 큰 100대 조직체 가운데 절반이 국가이고 나머지 절반은 법인 기업이다.

단일 기업이 여러 시장에 참여해 기업 집단을 형성하는 경우도 많다. 독일에 본사를 둔 베텔스만은 30개 국가에 출판사, 서점, 라디오와 TV 방송국, 인쇄소, 테이프 및 레코드사, 1백 개가 넘는 잡지사와 제지 공장을 포함해 375개의 회사를 갖고 있다. 그리고 일본에서 나타난 여섯 개의 게이레츠系列처럼 법률상 독립된 회사로 구성된 기업 집단도 있다. 게이레츠는 상호 출자를 바탕으로 형성된 거대 기업이다. 모든 시장체제에서 기업의 느슨한 결합은 '호혜, 협력, 친분, 명성 그리고 지배 원리로서의 제휴'를 통해 이루어진다.

법인 기업은 당신과 내가 원하는 용역과 대상의 사회적 흐름을 최종적으로 통제할 뿐만 아니라, 사회적으로 축적된 엄청난 규모의 토지, 자본, 노동력도 통제한다. 법인 기업이 이런 자원을 구입하거나 고용할 수 있도록 막대한 자금을 축적할 수 있는 근거는 관습과 법이 제공한다. 법인 기업은 은행 융자, 주식과 채권 발행 등 다양한 형태의 신용을 통해 자기 회사의 재산과 수입 이외에도 사회적으로 집적된 자본을 동원한다.

물론 법인 기업이 시장에서 행사하는 권력은 국가에 의해 제어되기도 한다. 시장체제는 언제나 시장이 아닌 사회적 과정 및 제도와 혼합되어 있다는 사실 또한 기억해야 할 것이다. 오늘날 시장체제는 지속적으로 엄격하게 규제된다. 국가가 법인 기업의 시장 권력을 제어할 것인지는 정치체제에 달려 있다. 하지만 법인 기업 자체가 정치체제의 유력한 참여자이기도 하다. 따라서 국가의 시장 개입은 법인 기업의 시장 권력을 제어하기보다는 지원하기 위한 경우가 많다. 국가가 국내 법인 기업의 독점력을 보호하고자 수입 제한 조치를 취하는 것이 대표적인 사례다.

누구나 알고 있듯이, 기업가와 기업, 특히 법인 기업은 평범한 시민의 역량을 뛰어넘는 정치적 영향력을 행사한다. 기업은 정부 부문의 권력에 영향력을 행사하며 민주주의를 왜곡한다. 그뿐만 아니라 자신들의 권력을 이용해 국가로부터 다양한 혜택을 얻어 내는데, 그 혜택이란 대체로 다른 사람의 이익을 희생시킨 대가인 경우가 많다. 경영상의 잘못으로 기업의 경영자, 주주, 대부 업자와 채권자가 손해를 볼 때 그 손실을 보전해 주는 구제금융이 그런 경우다. 이처럼 기업이 국가로부터 혜택을 끌어내는 일은 전 세계적으로 일반화되어 있긴 하지만 1980년대 미국에서 저축 대부 은행들에 제공된 막대한 구제금융은 전례 없는 대사건이었다. 이 구제금융으로 말미암아 납세자들이 대략 2천억 달러 이상의 부채를 떠안게 되었다. 일단, 기업의 정치적 권력에 관한 논의는 17장에서 다시 다루기로 하고, 이 장에서는 시장 권력과 그 권력에 영향을 미치는 정치적 결정 요소를 살펴보자.

매우 작은 기업의 경영자를 제외하면, 기업 경영자들은 최종적인 결정자로서 시장 사회를 움직이고 이끌어 가는 중추 집단이다. 그들은 사회에 필수적인 중요한 역할을 하지만 그들이 지닌 엄청난 권력은 문제를 일으키기도 한다. 이런 면에서 기업의 경영자는 정부 관료와 비슷하다. 기능 면에서 두 집단은 비슷하지만 동일하지는 않다. 그들은 모두 사회적 조율 과정에서 제기된 중요한 과제나 업무를 최종적으로 결정하는데, 시장 사회의 특징은 이런 과제들 가운데 상당수가 기업 경영자의 통제에 의해서 이루어진다는 점이다.

시장 사회에서 일부 주요 결정 — 예컨대 세금 폭탄의 투하 여부 — 은 정부 정책 결정자의 결정에 따라 좌우된다. 반면, 사회의 다양한 산업에 노동력이 어떻게 할당되어야 하는가, 어떤 산업이 성장해야 하는가, 혹은 소득이 어떻게 분배되어야 하는가와 같은 중요한 사안은 시장에서 기업 경영자들이 내리는 결정에 의해 좌우된다. 민주주의 사회에서 두 집단을 통제하는 방법은 다르다. 즉 정부 집단은 투표와 정치적 여론에 의해 통제되고, 시장 집단은 구매를 거부할 수 있는 소비자에 의해 통제된다. 그들이 결정하는 문제의 중요성이나 그 규모 면에서 기업의 경영자와 정부 관료는 크게 다르지 않다. 중요한 과제에 대한 결정은 그들 내부에서 가기 따로 이루어지며, 이런 일련의 과업은 사회에 없어서는 안 되는 것들이다.

엘리트와 대중

관례에 따라, 나는 그 두 집단의 구성원을 엘리트라 하고 나머지 모든 사람은 대중이라고 부를 것이다. 그렇지만 나는 그 용어가 주는 일반적인 선입견은 무시하고자 한다. 보통 '엘리트'라는 용어는 귀족적 우월성이나 세련된 취향을 함축하는 말로 쓰인다. 때로는 엘리트가 음흉하거나 착취적인 경우가 있긴 하지만 반드시 그런 것은 아니며, 대중 또한 무지하고 거친 경우가 종종 있지만 반드시 그런 것도 아니다.

　엘리트에 대한 대중의 통제를 어떻게 가능하게 만들 수 있는가 하는 것은 오래전부터 사회문제로 대두해 왔다. 민주적인 기준에서 보면, 투표를 통해 이루어지는 대중의 정치적 통제는 언제나 부분적으로 실패하기 마련이다. 시장 엘리트를 통제하는 데 실패하는 것도 대체로 비슷하다. 예컨대 시장에서 독점의 문제를 막지 못하는 것과 같은 것이다. 독점이란 시장 엘리트들이 그들에 대한 대중의 통제를 피하거나 약화시키려고 사용하는 흔한 방법이다. 제품에 대한 허위 선전을 포함해, 홍보도 그런 방법 가운데 하나다. 경쟁자를 업계에서 몰아내는 것은 또 다른 방법이다. 정부는 시장 엘리트에게 특허권과 독점권을 부여한다. 또한 정부는 수입 쿼터와 관세, 사전 허가제 등과 같이 경쟁을 제한하는 여러 방법을 통해 그들을 지원한다. 이런 모든 관행은 소비자의 힘을 제한한다. 소비자는 구매를 거부할 수 있을 때에만 힘을 발휘할 수 있기 때문이다.

정치에서 엘리트에 대한 대중의 통제는 민주주의가 작동하기 위한 필요조건이며 민주주의를 규정하는 중심 내용이다. 물론 예외적인 경우도 있다. 우리들은 대체로 어떤 특정한 상황에서 몇몇 의제는 정부 엘리트에게 맡기는 편이 더 낫다고 생각한다. 마찬가지로 독점도 필요한 때가 있다. 제약 산업과 같이 특허권에 의존하는 분야의 독점 가격에는 연구와 개발에 필요한 자금이 포함되어 있다. 그러나 그런 바람직한 목적에 필요한 정도 이상으로 특허권을 보호함으로써, 높은 수입을 제공하는 문제와 관련해서는 많은 논란이 있다.

그러나 독점만이 시장 엘리트들에 대한 대중적 또는 시민적 통제를 가로 막는 주요 장애물은 아니다. 여러 부분에서 대중과 소비자들의 통제가 차단되는 문제가 인간 복지에 훨씬 위험할 수도 있다. 시장체제에서 구매자는 시장 엘리트가 제공한 것 가운데 가장 두드러진 특성들만을 통제할 수 있다. 사람들은 각자 원하는 푹신함의 정도와 모양새에 따라 침대를 선택한다. 그러나 우리는 겉으로 드러나지 않는 침대의 여러 다양한 특성 — 예컨대 인화성 자재를 사용하는지의 여부와 같은 — 에 관한 엘리트의 결정을 거의 통제하지 못한다. 불매운동을 벌이는 경우를 예외로 한다면 말이다. 더 나아가, 구매자들은 기업의 근무 여건,

기업의 부지 선정 문제, 위험성이 잠재된 화학물질의 사용 여부나 폐기물 처리 방법 등에 관해서는 무지하며, 따라서 이런 문제들에 대해서는 기업의 결정을 통제할 수 있는 능력이 전혀 없다. 이런 영향 가운데 일부는 정부의 규제를 통해서 제어된다. 비록 대중이 규제의 주체인 정부 엘리트를 통제하는 데 실패하는 경우가 많지만 말이다.

사람들은 대체로 이런 것들이 가져올 파괴적인 결과에 주목하지 않은 채, 그저 독점과 비슷한 정도의 문제일 것이라고 생각한다. 혹은 그 영향이 단지 지엽적이거나 사소한 문제라고 믿는다. 어떤 사람들은 오히려 소비자의 통제가 약할수록 기업에 큰 폭의 자율성이 허용되고 그리하여 기업의 의욕을 자극함으로써, 이런 문제를 상쇄할 만큼 유익을 가져다준다고 주장한다. 어쩌면 그들은 시장체제의 높은 산출 능력은 기업의 독립성 때문이라거나 심지어는 기업의 무책임성 때문이라고까지 할지 모른다. 어찌 되었든 시장 엘리트에 대한 대중의 통제가 취약한 것은 분명한 사실이다(11장에서 이 문제를 다시 살펴볼 것이다).

그러나 시장체제뿐만 아니라 모든 체제에서 엘리트는 대체로 대중의 통제에서 벗어나 있다. 이것은 정치 분석가들이 널리 인정하는 명제이며, 1백 년 전 로버트 미헬스가 '과두제의 철칙'[4]을 통해 지적한 명제이기도 하다. 흔히 시장과 민주 정부의 엘리트는 '국민의 공복公僕'을 자처한다. 그러나 그들은 공복이라기에는 너무 거대하고 막강해서 공복처럼 행동하지 않는다. 엘리트들은 집단적으로 결집된 여론 — 즉 선거 개표 결과 혹은 매출액 — 에는 반응하지만 개개인에게는 별 반응을 보

---

4 미헬스는 독일 사민당에 대한 사례 분석을 통해, 조직이 복잡해지고 관료화될수록 조직의 이상이나 의도와 관계없이 권력은 소수 엘리트 집단에 집중된다고 주장했다.

이지 않는다. 게다가 결집된 집단의 여론을 단순히 수용하는 것이 아니라 일정한 여론을 만들어 내거나 조작하기도 한다. 그들은 자기들끼리는 서로 귀를 기울이지만 대중을 대할 때는 듣는 쪽이기보다는 말하는 쪽이다. 대중이 그들에게 무엇을 지시하는 것은 불가능하다. 대중은 그들의 결정을 기다리는 쪽이며, 그 결정이 마음에 들지 않더라도 반대를 표할 수 있는 방법은 기껏해야 그 엘리트에게 투표하지 않거나 상품을 구매하지 않는 일뿐이다. 영국의 오토바이 소비자들은 오토바이에 자동 시동기를 달도록 자국의 오토바이 제조 회사를 설득할 수는 없었다. 하지만 그들은 일본 제품으로 바꿀 수 있었고 실제로도 일본 제품을 구입함으로써 영국의 오토바이 산업이 몰락하도록 했다.

과연 시장 엘리트의 권력과 그들을 통제할 수 있는 대중의 권력을 명쾌하게 규정할 수 있는가? 어떤 이들은 자신이 민주 사회에서 살고 있다고 한다. 반면에 같은 사회에 사는 어떤 사람들은 그 사회를 민주 사회라고 할 수 없다고 한다. 이 두 집단은 모두 옳다. 한 집단이 민주주의를 판단하는 기준은 충족되고 있지만 다른 집단의 좀 더 까다로운 기준은 충족되지 못하기 때문이다. 시장체제가 제공하는 시장 엘리트에 대한 대중의 통제 방식은 적절한가 아니면 그렇지 못한가? 이것은 판단 기준에 달려 있다. 하지만 그 어떤 표준적인 기준이 있는 것은 아니다.

시장 엘리트와 정부 엘리트

내 생각에는 정부 엘리트의 권력과 시장 엘리트의 권력을 비교하면서 그 특성을 살펴보는 것이 최선의 방법일 것 같다. 두 엘리트 모두 대중의 통제에 대해서 상당한 적대감을 드러낸다. 그들은 자신들이 대중에게 필요한 것을 누구보다 가장 잘 안다고 생각한다. 나아가, 두 엘리트 집단의 구성원들은 특별한 권력, 기회, 부, 특권적 지위와 명예를 누린다. 그러나 대중의 요구와 압박은 이런 것을 서서히 잠식한다. 엘리트는 이에 저항한다. 그렇지 않은 적이 있는가?

일반적으로 엘리트는 대중의 통제에 대한 자신들의 적대감을 부인한다. 어쩌면 이들은 자신들이 대중의 통제에 대해 적대감을 갖고 있다는 사실조차 인식하지 못할 수도 있다. 16세기 서유럽의 제후들과 주교는, 소작농에 대한 그들의 통제가 착취가 아니라 오히려 소작농에게 도움이 된다고 확신했다. 자신들은 부와 특권을 누리고 소작농들은 심각한 빈곤 상태에 처해 있음에도 그렇게 주장했다. 18~19세기 영국의 상층계급은 차티스트운동[5] 참여자나 다른 사회운동의 지지자들에게 적대감을 보이면서, 불평등과 빈곤은 영국 사회에서 불가피하다고 변명했다. 빈곤으로 인한 비참한 사회상을 고발한 찰스 디킨스의 소설이 있었지만 그들에게 전혀 영향을 미치지 못했다. 물론, 오늘날 엘리트들은 과거 엘리트들의 이런 생각을 비인간적이라고 비판하며, 이를 더는 옹호하지 않는다. 하지만 오늘날 엘리트들은 노조에 대해 적대적이며, 부의 불평등을 합리화하고, 복지국가에 비판적인 태도를 견지하고 있

---

5 차티스트운동은 영국 노동자 계급의 선거법 개정 운동으로, 이 운동의 이름은 1838년 5월 런던의 급진주의자 윌리엄 러벳이 기초한 법안인 인민헌장(People's Charter)의 이름을 딴 것이다. 인민헌장은 6개의 요구 조항을 담고 있는데 남성의 보통선거권, 균등한 선거구 설정, 비밀투표, 매년 선거, 의원의 보수 지급, 의원 출마자의 재산 자격 제한 폐지 등이다. 차티스트 운동은 그 성격과 규모 면에서, 영국의 새로운 산업 질서의 산물인 사회적 불의에 대항해 일어난 최초의 전국적인 노동계급 운동이었다.

다. 그리고 이들은 이런 태도가 자신들을 위한 것이 아니라 공익을 위한 것이라고 공공연하게 주장한다.

그렇지만 시장 엘리트가 대중에게 갖는 적대감은 소비자보다는 종업원을 향하는 경우가 훨씬 더 많다. 역사는 더 나은 급여와 근로조건, 경영진의 자의적인 권한으로부터의 보호와 때로는 경영 참여를 요구하는 종업원에 대해 기업가가 보여 준 가혹하고 대체로 피비린내 나는 억압으로 점철되어 있다. 실제로, 시장 엘리트들은 작업장 밖에서의 민주적 관행을 작업장 안으로 도입할 것을 요구하는 종업원들의 도전을 많이 받는다.

시장체제에서 임금에 대한 고용주의 영향력이 무제한적인 것은 아니다. 노조가 있는 기업에서든 노조가 없는 기업에서든 경쟁은 어쩔 수 없이 임금을 상승시킨다. 이윤을 창출할 기회, 특히 자본축적과 신기술을 통해 만들어진 기회가 임금 상승을 부추기는 경쟁을 야기하고, 그로 인해 노동자는 점점 기업가에게 중요한 존재가 되었다. 심지어는 노동자에게 가장 적대적인 기업가조차도 그 권한이 제한적일 수밖에 없다. 경우에 따라서는 임금수준이 1990년대와 같이 떨어지기도 하지만 전반적으로는 꾸준히 상승한다. 오늘날 시장체제의 노동자는 이전 세대의 노동자에 비해서 부유하다.

그러나 대다수 노동자들은 그 정도로 만족하지 않는다. 그 결과 노동자들은 시장 엘리트 ─ 그리고 그들이 지불하는 임금 ─ 에 대해 더 많은 영향력을 확보하고자 끊임없이 투쟁하는데, 이는 시장체제의 중요한 특성 가운데 하나다. 심지어 고용주와 피고용인은 투쟁이 중단된 상황에서조차 냉전을 계속한다.

소비자 ─ 종업원이 아니라 ─ 와 시장 엘리트 사이의 관계는 정부 엘리트와 시민 사이의 관계와 확연히 다르다. 역사적으로 보면, 정부 엘리트들은 선거를 통해 그들을 통제하려는 대중들의 열망을 성공적으로 좌절시켜 왔다. 그 결과 아직까지도 민주 정부가 들어서지 못한 나라들이 많이 있다. 심지어 민주 정부에서조차 정치 엘리트들은 민주적 과정을 왜곡해 대중의 통제력을 약화시키려 한다. 예를 들어, 독일 기독교민주당의 전 지도자인 헬무트 콜의 사례나, 조지프 케네디가 자신의 아들을 당선시키기 위해 그랬던 것처럼,[6] 공직을 '구매'하려고 하기도 한다. 이와 대조적으로, 시장 엘리트의 경우는 구매를 통해 시장에 영향을 미치는 대중의 통제력을 부정할 이유가 별로 없다. 시장 엘리트가 시장체제를 통해 얻을 수 있는 이익은 전적으로 소비자가 원하는 것을 제공하는 데 ― 이를 부정하는 게 아니라 ― 달려 있기 때문이다.

물론 시장체제에 대한 이런 우호적인 견해에는 많은 예외가 있다. 유명한 금융업자 J. P. 모건이 말했다고 잘못 알려지긴 했지만, "나는 대중에게 한 푼도 빚진 바 없다"는 말은 시장 엘리트가 대중에 대해 갖고 있는 뿌리 깊은 적대감을 잘 보여 준다. 기업들은 시장을 어느 정도 독점적으로 통제할 수 있는 단계에 이르면(이런 상황은 흔히 일어난다) 일반적으로 가격을 올리고자 한다. 이런 경우 기업의 소득은 늘겠지만 사람들이 얻는 것은 줄어든다. 또한 기업은, 특히 관료주의적 기업은 흔히 소비자의 희생을 대가로 경영자들에게 다양한 치부 수단을 제공한

---

6 독일 통일의 주역이자 다섯 번이나 총리를 연임했던 콜 총리는 1998년 군수 업체인 티센에 특혜를 준 대가로 정치자금을 받은 것이 밝혀지면서, 불법 정치자금 모금과 비밀 계좌 운영으로 검찰 조사를 받았으며, 그 일로 결국 정계를 떠나야 했다. 조지프 케네디는 사업 수완이 대단히 좋은 사업가이자, 제2차 세계대전 당시 영국 주재 대사를 역임하기도 한 인물로, 그의 아들인 존 F. 케네디가 예비선거와 대통령 선거에서 승리할 수 있도록 엄청난 정치자금을 동원했다.

다. 예컨대, 미국 저축 대부 은행의 대출 산업을 파산 상태에 이르게 했던 사례처럼, 기업은 횡령에서부터 비자금에 이르기까지 기업의 자금을 사적'금고로 빼돌리는 다양한 금융 기법을 만들어 냈다.

광고는 시장 엘리트가 구매를 통해 전달되는 대중들의 선호에 단순히 반응하기보다는 대중의 선호를 조작하고자 한다는 사실을 분명하게 보여 준다. 하지만 왜 기업은 사람들이 원하는 것을 그냥 판매하지 않고, 돈을 들여서라도 소비자의 선호에 영향을 미치려고 하는가? 기업이 판촉 활동을 벌이는 이유에 대한 가장 유력한 설명은 사람들에게 그들이 원하는 것을 팔려면 투자와 더불어 오랜 리드 타임[7]이 필요하다는 것이다. 기업은 일단 잠재적 고객을 확보하고 나면 그 고객이 마음을 바꾸지 않도록 하려고 노력한다. 이런 상황은 초창기에 사진사들이 인물 사진을 잘 찍기 위해 피사체가 움직이지 못하도록, 인물의 머리를 쇠틀로 고정시켰던 것과 유사하다. 예를 들면 브라운의 경영자는 대중의 필요에 대해 기업가로서 다양한 반응을 보인다. 그러나 일단 면도기나 다른 상품의 생산 준비를 대대적으로 갖추고 난 다음에는, 오직 자신이 준비한 상품을 더 많이 판매하는 데만 신경 쓸 뿐이다. 또한 이것은 흔히 시장 엘리트가 투자에 앞서 구매자의 선호도를 조사하는 데 돈을 쓰는 이유도 설명해 준다.

시장체제에서 엘리트가 기업의 소재지, 근로조건, 화학물질의 사용, 폐기물 처리 등에 관해서 내리는 일부 결정이 대체로 구매자의 통제를 벗어나 있음을 살펴보았으므로, 이제는 그 관찰을 일반화할 수 있을 것

---

7 리드 타임(lead time)은 상품을 기획에서부터 제품화하여 출시하기까지 걸리는 시간을 말한다.

이다. 당신은 돈을 지불함으로써, 어떤 완성품 — 예컨대 휴대폰 — 을 원하고 있음을 구체적으로 밝힐 수 있다. 그러나 생산과정에 대해서는 그 어떤 권한도 행사할 수 없다. 어떤 것을 만들어야 하느냐가 아닌, 어디서 어떻게 만들어야 하느냐 하는 식의 결정에 대해서는 구매자의 통제가 거의 이루어지지 않는다.

정치적 투표는 이와는 확연히 다르다. 일반적으로 투표는 어떤 과정이나 의도에 대한 것이지 그 결과에 대한 것이 아니다. 지방의회나 입법부의 의원들이나 유권자들은 표결이나 투표를 통해 정부 관료에게 인플레이션을 완화하거나 범죄 억제를 위해 노력하라고 지시한다. 하지만 그 결과가 어떻게 될지는 여전히 불확실하다. 유권자들은 변화를 기대하거나, 어떤 후보자가 공직을 차지하길 기대하며, 또는 정당의 공약이 실현되길 기대하며 표를 던지는 것이지, 이미 성취된 결과나 산출물에 대해서 투표하는 것은 아니다.

물론, 미래에는 결과에 대한 통제와 과정에 대한 통제를 구분하는 것이 더 이상 유의미하지 않을 수도 있다. 인터넷은 통제 과정에 많은 관심을 갖고 있는 구매자들이 불매운동과 같은 다양한 집단행동을 할 수 있는 새로운 가능성을 열었다. 또한 구매자가 인터넷을 이용하여 자신이 구매한 상품과 서비스의 디자인이나 품질에 대해 비판하거나 칭찬하기도 하고 자기가 염두에 둔 제품의 정보를 수집하기 때문에, 인터넷은 결과에 대한 통제를 강화시키기도 한다.

투표용지로 하는 투표와 돈으로 하는 투표를 비교하기 위해서는 세심한 주의를 기울여야 한다. 사실 그런 비교는 대략적인 비교일 뿐이며, 삽과 갈퀴를 비교하는 것과 유사하다. 두 가지 모두 흙을 부수는 도구이기 때문에 비교할 수는 있지만 기능은 다르다. 갈퀴가 땅을 깊이 파지 못한다고 트집 잡는 것은 의미가 없다. 마찬가지로, 투표용지로 하는 투표와 시장 투표는 모두 대중이 엘리트를 제어하는 통제 방식이다. 그러나 투표용지로 하는 투표는 갈등을 해소하는 기능, 더 정확하게 말하면 승자와 패자를 결정하는 기능이 있다. 투표용지로 하는 투표의 결과는 패자에게 손해를 안겨 준다. 그러나 어떤 휴대폰을 살지 돈으로 하는 투표는 누구에게도 손해를 입히지 않을 수 있다. 비록 사회적 협력을 통해 만들어진 생산물의 경우 누가 얼마만큼의 몫을 차지하느냐를 두고 갈등이 발생할 수 있지만, 당신이 시장에 가서 휴대폰을 고를 때, 당신이 지불할 몫은 임금, 이자, 배당금에 대한 결정에 따라 이미 정해져 있다. 돈으로 한 투표는 단지 휴대폰이라는 특정 형태를 선택했다는 사실을 표현할 뿐이다.

역시 두 투표 방법의 차이는 명백하다. 시장체제에서 소비자가 하는 투표는 시장 엘리트에게 비교적 정확한 방향을 제시한다. 예를 들어, 사람들은 23인치 특수 접착 탄소섬유 바퀴와 21단 기어를 장착한 여행용 자전거에 투표할 수 있다. 그러나 정치 투표는 후보나 정당에 투표할 수는 있지만 그런 구체성은 없다. 투표용지로 하는 투표는 여러 면에서 불명확하다. 예컨대, 투표자는 후보와 정당이 제시하는 다양한 정책적 입장 가운데 어느 일부에 대해서만 찬성을 하더라도 그 후보와 정당에 투표를 한다. 이 경우 투표에서 승리한 후보나 정당은 자신의 승리가 세금 공약 때문이었는지, 아니면 다른 공약 때문이었는지 알지 못한다.

시장 투표는 또 다른 측면에서도 정확성을 갖는다. 즉 돈으로 투표할 때는 투표와 동시에 돈을 지불한다는 것이다. 이때의 투표는 욕망을 충족시키기 위해 당신이 얼마를 지출했는지를 통해, 그 욕망의 강도를 구체적이고 정확하게 표현한다. 투표용지로 하는 투표는 그만큼 합리적일 수 없다. 정치 투표는 훨씬 부정확해서 모 아니면 도다. 당신은 당신의 표가 어떤 결과를 초래할지 모른다. 누군가는 세금을 내야겠지만 누가, 언제 세금을 내야 하는지 그리고 당신은 또 얼마나 많이 세금을 내야 할 것인지 알지 못하며, 투표를 통해 당신의 선호를 구체적으로 말할 수 없다.

게다가 시장체제에서는 투표자가 엘리트에게 단순히 신호를 보내거나 선호를 알리는 정도에 그치지 않는다. 다시 말해 그들은 엘리트에게 강요하는 것이다. 소비자의 요구에 반응하지 않는 경영자를 둔 기업은 망한다. 이에 반해, 정치 투표는 정치 엘리트에게 강요하지 않는다. 승리한 후보나 정당은 투표자가 보낸 신호를 파악하기 어려우며, 투표 양상이 각 의제에 대해서 무엇을 말하는지 분명히 이해하기 어렵다. 이로 인해 대중들의 정치적 투표는 그 자체로 어떤 특정 문제에 강제력을 갖지 못하게 된다. 게다가 투표자가 어떤 문제에 관해 무엇을 원하는지 엘리트가 안다고 해도, 이들을 강제하는 힘으로서 대중의 반응은 무시해도 좋을 만큼 약하다. 나의 선거구민은 세금 삭감을 원한다고 나에게 분명히 밝혔는가? 그렇다. 하지만 그들은 다음 선거 때 가서는 그 의제를 잊어버릴 수 있다. 혹은 세금 삭감에 대해서는 그들을 실망시키더라도 다른 사안에서 만족을 준다면 다시 표를 줄 것이다. 혹은 나는 세금 삭감을 지지했지만 결과는 어쩔 수 없었다며, 그 목표를 달성하지 못한 책임을 다른 사람에게 돌릴 수도 있다.

민주주의 이론은 정치 투표가 시장 투표의 엄청난 불평등[예컨대, 시장에서는 1원 1표의 원칙이 작동한다]과는 달리 일반적으로 각 성인에게 한 표씩 똑같이 할당한다는 점을 자랑한다. 그러나 이 자랑은 제대로 된 것이 아니다. 비록 그 주장이 맞긴 하지만 오도하는 것이기도 하다. 선거에 영향을 주려고 돈을 쓴다면—아마 선거운동 자금을 기부해 본 사람이라면 어렴풋이 아는 것처럼—그 돈은 당신의 단 한 표가 가진 힘을 배가시킬 것이다. 시장에서의 거대한 불평등이 정부를 통제하는 데 있어서 시민들 사이에서의 불평등으로 전환된다는 것은 분명한 사실이다.

여러 사람이 비슷한 주장을 했지만 특히 경제학자 조셉 슘페터는 50년도 더 이전에 "여러 쟁점들에 대한 정치 투표는 투표자에게 과도한 것을 요구한다"라는 설득력 있는 주장을 했다. "정치 투표는 투표자가 해낼 수 있는 것보다 더 많은 사고와 정보를 요구하기 때문에, 시장 투표가 기업가의 정책을 제어하는 것처럼 그렇게 정부 정책을 제어하는 효율적인 통제 기능을 할 수가 없다"는 것이다. 정치의 영역에서 투표자는 뚜렷한 해결 방안이 없는 '인종 갈등에 어떻게 대처해야 하는가'와 같은 복잡한 문제에 직면한다. 슘페터가 본 것처럼, 어떤 생명보험에 가입할 것인지를 선택하는 것 역시 복잡한 문제이긴 하지만 인종 갈등을 줄일 수 있는 정책이 무엇인지를 선택하는 것보다는 쉽다.

이것은 중요한 차이다. 슘페터가 강조했듯이, 여기에는 중요한 핵심이 있다. 대중이 정책 대안들 사이에서 선택하는 것이 아니라 흔히 하는 것처럼 서로 대안적인 엘리트들 사이에서 선택한다면, 정부 엘리트에 대한 대중의 통제는 일부 측면에서 향상될 것이다. 즉 정책은 엘리트가 선택하라. 하지만 기대를 저버린 정부 엘리트를 가려내는 기능은 대중에게 맡겨라. 사실상 이는 실현할 수 있는 느슨한 통제를 위해 실현할 수 없는 구체적인 통제 방법을 포기하는 것과 같다.

구매자에게는 이런 전략적 선택이 불가능하다. 시장체제에서 구매를 통해 이루어지는 투표는 거의 매일 끊임없이 일어나기 때문에 이를 피해 갈 여지는 거의 없다. 투표하지 않으면 아무것도 얻을 수 없다.

시장체제에서 기업가와 기업은 평범한 개인 참여자와는 비교할 수 없이 큰 권력을 가진 참여자다. 시장 엘리트들은 압도적이라 할 만큼 강력하며 핵심적인 참여자로서 주요 사안들에 대해 최종적인 결정을 내린다는 점에서, 그들의 형제인 정부 엘리트들과 닮은 점이 많다. 정부 엘리트에 대한 대중의 통제는 때때로 몇몇 시장 엘리트의 권력을 제어하는 강력한 힘을 갖는다. 그러나 나머지 시장 엘리트들에게는 전적으로 무용지물이다. 몇 가지 점에서는 정부 엘리트에 대한 대중의 통제보다 시장 엘리트에 대한 대중의 통제가 더 강력할 수 있다. 정부 엘리트에 대한 통제는 그 자체로 이상적인 통제와는 동떨어져 있기는 하지만 말이다.

시장의 바다에 떠있는 명령의 섬들

엘리트와 대중의 권력을 논외로 한다면, 시장체제에서 기업 집단, 특히 대규모 법인 기업이 차지하는 위상은 우리가 일반적으로 생각하는 것과는 상당히 다르다. 이는 매우 흥미로운 문제로 좀 더 검토해 볼 필요가 있다. 사람들은 일반적으로 기업, 특히 법인 기업이 시장체제의 핵심 제도이며 사실상 시장체제의 중추라고 생각한다. 나는 결코 이런 해석에 도전할 생각이 없다. 내가 지적하고 싶은 점은 기업이 시장체제 안에 자리 잡고 있음에도, 내부적으로는 비시장적이거나 반시장적이기도 하다는 점이다. 즉 기업은 시장의 상호작용보다는 경영진의 명령을 통해 활동을 조율한다. 이 점에서 법인 기업에서 이루어지는 조율은 시장체제적 조율의 방법과는 다를 뿐만 아니라 그와 경쟁적이기조차 하다.

제품을 만드는 데 사용할 다양한 색상의 옷감이 필요한 의류 기업을 생각해 보자. 그 기업은 이미 염색된 옷감을 여러 공급자에게서 구입할 수 있다. 혹은 옷감을 구입한 후에 염색 업자에게 옷감을 넘겨줄 수도 있다. 또는 자체의 관리 감독 아래 염색 공정을 만들어서 좀 더 저렴하고 신속하게, 나아가 제품의 질에 대한 통제력을 좀 더 높일 수 있는 작업 과정을 택할 수도 있다. 자체적으로 옷감을 염색하는 방식을 선택한다면, 시장체제를 통해 염색 과정을 조율하는 대신, 기업 자체의 권위 아래 조율할 수 있는 작업 공간을 만들어야 한다. 이는 시장체제라는 바다에 권위의 섬 혹은 중앙집권적 계획의 섬을 만드는 것이라 할 수 있다.

각각의 기업은 경영진의 명령을 통해 투입 요소와 참여자를 조율하며, 거의 대부분의 노동력을 관리한다. 인도의 힌두스탄자동차를 예로 들어 보자. 이 회사는 시장 교환에 따른 범국가적이거나 범세계적인 거대한 조율을 통해 자동차 생산에 필요한 노동력과 설비, 다양한 투입 요소를 한데 모은다. 하지만 조율의 최종 목적은, 기업 내부에서 이 모든 요소들을 생산과정에 투입시키는 후속 조율이 이루어지고 나서야 비로소 완결된다. 물론 이런 후속 조율은 기업 내부에서 이루어지는 시장 교환에 의해서도 어느 정도 이루어질 수 있다. 예를 들면, 힌두스탄자동차는 산출량에 따라 노동자들에게 임금을 지급하는 대신, 장비나 다른 투입 요소들을 사용하는 방식을 노동자에게 일임할 수도 있었다.

이 경우 각각의 노동자가 어디서 어떻게 생산할 것인지를 결정한다. 그러나 극히 예외적인 경우를 제외한다면, 힌두스탄자동차는 이런 방식을 활용하기보다는 노동자가 경영진의 권위를 받아들이는 대가로 임금을 지급할 것이다. 즉 경영진의 지시에 따라 노동자가 자신의 업무를 수행하도록 한다는 것이다. 대부분의 피고용인들이 잘 알고 있듯이, 시장 조율은 기업의 문 앞에서 멈춘다. 그 문 안에서는 권위적 명령이 기다리고 있다. 시장 거래는 피고용인들을 기업의 문 앞에까지만 데려다 준다. 그 다음에는 명령이 시장 거래를 대신한다.

어떤 사회에서든 제일 먼저 노동자와 투입 요소를 기업에 결집시킬 대규모 조율이 필요하고, 그 다음에는 각 기업 내부에서 이루어지는 소규모 조율이 필요하다. 시장체제에서는 대체로 시장 교환을 통해 첫 번째 조율이 달성된다. 그러나 두 번째 조율 과정에서는 중앙집권적 명령이 시장체제를 대신한다.

최근 수십 년 동안, 기업 내부의 중앙집중적 권위는 점차 약해진 것처럼 보인다. 경영 혁신을 통해 상급자가 내리던 결정이 노동자들 사이에서 이루어지고, 경영자로부터 전달되던 과거의 수직적 커뮤니케이션 과정이 수평적 커뮤니케이션으로 대체되고 있기도 하다. 이런 개혁은 관리의 탈집중화를 의미한다. 하지만 기업 내부에서 나타나는 이런 조율이 중앙집중적 조율에서 시장체제적 조율로 전적으로 옮겨 가고 있음을 의미하는 것은 아니다.

상당수 법인 기업들이 명령을 줄이고 기업 내부에서도 시장체제를 더욱 활용하기 위해 노력하고 있다. 예를 들어, [독일의 항공사] 루프트한자는 다양한 사업 부문을 조율할 최선의 방법에 대해 고심해 왔다. 특히, 명령에 의한 내부 조율의 문제점을 개선하기 위해 1995년 화물 관리와 자료 처리 등을 담당하던 몇몇 사업부를 별개의 법인 기업으로 전환하고, 시장 거래 형태를 통해 이들과의 관계를 조율하는 방법을 선택했다.

그러나 명령에 의한 조율을 피하기 어려운 분야도 있다. 수술을 받기 위해 누워 있는 환자를 앞에 두고, 외과 팀 구성원 간의 시장 거래를 통해서 수술을 조율할 수는 없다. 수술에 성공하기 위해서는 수술을 지휘하는 의사와 수술 팀 사이의 섬세한 비시장적 상호 조정이 필요하다. 화물차를 선적하거나 생산 라인을 움직이는 업무에서도 관리자의 조율이 필요하다.

한 기업이 시장체제를 도입해 명령으로 조율하던 업무를 최소화하려고 할 때, 그 업무를 타 기업으로 넘겨 명령에 의한 조율을 타 기업의 문제로 전환할 수 있다. 예를 들면, 이탈리아 의류 회사인 베네통은 과거 노동력 관리에 들어가는 막대한 비용으로 말미암아 심각한 어려움을 겪었다. 그러나 현재는 필요한 공정의 일부, 특히 자수와 다림질 부문은 많은 소기업과 계약하여 거래를 하고 있다. 이런 조치는 베네통 내에서 명령 체계의 규모를 축소시킨다. 그러나 그렇다고 해서 반드시 명령에 의한 조율이 차지하는 위상이 축소된 것은 아니다. 노동력을 관리하는 업무를 하청 업체로 이전시켰을 뿐이다. 즉 그 업무는 베네통의 일이 아니라 하청 업체의 일이 된 것이다.

이런 몇 가지 방법으로 기업은 시장적 상호 조정의 바다 위에 명령에 의한 조율의 섬을 만들어 낸다. 각 기업의 구조는 그 섬의 규모와 모양에 관한 기업가의 결정이 만들어 낸 결과다. 폭스바겐이 다른 기업에서 자동차용 전면 유리와 타이어를 구입한다면, 폭스바겐의 기업 규모는 좀 더 작아질 수 있다. 기업 집단 혹은 법인 기업이 존재한다는 사실은 기업가가 일부 활동에 대해서는 시장체제를 선택하지 않고 명령을 선택했음을 보여 준다. 따라서 역설적으로 보일지 모르지만, 기업 집단은 시장이 제대로 작용하지 못한다는 것을 보여 주는 표지다. 법인 기업의 경영 관리에 의한 조율이 많아질수록 시장체제에 의한 조율은 더 적어진다. 법인 기업은 사실상 시장체제의 대안물이다. 예를 들어, 3장에서 이야기했던 신발 제조 과정을 떠올려 보자. 그러면 오늘날에는 대부분 국제 시장을 통해 구입할 수 있는 가죽 가공 공정을 자체 관리 아래에 두고 직접 생산하기로 한 신발 제조업자의 결정을 상상할 수 있을 것이다.

이상의 설명이 시장이라는 바다에 명령으로 조율되는 기업의 섬을 기업가들이 만들어 내는 이유의 전부는 아니다. 기업가들은 국가로부터 특권을 부여받을 수 있는 방법을 모색하기도 한다. 법률적으로 투자자는 법인 기업의 채무를 갚을 책임이 없다. 기업이 망하면 투자자가 갖고 있는 주식은 쓸모없게 되지만, 투자자는 여기까지만 책임지면 그만이다. 정부는 법인 기업을 육성하기 위해 유한 책임[8]과 겸임 이사제[9]와 같은 다양한 혜택을 기업에 제공해 왔다. 정부가 이런 식으로 법인 기업을 지원하는 목적은 복합적이다. 즉 부를 축적하기 위한 관료의 약탈적 욕망에서부터 바람직한 투자를 고무시키려는 정치가다운 의도에 이르기까지 그 이유는 다양하다. 이런 특권을 허용하는 것이 정도를 넘

---

8 유한 책임(limited liability)은 채무자의 재산 가운데 일정 한도 안에서만 책임지는 것을 말한다. 즉, 주식회사의 주주가 보유한 주식의 가치만큼만 책임을 지는 것이다.
9 겸임 이사제는 두 개 이상 다른 회사의 이사직을 겸하는 것으로 오늘날 법인 기업에서 일반화된 현상이다.

어선 것이라는 인식도 있을 수 있다. 여하튼, 이와 같은 특권으로 말미암아 법인 기업은 투자자와 기업가에게 매력적이다. 법인 기업의 역사를 다루는 연구자들 사이에서 법인 기업의 성장을 추동한 주요 요인이 무엇인가에 관한 견해는 크게 나뉜다. 효율성을 지배적 요인으로 보는 입장과, 법인 기업의 정치적 영향력이나 독점을 통한 확장을 지배적 요인으로 보는 입장 사이에서 벌어지는 논쟁은 특히 격렬하다. 이런 의제에 관해 어떤 입장을 갖든 간에 기업은 성장하고 있다. 그리고 내부적으로 기업은 시장체제가 제공할 수 없는 경영 관리를 필요로 한다. 따라서 우리는 기업의 세계를 내부적으로는 일종의 계획된 체제이자, 기업들 간에는 계획이 아니라 시장체제에 의해 조율되는 체제라고 생각할 수 있다.

소유 형태

기업 통제 방식을 둘러싸고 적어도 지난 1백 년 동안 계속되었던 논쟁의 중요한 쟁점은 사유화 대 국유화였다. 사회주의자는 국유화를 믿었고 그 믿음이 사회주의자를 규정했다. 사회주의자는 국영기업을 시장체제에서 분리해 정치적으로 통제되는 위계에 따라 운영하려고 했다 — 물론 민주 사회주의자는 그 통제가 민주적이어야 한다고 분명히 밝혔다. 많은 사회주의자들이 시장에 의한 통제는 결코 통제가 아니며, 그것은 자기 이익의 추구에 따른 혼란만을 초래할 뿐이라고 생각했다. 하지만 그들은 서서히 다양한 측면에서 시장이 매우 기능적인 통제 체계라는 사실을 체득했다. 그들은 정부가 소유자이자 운영자로서 사기업을 인수하는 것이 반드시 효율적이지만은 않다는 ― 그리고 대체로 손해라는 ― 것도 배웠다. 이에 따라 국유화에 대한 사회주의자들의 열정 역시 점차 줄어들었다. 사회주의자들은 국영기업이 사기업에 비해 우월한 점이 있다 하더라도 그 우월성이 그리 크지 않다는 점을 깨닫기 시작했다. 좀 더 나은 체제로 나아가는 길은 다른 방향으로 ― 교육, 지위, 기회에서의 불평등뿐만 아니라, 소득과 부에서 나타나는 지나친 불평등을 축소하고 복지국가를 지향하는 길을 통해 ― 가는 것이었다.

그 결과, 여러 나라들이 제2차 세계대전 이후에 사회화되었던 많은 산업을 민영화했다. 그런 나라에서는 대기업을 모두 국유화할 것이냐 민영화할 것이냐는 식의 광범위한 구상을 둘러싼 거창한 논쟁을 넘어서, 단일 산업이나 단일 기업과 관련한 구체적인 안건을 두고 논쟁이 벌어졌다.

사기업 대 공기업으로 나뉘어 시끄러운 논쟁이 전개되는 동안, 시장사회는 조용히 다양한 형태의 소유권과 기업을 개발했다. 그중 하나가 종업원 전체나 그들 가운데 일부 특정 종업원들이 기업을 소유하고 관리하는 방식이었다. 산업 분야에서는 드물지만, 다른 분야, 특히, 법, 회계, 의료, 트럭 운송과 택시 운송 등의 서비스 분야에서는 이런 유형의 기업이 일반적이다. 예컨대 스웨덴에서는 노동자 협동조합이 택시 운송 사업 전체를, 이스라엘에서는 트럭 운송의 50퍼센트를 맡고 있다.

또 다른 형태의 소유권은 농업 협동조합이다. 이 경우는 협동조합이 조합원의 생산물을 직접 구매해 판매 ― 몇몇 경우에서는 가공까지 ― 하는 방식을 취하고 있다. 예컨대, 우유 협동조합이 치즈를 생산하기도 한다. 서유럽 국가에서 협동조합이 농산물 유통 분야에서 차지하는 몫은 대체로 약 50퍼센트에 달한다.

소매업 분야에서 소비자가 소유주인 기업은 흔히 볼 수 있지만 대개 그 비중은 매우 작다. 영국에서는 전체 소매업의 5퍼센트 미만, 독일에서는 그보다 더 적으며, 미국에서는 1퍼센트 미만을 점유할 뿐이다. 기업들은 또한 이 기업의 생산품을 필요로 하는 다른 기업들에 의해 공동으로 소유되기도 하는데, 이런 기업들을 공동기업[10]이라고 한다. 미국 제조업 시장의 80퍼센트는 이런 공동기업이 점유하고 있다. 예컨대 연합통신사는 대표적인 공동기업이다. 농업 분야에서는 서로 종자나 비료, 장비를 농장주들에게 제공하기 위해 그런 공동기업을 설립하는 것을 쉽게 볼 수 있다.

아주 일반적이지는 않지만 투자자나 소비자, 고용주에 의해 소유되지 않는, 다시 말해서 누구에게도 소유되지는 않으나, 법적 위상과 공인된 관리 이사회를 지닌 비영리 기업이 있다. 미국에서는 이런 기업이 의료 서비스나 고등교육 같은 휴먼 서비스[11] 분야에서 때로는 절반 이상을 점유할 정도로 큰 몫을 차지하고 있다.

오늘날에도 사유재산과 분배의 불평등을 둘러싼 신랄한 논쟁이 벌어지고 있다. 일부 반대자를 제외하면, 사람들은 대체로 개인의 사유재산권, 예컨대 '당신'의 의복에 대한 당신의 권리를 문제 삼지는 않는다. 그러나 누가 기업을 소유해야 하느냐 하는 것은 논란의 여지가 많다. 그것은 개인의 사유재산권에 관한 물음이 아니라 생산적 자산을 통제하

---

10 공동기업(the joint enterprise)은 민법상의 조합 계약에 의해 2인 이상이 서로 출자하고 사업 소득, 부동산 임대 소득 등이 발생하는 기업을 공동으로 경영하는 것을 말한다.
11 휴먼 서비스(human services)는 인간의 삶의 질을 향상시키는 것을 지향하면서, 다양한 생활상의 문제를 해결하고 복지를 증진하기 위해 제공되는 모든 분야의 서비스를 포괄하는 용어다.

는 문제이기 때문이다. 다시 말해서 땅, 건물, 기계와 같은 자산의 사용에 대한 통제권과 그에 따른 소득의 분배를 둘러싼 문제이기 때문이다.

일반적으로, 법인 기업에서 자산에 대한 소유권과 통제권은 실질적으로 분리된다. 형식적 소유권 ─ 이는 주식의 소유자임을 의미할 뿐이다 ─ 으로 말미암아 대부분의 주주들은 소극적이고 무기력한 소유자일 뿐이다. 통상적인 법인 기업에서 자산 통제권은 경영진이나, 사실상 영구적인 이사회가 선출한 소수 경영자의 수중에 있다. 통제권을 행사하는 이들 역시 주식을 소유하지만, 이런 주식들은 대체로 그들이 제공하는 용역[경영 관리]에 대한 보수나 상여금의 형태로 발행된 것이다. 이것은 그들이 기업을 통제하기 이전이 아니라 그 후에 소유권이 주어졌으며, 따라서 소유권은 기업을 통제하기 위한 선행 조건이 아니었음을 보여 주는 분명한 증거다.

오늘날의 세계에서 형식적 소유와 실제적 통제 사이의 관계는 훨씬더 복잡해졌다. 그러므로 이런 물음이 제기된다. 즉 법인 기업은 실제로 누가 통제하는가? 경영자인가 주주인가? 이 물음에는 다양한 답변이 가능하다. 독일의 경우라면 그 대답은 '반드시 둘 중 하나일 필요는 없다'는 것이다. 법인 기업에 신용을 제공하는 독일 거대 은행들이 대출 조건으로 법인 기업을 관리 감독할 수 있는 강력한 발판을 갖기 때문이다. 미국에서도 점점 '반드시 둘 중 하나일 필요는 없다'는 대답이 현실화되어 가고 있다. 하지만 미국의 경우에는 그 이유가 다르다. 미국에서는 거대한 투자 기금 관리자들이 자신이 투자한 법인 기업을 통제할 지분을 요구하고 있기 때문이다.

내가 이렇게 소유와 통제의 다양한 형태에 관해 말하는 것은 뭔가 아쉬워서가 아니다. 또한 대부분의 주주나 소유자의 무기력함에 유감을 표현하려는 것도 아니다. 중요한 것은 형식적으로 누가 법인 기업을 소유하느냐 하는 것이 아니라, 그 경영자가 어떻게 운영하느냐 하는 것이다. 즉 어떤 규칙에 의해, 어떤 목적을 위해, 어떤 동기에 의해, 어떤 보상을 염두에 두고, 누구에게 책임지느냐는 것이다. 혹자는 각 영역의 기업들에 대해서 차별화된 통제 정책을 계획하는 사회를 상상할 수도 있다. 이럴 경우 그 사회는 더 이상 '사기업 체제'와 같은 단순한 용어로 설명할 수 없을 것이다.

그러나 다음과 같은 두 가지 유형의 법인 기업 사이에는 한 가지 중요한 기본적 차이가 있을 수 있다. 일부 법인 기업은 경영상의 어려움에 처할 때, 정부로부터 구제금융을 쉽게 얻어낼 수 있다. 하지만 나머지 기업은 그렇지 못하다. 국가 소유의 많은 기업, 어쩌면 대부분의 국영기업과 몇몇 통상적인 법인 기업이 첫 번째 집단에 속한다. 그 기업들은 자신의 경영 실패 때문에 생긴 결과로부터 기업과 종업원을 구해줄 공적 자금을 요청하는 것으로 악명이 높다. 중국은 대규모 실업에 대한 두려움으로 말미암아, 정부 기금을 통해서만 간신히 명맥을 유지할 수 있는 병든 기업을 지원하느라 어려움을 겪고 있다. 이와는 다른 유형의 법인 기업이라고 해서 반드시 구제금융이 필요하지 않은 것은 아니다. 사실 그런 기업은 없기 때문이다. 하지만 두 번째 유형에 속하는 기업의 상당수는 구제금융을 받는 경우가 매우 드물거나 거의 없다. 국가 소유의 일부 기업과 통상적인 법인 기업의 대다수가 이런 범주에 속한다. 첫 번째 유형의 기업이 갖는 문제에 관해서는 나중에 더 말하겠지만, 한 가지는 짚고 넘어갈 필요가 있다. 첫 번째 범주에 속하는 사실상 허울뿐인 이들 사기업의 존재야말로, 시장 지향적 기업과 중앙집권적 계획 기업을 구별하는 통상적 기준을 무너뜨린다는 점이다.

마지막으로 하나만 더 살펴보자. 상호 간의 거친 협상 과정을 통해 기업의 산출과 가격을 최종적으로 결정하는 것은, 바로 인간 ― 때로 격렬한 협상도 감수해야 하는 ― 이라는 점이다. 그 산출과 가격은 단순히 '시장의 힘'에서 오는 것이 아니다. 시장의 힘은 무엇을 하게 하기도 하고 무엇을 못하게 하기도 한다. 그렇다면 그 힘은 무엇인가? 어떤 기업이 가격을 정하거나 노동조합과 임금을 협상할 때 실제 영향을 미치는 것은, '시장의 힘'과 같이 추상적으로 표현되기도 하지만 사실상 모든 시장 참여자들의 활동과 움직임들이다. 이것은 시장체제가 다른 어떤 관점으로도 완전히 이해할 수 없는, 인간 행동의 한 체계임을 한 번 더 확인시켜 주는 것이다.

THE MARKET SYSTEM 6 시장체제를 적용할 수 있는 최대 영역

시장체제가 기능할 수 있는 최대 범위 혹은 한계는 어디까지인가? 시장체제가 조율해 낼 수 있는 사회적 과제나 과정의 최대 범위 안에는 또 어떤 것들이 있을 수 있는가? 이전 같으면 시장 범위 밖에 있다고 여겼던 다양한 활동을 시장체제를 통해 조직하자는 제안이 최근에 많아지고 있다. 그중 한 가지 사례가 교도소 운영이다. 이 문제는 시장체제가 할 수 있고 할 수 없는 것을 어떻게 이해할 것이냐에 달렸다. 예컨대, 시장체제는 공동의 노력을 조직할 수 있는가, 아니면 개인적 노력만 조직할 수 있는가?

부모 없는 어린아이를 마치 암송아지 처리하듯이, 시장 거래를 통해 조율하는 것도 가능할 것이다. 그러나 대부분의 사회는 그렇게 하지 않는다. 다시 말해서 시장체제를 무제한 적용하지 않는다. 따라서 우리는 시장을 통해 조율할 수 있는 최대 영역과 그 가운데서 우리가 시장을 통해 조율하기로 선택할 수 있는 영역을 구분해야 한다. 이 장에서는 시장체제의 최대 영역을 살펴보고 다음 장에서는 그 가운데서 우리가 선택할 수 있는 영역을 살펴보기로 하자.

시장체제에서 살아가는 사람들은 시장체제를 적용할 수 있는 최대 범위를 대략은 알고 있지만, 그 경계를 어떻게 설정할 것인지를 둘러싼 상충하는 관념으로 인해 혼란을 겪고 있다. 때때로 사람들은 삶의 모든 부분에 시장체제가 들어와 있다고 생각한다. 최근에 출판된 [로버트 커트너의 『모든 것이 팔기 위한 것이다』라는 책의 제목처럼 투표권, 법률적 지원, 애정, 충성심은 물론이고, 일부 헌금 모금에 열을 올리는 진도사들의 설교에 따르면, 건강과 부를 가져다주는 성령의 개입까지도 시장체제가 작용한다. 다른 한편에서는, 사회의 각기 다른 부분들을 포괄하고 있는 정치, 종교, 가족처럼 시장체제 역시 사회의 몇몇 특징적인 주요 부분 가운데 하나에만 적용되는 것으로 본다. 이런 견해들은 나름대로 일리가 있다. 사실, 시장체제는 삶의 모든 부분에 고루 스며들어 있다. 신도들은 목사를 고용하고 교회를 짓는다. 예술가는 교육을 받고 자신의 솜씨를 판다. 그럼에도 불구하고 우리는 사회의 다양한 측면을 구분할 수도 있다. 개인, 가족, 국가는 모두 시장체제 안에서 매매 활동을 하며, 이런 의미에서 시장체제의 일부다. 그러나 우리는 이 각각을 서로 구분하는 게 그리 어렵지 않을 뿐만 아니라, 시장체제와 시장체제에 참여하는 다른 부분을 구분하는 것 역시 어렵지 않다는 것을 알고 있다.

시장체제의 경계에 대한 오해

하지만 어디까지가 시장체제이고 어디부터는 시장체제가 아닌가 하는 경계를 구분하기는 여전히 어렵다. 시장체제와 교회 혹은 시장체제와 국가는 구분할 수 있지만, 명확하게 어떤 활동이 시장체제의 영역에 속하는지를 구분하기는 어렵다는 말이다. 대부분의 사람들은 그렇게 구분하려는 노력조차 하지 않는다. 일반적인 명제 가운데 하나는 시장체제가 경제를 조율하지만 사회 전체를 조율하지는 않는다는 것이다. 그러나 이 명제는 잘못된 것이다. 따라서 우리는 왜 이 명제가 잘못되었는지 그 이유를 살펴보는 것으로 시장체제의 경계에 대한 분석을 시작해 보자.

사람들은 실제로 시장 활동을 통해 무엇을 추구하는가? 물론 의식주를 해결하고자 한다. 그렇지만 사람들은 여흥, 모험, 권력, 명예, 애정, 사생활, 사교와 교우 관계도 추구한다. 실제로 사람들이 추구하는 온갖 열망은 시장 활동의 안과 밖 모두에서 추구되는 것으로 보인다. 뚜렷하게 시장적이라고 구별되는 목적이 존재하는 것도 아니다. 시장체제의 경계 또한 시장체제 안에서 사람들이 추구하는 목적의 성격과는 무관하다. 여기서 우리는 시장체제의 경계는 사람들이 말해 왔던 것보다 훨씬 더 넓다는 것을 알 수 있다.

시장체제의 경계를 이해하려면 시장체제는 경제라는 이름의 특정 활동으로 국한된다는 생각에서 벗어나야 한다. 시장체제의 범위는 경제활동이 의미하는 것보다 훨씬 더 넓다. 이것이 2장에서 사회를 생각하고 경제는 생각하지 말라고 한 이유다.

일반적인 구분은 정치와 경제를 구분하며, 또한 이 둘을 사회와 대비한다. 그러나 이런 구분은 유용하기보다는 장애가 되는 경우가 더 많다. 첫째로, 정치—정치체제—는 규칙 제정자이자 가격 결정자(판매자와 구입자)로서 시장체제에 참여하는 유력한 행위자다. '경제'라는 용어가 어떤 의미로 사용되든, 정치와 경제는 융합되어 있다. 경제와 사회의 구분은 어떤가? 사회는 다양한 과정들로 구성되며 이런 과정들을 통해 서로의 권리에 대한 침해를 막고 협력을 이루는 사람들의 상호작용으로 조율된다. 그런데 바로 이것이 정확하게 시장체제를 통해 광범위하게 달성되는, 사회 평화와 협력을 위한 조율이다. 이 점에서 정치, 경제, 사회는 각기 독립적으로 구분되지 않으며, 시장체제의 영역은 흔히 말하는 것보다 훨씬 넓다.

시장체제의 영역에 대한 또 다른 그릇된 인식도 버릴 필요가 있다. 흔히 사람들은 시장체제의 영역을 사회가 물질적으로 필요로 하는 것을 조직화 혹은 조율하는 것으로 생각하곤 한다. 어떤 사람들은 이를 (무게와 부피가 있는) 어떤 대상물에 국한된 것으로 착각한다. 시장의 영역은 이보다 훨씬 광범위하다. 선진 산업사회에서는 서비스가 상품보다, 다시 말해 용역(예컨대, 연주회에서 수선에 이르는)이 대상물보다 시장에서 더 많이 판매된다.

심지어 사람들은 물질적 대상을 구입할 때조차 비물질적 목적이나 목표를 추구한다. 옷을 사는 것은 여러 이유가 있겠지만 특히 사회적 동질감을 갖기 위해서다. 음식을 사는 것은 무엇보다 미각을 만족시키기 위해서다. 어떤 경우에서든, 목적 혹은 목표라는 개념에는 무형적인 것이 함축되어 있다. 사실, 우리가 추구하는 목적과 목표는 일반적으로 물체가 아니라 정신 상태를 나타낸다.

그럼에도 사회적 동질감이나 미각의 즐거움 같은 비물질적 목적을 달성하기 위해서는 언제나 물질적인 대상이나 사물 — 셔츠나 바닷가재 — 을 먼저 구해야 한다고 생각할 수 있다. 물론 시장체제에서든 아니든, 우리가 하는 모든 행위에는 도구나 원자재 등과 같은 구체적 대상이 필요하다. 시장 생활에서만 그런 것이 아니다. 기도 모임에서조차 의자와 찬송가

책과 양초 같은 물건이 필요하며, 놀이에는 장난감이 필요하다.

그렇다고 해서 시장 활동이 어떤 대상이나 사물을 제작하는 것으로 이루어진다는 주장도 성급한 것이다. 제조가 시장 생활의 일부이기는 하지만 연극 공연이나 기업의 구조 조정도 시장 활동이다. 콜롬비아산 커피를 밀라노 카페에 공급하는 것 역시 일련의 용역을 통한 성과이며, 이 과정은 상품 제조 과정보다 훨씬 광범위하다.

많은 사람들은 '물질' 또는 '물질적'이라는 용어가 물리적 대상만을 배타적으로 가리키는 것이 아니라, 돈과 시장을 통해 추구되는 목적이나 목표(아무리 무형적이더라도)를 가리키는 것으로 이해한다. 이런 의미에 따르면, 사람들이 연주회 입장권을 사는 것도 '물질' 또는 물질주의적 목표를 추구하는 것이다. 이 말이 맞는다면, 수도승에게 상담료를 내고 열반에 이르는 조언을 구하는 것도 물질적 욕망을 추구하는 것이다. 이는 비록 '물질'의 문자적 의미로부터 벗어난 흥미로운 해석이긴 하지만 우리에게 아무런 도움도 되지 않는다. 이는 단지 시장 활동은, 그것이 무엇이건, 정의상 '물질적'이라고 부를 수 있다는 것을 선언하는 것에 불과하다. 이런 주장은 어떤 활동이 시장체제를 통해 조직될 수 있고, 어떤 활동은 조직될 수 없는지를 이해하는 데 별 도움이 되지 않는다.

비슷한 다른 오해도 버려야 한다. 시장체제는 부_wealth의 추구를 조율하는가? 이것도 너무 협소하다. 시장체제는 인간들의 노력과 성취, 다시 말해 용역의 추구도 조율하기 때문이다. 그렇다면 최소한 시장체제는 부의 추구를 조율하는가? 종종 여기서 생각이 어긋난다. 정의상 부는 가치가 있지만 소유되거나 판매될 수 없는 사물이 아니라, 시장에서 소유되거나 판매되는 사물들로 구성된다. 난로는 건물을 따뜻하게 한다. 태양이 그러는 것처럼 말이다. 난로는 소유될 수 있고 또 실제로도 소유된다. 반면에 태양은 소유될 수도 없고 실제로 소유되지도 않는다. 따라서 난로는 부에 속하지만 태양은 부에 속하지 않는다. 그러나 우리는 어떤 유형의 용역과 대상이 소유되거나 판매될 수 있는지, 또 어떤 것이 그럴 수 없는지 모른다. 우리가 아는 것이라고는 시장으로 들어올 수 있는 것이면 무엇이든 부라고 칭할 수 있으리라는 것이 전부다. 우리는 계속 제자리에서 맴돌고 있다. 시장체제가 부의 추구를(그뿐만 아니라 성취의 추구도) 조율한다는 말 대신에, 우리는 다음과 같이 정확히 말해야만 한다. 즉 시장체제가 어떤 대상물의 추구를 조율할 수 있다면, 우리는 그 대상물을 부라고 불러야만 한다.

우리는 일work을 조직화하는 것이 시장이라고 생각할 수도 있다. 놀이는 일이 아니다. 기도도 일이 아니다. 과학적 발견도 일이 아니다. 독서, 산보, 노래하기, 꿈꾸기나 발명하기도 일이 아니다. 시장체제는 오직 일의 세계일뿐이다. 그러나 그런 해석은 몇 가지 사실을 이해하는 데에는 도움이 될지 모르지만, 시장체제의 한계를 충분히 이해하는 데에는 부족하다. 모세는 자기 민족을 약속의 땅으로 인도하려고 일했고, 다빈치는 모나리자를 그리려고 일했으며, 아인슈타인은 상대성 이론을 만들려고 일했다. 그렇지만 그 일을 각각 정치 활동, 예술 활동, 과학 활동으로 분류하지 않고 단지 시장 활동으로 분류할 경우 우리 대부분은 그것이 천박하다고 여기는 것은 물론이고 그런 분류가 틀렸다고 생각할 것이다. 나는 정원에서 일하는가? 나는 부모 노릇을 하면서 일한 적이 있는가? 교황이 일한 적이 있는가? 그렇다, 그렇다, 그렇다. 그러나 이런 노력의 어느 것도 시장 활동으로 간주되지 않는다.

순환 논리적인 또 다른 해석은, 시장 활동은 상품과 서비스를 포괄하는 활동으로 이루어진다는 것이다. 이 말은 맞다. 하지만 이 해석 역시 공허한 동어반복에 불과하다. 상품이란 무엇인가? 상품이란 시장에서 매매될 수 있는 사물이나 물건을 말한다. 가보로 내려오는 찻잔은 상품이라고 말하기 어렵지만, 팔려고 내놓으면 상품이 될 수 있다. 나의 신장은 장기 매매 시장에 내놓지 않는 한 상품이 아니다. 서비스란 무엇인가? 서비스라는 용어를 '상품과 서비스'를 구분하는 맥락에서 사용하면 시장에서 매매되는 일을 말하며, 매매될 수 없는 것과 구별된다. 당신이 친구에게 하는 조언은 비용을 청구하지 않는 한 이런 맥락에서 말하는 서비스가 아니다. 우리는 여전히 어떤 유형의 대상과 일이 시장을 통해 조율될 수 있는지, 또는 조율될 수 없는지 알 필요가 있다. 결국 이런 해석은 시장체제로 들어가는 모든 대상과 일이 결국은 상품과 서비스로 불린다는 걸 말해 줄 뿐이다.

최대 영역

영역 문제에 관해 이런 저런 답변은 앞에서 이미 다루었다. 그러므로 여기서는 그 핵심을 분명하게만 밝히면 된다. 다시 말하지만 경제라는 개념은 시장체제에 대한 우리의 생각을 너무 제한된 영역으로 축소시켜 불필요한 문제를 야기하므로 제쳐 두자. 우리는 최대 영역으로서의 시장체제는 매매될 수 있는 모든 대상과 용역의 공급을 조율할 수 있다는 인식을 출발점으로 삼는다. 시장체제는 그 어떤 하위 범주로도 제한되지 않는다. 이제 우리는 몇몇 대상과 용역에 대해 무엇이 그것의 매매를 가능하게 하는지, 어떤 것은 그럴 수 없는지를 구체적으로 밝힐 것이다.

물론 매매될 수 있는 용역과 대상의 범위는 엄청나게 광범위하다. 그 범위에는 아이디어, 발명, 예술적 기교, 약속, 상담과 모든 유형의 에너지가 포함된다. 또한 그 범위에는 사람 및 기업들이 다루는 모든 사물 — 수제품, 토지, 도구, 건물, 묻혀 있는 광석, 기계 설비 — 의 움직임도 포함된다. 그뿐만 아니라 생명을 연장하기 위해 이식을 목적으로 하는 장기 매매 문제라든가, 최근 들어 시장에 등장한 안락사를 통한 죽음의 선택 문제가 들어갈 수 있다.

시장체제를 특징짓는 가장 중요한 거래는, 중고 가정용품이나 중고차 거래도 포함해 기업가가 상품 생산을 목적으로 투입물을 구매하고 산출물을 매매하는 거래 행위다. 물론 시장체제의 영역이 그런 거래만으로 이루어지는 것은 아니다.

다시 말하지만, 시장의 영역은 참여자가 얻고자 하는 대상의 성격에 의해서 규정되지 않는다. 교환의 윤리적 성격에 의해서 규정되지도 않는다. 시장체제는 일반적인 기업 활동의 공간과 거래의 공간을 제공할 뿐만 아니라, 러시아 마피아가 활동할 수 있는 공간도 제공한다. 19세기의 시장체제가 마치 날강도와 같았던 영주들을 위한 공간을 제공했던 것처럼 말이다. 시장체제에서는 대상물에서부터 충성심에 이르기까지 어떤 열망이나 목적도 추구될 수 있다. 그런 열망이나 목적을 달성하는 데 매매가 필요하다면 말이다.

그렇다면 정확히 어떤 유형의 용역과 대상이 매매될 수 있는가? 매매는 세 가지 조건을 충족시켜야 성립한다. 이 조건들을 충족시킨다면, 대상objects과 용역performance은 매매될 수 있다. 즉 재화goods와 서비스service가 될 수 있다.

- 인간의 통제가 용이하다.
- 희소성이 있다.
- 상호 간에 강제 없이 자발적으로 혜택을 교환한다.

이 조건들을 하나씩 살펴보자.

통제 가능성. 태양은 통제할 수 없기 때문에 태양을 팔려고 내놓을 수 있는 사람은 없다. 그러나 고층 건물이 들어서서 인근의 일조권을 차단하는 문제를 포함해, 도시의 일조권은 일부 사회에서 매매 가능하다. 어떤 용역이나 대상을 매매용으로 제공하기 위해서는 명백히 그것을 물리적으로 제공하거나 차단할 수 있어야 한다. 이런 통제는 차단기 혹은 문과 같아야 한다. 즉 그 통제는 용역이나 대상을 특정한 가격에 따라 그 사람에게 제공할 수 있을 만큼 정확해야 한다. 아주 드문 경우이긴 하지만 이와 대조적인[정확히 통제할 수 없는 대상이나 용역의] 사례를 하나 들어 보자면, 순수하고 심오한 감정을 매매하는 경우가 있다. 사실, 인간이 그런 감정을 발생시킬 수는 있지만, 그런 감정을 지불한 가격에 따라 정확히 통제할 수는 없다. 그 대신에 시장체제에서는 주고받는 사람들의 반응만 괜찮으면 그런 감정을 모사하고 재현해서 팔 수 있다. 나아가 비용을 감당할 여유가 있는 사람들은 감정 자체가 아닌 감정의 표식을 얻기 위해 돈을 쓰기도 한다. 또한 그들은 명예 학위나 훈장과 같이 명예나 외양을 얻기 위해서도 많은 돈을 쓴다.

희소성. 제공되는 것이 희소하지 않다면, 상호 이익을 기대하면서 어떤 용역이나 대상을 제공하는 것은 무의미하다. 그러나 '희소하다'는 말이 적은 양을 의미하지 않는다는 점을 기억해 둘 필요가 있다. 희소하다는 말은 어떤 식으로든 욕망을 제약하지 않으면, 모두에게 다 돌아

112

갈 만큼 충분하지 못하다는 뜻이다. 또한 어떤 용역이나 대상이 희소하지 않다면, 그것을 제공해도 반응을 끌어내지 못할 것이다. 항공운송과 안경사의 기술은 희소하다. 일부 유형의 권력이나 아름다움, 명성, 혹은 성실하다거나 탐욕스럽다는 평판도 마찬가지다. 무엇이든 제약 없이 손에 넣을 수 있다면, 다시 말해서 누구나 원하는 것을 모두 가질 수 있다면, 어떤 것을 팔려고 내놓거나 사려는 사람도 없을 것이다.

희소한 것은 자연적인 것이 아니다. 일부 수렵 사회와 채집 사회에서는 땅이 희소하지 않았다. 그러나 공동체 내의 공격적인 구성원 혹은, 아메리카 인디언의 영토를 침입한 유럽인과 같은 침략자가 땅에 대한 배타적 권리를 주장하면서 땅은 희소해졌다.

희소하지 않은 대상과 용역은 어떤 것인가? 수없이 다양하다. 허다한 시詩들, 무수한 발명품, 사하라사막의 모래, 일부 지역의 강우량, 폐품이 된 컴퓨터와 무능력한 교수를 들 수 있다. 이런 것들이 희소해지기 전까지 혹은 희소해질 수 없다면, 그것들은 모두 시장체제의 조율 범위 밖에 있다(지금이야 무능력해졌지만 전에 종신 재직권을 받아 정년까지 급여를 보장받고 있는 교수는 예외다). 방화범의 방화 행위처럼 널리 비난받는 어떤 용역들도 시장체제에서 배제되지 않는다. 당신과 나는 그런 일을 원하지 않지만 어떤 사람은 원한다. 방화범은 희소하기 때문에 그의 서비스를 원하는 사람이 그를 고용하려면 시장으로 들어가야 한다.

자발성. 시장적 조율은 혜택을 자발적으로 제공함으로써 이루어진다. 그렇기 때문에 강제가 필요한 조율은 시장이 조율하지 않는다. 이것은 시장 영역이 갖는 커다란 제약이다. 조율에는 대체로 강제가 필요하다. 혜택을 제공한다고 해서 사람들이 언제나 충분히 움직이는 것은 아니기 때문이다. 수백만 명의 젊은이를 군대에 입대시키기 위해서는 대체로 강제가 필요하다. 고속도로나 상가를 건설하기 위해 국가는 땅을 팔기 주저하는 토지 소유자에게 땅을 내놓도록 강요하기도 한다. 새로운 교도소 건축에서부터 새로운 학교 교육 체제를 실시하는 데 이르기까지 많은 공익적 사업에 자금을 제공하기 위해서는 세금을 강제적으로 부과해야 한다. 물론 소득과 부의 재분배 정책 역시 과세 등과 같은 강제를 요구한다.

시장체제에도 강제가 전혀 없는 것은 아니다. 고용주와 종업원의 관계에서처럼, 어떤 형태의 독점은 강제성을 갖는다. 그러나 시장체제가 반응을 유도하는, 즉 조율을 이루어 내는 독특한 방법은 자발적인 반응에 대한 대가로 혜택을 제공하는 것이다.

때때로 강제가 필요하다는 것은 시장 영역을 크게 제한한다. 게다가 우리가 앞에서 살펴본 것처럼 시장 활동은 시장 스스로 제공할 수 없는 관습과 법이라는 토대를 필요로 한다. 시장 활동은 최소한 자유와 재산권을 강제적으로라도 보호할 것을 요구한다. 이런 보호가 없다면 누구도 교환할 상품이나 서비스를 제공할 수 없을 것이다. 마찬가지로, 관습과 법으로부터 도출된 다른 규칙, 예컨대 계약이나 공정 거래에 관한 규칙은 시장에서의 상호작용만으로는 효력을 지닐 수 없다. 그런 규칙은 강제를 필요로 한다. 국제무역도 브레턴우즈협정에서부터 자본의 이동에 관한 오늘날의 국제적 규칙에 이르기까지 국가 간 협정에 의해 만들어진 특별한 법적 토대를 필요로 한다. 또한, 국가 자체는 시장을 통해 만들어질 수 없다. 정부를 구입하는 방식으로 만들어 낼 수는 없기 때문이다. 무엇보다도 정부에 대한 '피통치자의 동의'는 결코 누구나 다 수용하는 보편적인 것이 아니며, 시민의 일부는 강제되지 않으면 안 되기 때문이다.

공동 목적의 추구

혹시 통제 가능성, 희소성, 자발성과 더불어 시장체제를 정의하는 네 번째 요소, 즉 시장체제는 오직 개인적 행위만 조율한다는 요소를 덧붙여야 하는가? 흔히 비판론자들은 시장체제가 참여자에게 허용하는 것은 오직 개인적 목적뿐이고 공동 기획은 허용하지 않는다고 한다. 우리는 시장체제를 통해 더 넓은 아파트나 자녀를 위한 새 옷과 같은 이기적 목적을 추구할 수는 있으나 범죄 감소나 환경보호 같은 공익적 목적은 추구할 수 없다. 그런 목적은 협력을 강제할 수 있는 국가권력이 필요하기 때문이다.

이런 논리는 몇몇 공동 기획에 대해서는 옳다. 어떤 관개 사업이 시행되고 있다고 가정하자. 다행히 만장일치가 이뤄지는 경우 — 그럴 가능성은 별로 없지만 — 를 제외한다면, 그 사업을 반대하거나 사업 비용을 지불하려고 하지 않는 사람이 있을 것이다. 그러나 관개 사업은 국가의 강제를 필요로 하며, 이때 관개 사업에 찬성하지 않는 사람에게도 세금이 부과된다.

그렇지만 공동의 노력이 모두 강제를 필요로 하는 것은 아니다. 시장체제는 개인적 목적을 달성하는 데만 국한되는 것은 아니다. 사회는 시장체제를 통해서 경제성장이나 문자 해독률 향상과 같은 많은 공동 목표를 추구한다. 그런 것들은 공동의 목표를 인식하고 있지 않은 참여자가 개인적인 목표를 추구하는 과정에서 부산물로 달성된다. 최근에는 컴퓨터 프로그래머 못지않게 판금 노동자와 통역자 같은 전통적인 직종 종사자의 직업 역량을 향상시키는 것이 국제 경쟁력 강화의 중요한 목표가 되기도 한다. 하지만 그런 능력 향상은 국가 정책을 통해서 이루어지기보다는 주로 시장체제를 통해서, 특히 현장 연수 프로그램을 통해서 이루어진다. 서구 사회의 가장 위대한 공동체적 성취는 부분적으로 그런 방식으로 이루어졌다. 특히 생활수준의 향상이 그렇게 이루어졌다. 중요한 공동 목표 가운데 하나인 자유 역시 의도적으로 추구한 결과라기보다는 시장 교환의 부산물이라 할 수 있다.

또한 시장체제는 범사회적인 것은 아니지만 규모가 작은 여러 공동체적 기획, 즉 뜻을 같이하는 집단들의 사업도 조율한다. 콜롬비아의 커피 재배자들은 '전국 커피 기금'을 설립해 학교를 세웠다. 농장주들은 공동으로 땅을 매입하고, 울타리를 구입하고, 출입구를 지킬 청원경찰을 고용한다. 그들은 매입을 통해서, 국가 권위에 의해 이루어지던 조율 가운데 일부를 공동의 시장적 노력으로 바꾸어 놓았다.

그러나 이때 악명 높은 무임승차자가 등장한다. 사람들은 특별한 상황이 아니라면, 시장이 제공하는 서비스나 재화를 얻는 데 동참하려고 한다. 여기서 특별한 상황이란, 용역이나 대상이 비배제성을 띠는 경우 ─ 즉 그 용역이나 대상을 얻는 데 비용을 지불하지 않아도 누구나 그것을 얻을 수 있는 경우 ─ 이다. 어떤 도시에서 나무 심기 사업을 위해 모든 시민이 다 비용을 지불하기로 계획하더라도, 그들 가운데 다수가 자기 몫을 지불하지 않아도 나무를 볼 수 있음을 알고 비용을 지불하지 않는다면 그 사업은 실패할 것이다. 이런 경우 비용은 세금처럼 강제되어야 한다. 무임승차자가 많은 상황에서는 시장체제가 작동하지 않는다.

요컨대, 시장체제가 공동 기획을 성취할 수 있느냐 없느냐를 좌우하는 것은 그 기획이 공익적인 것이냐 아니냐가 아니라, 강제를 필요로 는지 여부다.

결국 어떤 대상이나 용역을 시장체제로 들여보내기 위해 필요한 사항은 세 가지뿐이다. 즉 그 대상이나 용역이 통제 가능해야 하고, 희소해야 하며, 자발적으로 혜택을 제공해야 한다. 이런 조건이 충족되는 범위라 해도 시장체제의 최대 영역은 엄청난 것이다. 다시 말하지만 시장체제의 범주를 경제적인 것으로 제한한다면 시장체제가 포괄할 수 있는 범위가 어디까지인지에 대해 아무런 통찰도 얻지 못할 것이다. 사회를 생각하고 경제는 생각하지 말자.

하늘의 구름은 시장체제에 들어오지 않는다. 그러나 비를 생산하기 위해 구름이 파종될 수 있다면(통제 스위치를 작동시킬 수 있다면), 가뭄으로 비를 기다리는 농부가 많아졌다면(그 물은 희소하다), 그리고 비행기에 탑승한 기술자가 대가를 받고 기꺼이 구름을 파종하려 한다면, 구름 파종은 시장 활동의 일부가 된다. 원하는 사람이 없는 광석은 시장체제 안으로 들어오지 않는다. 그 광석을 시장체제 안으로 들여오려면, 그 광석을 희소하게 할 정도로 충분한 용도가 발견되어야 한다. 그럴지라도 명령에 의해서가 아니라 돈을 제공해서 그 광물을 채취하거나 운송할 사람을 찾을 수 없다면, 그 광물은 시장 상품이 되지 않는다. 한 1분 동안(시간이 된다면 1시간 정도도 좋고) 원하는 대상물의 목록을 최대한 작성해 보자. 그리고 그 목록에서 매매되거나 거래될 가능성이 있는 품목을 모두 표시해 보자. 그러면 시장체제의 최대 영역이 얼마나 방대하고, 시장체제의 활동이 우리의 삶 속에 얼마나 광범위하게 침투해 있는지 알게 될 것이다.

끝으로, 시장체제의 영역을 이해하는 데 필요한 용어 문제를 살펴보자. 새로운 고속도로를 건설하기 위해 국가가 시민의 재화와 서비스를 사용할 때, 명령하지 않고 자발적인 시민에게서 구입하거나 고용하거나 임대한다고 생각하자. 우리는 이를 시장체제를 통해 조율된 섯이라고 말할 수 있는가? 일부 경제학자는 순수 시장체제라는 이론적인 모형을 생각하면서, 시장체제는 정의상 오직 재화와 서비스에 관한 개인적 선택에만 반응한다고 할 것이다. 그들은 국가의 구매 행위(혹은 임대와 고용)는 시장체제를 넘어선 것이며 따라서 이 경우는 국가와 시장체제의 혼합 형태로 규정되어야 한다고 할 것이다.

용어 문제는 중요하지 않다. 그러나 국가가 선택할 수 있는 두 가지 경로를 구분하는 것은 대단히 중요하다. 실제 세계에서 국가는 단순히 시민에게 명령만 하는 것이 아니라 중요한 구매자다. 국가 활동의 대부분은 시장 활동이며, 국가가 나서는 거래는 개인 차원의 거래만으로는 달성할 수 없는 사회 조율의 위대한 업적을 달성한다. 이런 면에서 국가는 시장체제의 경쟁 상대가 아니라 오히려 시장체제의 영역을 크게 넓히는 확장자다.

THE MARKET SYSTEM 7 시장체제를 적용하기로 선택한 영역

시장체제에 대한 반론

지혜로워서인지 아니면 어리석어서인지는 모르겠으나 사회, 좀 더 구체적으로 말해 정책 결정에 영향을 미치는 대중이나 엘리트는 시장체제를 충분히 이용하지 않는다. 그 대신에 다른 조율 방법을 찾거나 시장체제를 다른 체제와 혼합하는 문제를 생각한다. 대부분의 사회에서 교사는 시장체제를 통해 모집된다. 하지만 공교육은 시장 수요에 의해서 조직되지 않는다. 또한 많은 사회는 미성년 노동이나 마약, 사법적 결정도 시장체제 밖에 둔다. 어째서 사회는 시장체제의 적용을 억제하는가? 그 이유는 중요한 것부터 사소한 것까지 쉽게 찾을 수 있다.

한 가지 이유는 레닌과 그의 동료들이 소비에트연방에, 마오쩌둥이 중국에 남긴 것과 같은, 시장체제에 대한 이데올로기적이거나 철학적인 적대감이다. 물론 그런 이데올로기의 이면에는 시장체제에 대한 일련의 구체적인 반론이 존재한다. 그런 반론이 타당하다고 인정하는 사람들도 많다. 나는 반론의 내용에 대해서 문제 삼지는 않을 것이다. 내가 보여 주고자 하는 것은 시장체제가 담당하는 영역이 최대로 확장되지 못하게 만드는 다양한 반론이다.

상당수의 사람들은 결과와 상관없이 시장 과정 자체가 바람직하지 못하거나 심지어 비윤리적이거나 부도덕하다고 생각한다. 수혈을 위한 헌혈은 괜찮지만 매혈은 안 된다고 믿는 사람도 있다. 또한 친구나 가족과는 돈거래를 하려고 하지 않는 사람들도 많다. 어떤 사람들은 사회적 결속력이 매매 과정 때문에 훼손되는 것을 두려워한다. 보험에 가입하는 것은 신의 보살핌에 대한 불신을 드러내는 것이라고 믿는 극소수의 괴짜들이 있고, 그래서 이들은 보험에 가입해 미래를 보장받는 것을 거부한다. 많은 사람이 쇼핑을 즐기지만, 일부는 시장이 제공하는 재화와 서비스 없이도 잘 살 수 있다며 쇼핑을 혐오한다. 공짜로 제공될 경우에만 즐기는 서비스와 재화도 있다. 돈 내고 구입해야 한다면 즐거움은 사라질 것이다. 우리는 '공짜'를 좋아한다. 어떤 조사에 따르면, 일부 사람은 자원봉사를 대가로 보수를 받으면 그 일에서 즐거움을 찾지 못한다고 한다. 1562년에 트렌트종교회의[12]에서 면죄부 매매를 금지한 일은 거래 과정 자체에 대한 거부감을 보여 주는 훌륭한 역사적 사례다. 사회는 매춘과 마약을 합법화하는 문제를 놓고 지금도 여전히 논란을 벌이고 있다. 오늘날 대부분의 사람들은 노예시장을 혐오한다. 비슷한 이유로 일부 사회에서는 오래전부터 미성년자가 광산이나 공장에서 일하는 것을 규제하고 있다.

---

12 16세기 유럽 각국에서 일제히 일어난 종교개혁으로 잃어버린 권위를 회복하기 위해 교황청은 트렌트종교회의(the Council of Trent)를 개최했다. 1545~63년 사이 세 번 소집된 회의에서는 종교개혁의 원인이 되었던 면죄부 제도를 폐지하는 등 교회 내부의 부패를 개혁함으로써 권위를 회복하고자 했으나, 결과적으로는 그동안 통용되어 오던 로마 교회의 전통과 신학을 공식적인 교의로 체계화하는 데 그쳤다.

많은 사람들이 시장에서 이루어지는 개인적 선택의 동기나 역량을 의심하면서, 일부 결정에 대해서는 공적 권위를 확립하고 싶어 한다. 그들은 지금도 여전히 논쟁 중이다. 사망한 사람의 장기를 시장에서 거래할 수 있게 할 것인지, 아니면 공적 권위를 통해 할당할지를 둘러싼 논쟁이 대표적이다. 많은 사회는 환경보호에 대한 공익적 결정을 개인이나 기업에 의한 시장적 결정보다 선호한다. 즉 기업이 아니라 국가가 산업폐기물 방출 문제를 통제하길 원한다. 사람들이 제품 판매자를 전적으로 신뢰하지 못하는 것은 당연하다. 따라서 적어도 식품과 약품에 대해서는 정부의 규제를 지지한다.

많은 사람들에게 시장의 불평등은 받아들이기 어려운 문제다. 어떤 사회든 부모의 능력과 상관없이 어린이가 최소한 초등교육을 받을 수 있기를 원한다. 그러므로 시장체제에 따른 교육보다는 세금을 내더라도 의무교육이 시행되는 것을 선호한다. 전염병을 예방하기 위한 몇몇 의료 서비스는 시장에서 매매되지 않고 무상으로 분배된다. 시장적 분배가 충분하지 못할 것을 우려하기 때문이다. 대부분의 사회는 물자가 절대적으로 부족한 전쟁 기간 중에도 저소득층의 가족을 얼어 죽게 내버려 두지 않고 생필품을 배급했다.

대다수 사람에게 시장은 가혹하다. 사람들은 종업원을 해고할 수 있는 고용주의 권리가 제한되기를 원한다. 또는 파산 직전에 있는 기업을 국가가 구제하기를 원한다. 정부 보조금이 없다면 더는 존립할 수 없는 기업들의 일자리를 구제하는 것은 세계적인 현상이며, 이런 현상은 이탈리아, 인도, 중국에서 두드러진다.

대부분의 사회에서 예술 분야의 활성화를 바라는 '상류계급'은 '하류계급'이 시장에서 지불할 수 있는 금액을 넘어서는 부분에 대해 정부 차원의 보조금이 지급되어야 한다고 생각한다. 예술이 완전히 시장체제에 맡겨진다면 클래식 음악을 연주하는 교향악단과 오페라는 콘서트홀에서 사라질 것이다.

모든 사회는 누군가가 타인에 대해 받아들일 수 없는 강제 — 시장체제 외부에서의 통제 — 를 초래할 수 있는 일부 시장 거래를 금지한다. 예를 들면, 이들 사회 — 엄격한 제한 하에서 예외가 있기는 하지만 — 는 개인이 시장을 이용해 인원을 충원하고 무장시켜 사설 군대를 조직하는 것을 허용하지 않는다. 물론 기업이 자체의 구내 보안, 이웃의 보안 서비스를 위해 사용하는 소규모 사설 무장 경비와 때로 파업을 막으려고 이용하는 사설 군대와 같은 예외가 있기는 하다. 몇몇 사회는 총기류의 시장 반입을 금지한다.

많은 사회에서 언론 매체에 대한 통제가 한 사람 혹은 소수 개인들의 수중에 집중되는 것을 방지하기 위해, 시장 거래를 제한하기도 한다. 또한 많은 사회에서 정부 관료가 시장 세력과 거리를 두게 하려고 한다. 부패한 사법 체계에서처럼 소송 당사자가 유리한 판결을 위해 판사를 매수할 수 있다면, 사법 체계를 설립한 목적 가운데 하나인 공정성이 손상되기 때문이다.

때때로 사회는 강제가 필요해서가 아니라, 강제가 더 비용이 적게 들기 때문에 시장체제의 영역을 줄이기도 한다. 미관상으로도 좋지 않고 비위생적인 쓰레기를 치우기 위해 수백만 명의 사람들이 개별적으로 이웃에게 비용을 지불한다고 상상해 보라. 하지만 간단히 시 조례를 제정해 각자가 자신의 쓰레기를 치우도록 강제하는 것이 더 저렴할 것이다. 부자들은 울타리를 치고 경호원을 고용해 보안 체계를 구축하는 등 사생활을 스스로 보호할 수 있지만, 그렇지 못한 사람들은 법을 이용해 사생활을 보호받는 것이 더 저렴하다는 것을 안다. 자유에 대한 온갖 수사학적 찬양에도 불구하고, 사회는 용병을 고용하는 것보다는 징집하는 것이 더 저렴하기 때문에 군대를 징집한다.

사회가 시장적 조율을 금지하거나 제한하고자 하는 영역은 상당한 파급효과를 낳는 거래, 즉 거래 당사자가 아닌 사람에게도 영향을 미치는 거래들인 경우가 많다(11장을 보라). 예컨대, 기업의 시장 거래가 공기나 물을 오염시킨다면, 혹은 만일 내가 이웃에게 폐를 끼친다면 종종 정부가 개입해 시장 조율을 철회하거나 수정할 것이다.

권위주의 체제의 정치 엘리트들이 시장체제에 반대하는 경우도 있다. 그들은 시장체제와 시민의 정치권력이 연결될 것을 두려워한다. 그들이 보기에, 시장체제는 사회에 대한 권력이나 통제를 분산시키기 때문이다. 구소련의 당과 정부가 시장을 통해서 통제를 분산시키겠다고 공표해 놓고도 끝내 그렇게 하지 않은 사례가 보여 주는 것처럼, 그들은 직접 통제하고자 한다. 때로는 민주주의 체제의 지배자들 역시 여러 가지 이유 — 그들 자신이 부를 축적하려는 목적도 여기에 포함된다 — 로 새로운 산업 부문에 대한 투자의 통제권을 온전히 기업가에게 내주기보다는 일부를 자신들이 계속 유지하려 한다.

끝으로, 기업가들이 아무리 표면적으로는 시장체제에 대한 헌신을 외쳐도, 사실은 정부가 제공하는 매우 다양한 시장 보호 정책으로부터 혜택을 받으려는 강력한 동기를 갖고 있다. 이런 보호는 시장체제를 강화하기도 하지만 대체로 시장체제를 제한한다. 예컨대 이탈리아는 복잡한 인허가 절차와 규제를 통해 소규모 사업, 특히 가내 사업을 냉엄한 시장 경쟁으로부터 보호해 왔다. 즉 사업체를 만들거나 상품을 매매하려면 허가를 받아야 한다. 또한 근무 시간과 휴일이나 휴가에 관한 계획도 정부가 통제한다. 좀 더 분명한 보호 장벽은 수입 관세 및 여러 가지 규제, 그리고 석유와 광업, 농업과 산업에 대한 공공연한 보조금 지급이다. 이 모든 장벽은 생산 활동에 대한 시장의 정상적인 관리 능력을 약화시키는 효과가 있으며, 기업가의 투자 의욕을 강하게 만드는 데 이바지한다는 이유로 정당화된다. 보호 장벽은 광범위하게 나타나는 중앙집권적 관리의 대표적 현상이다. 즉 잘못된 지시보다는 덜하겠지만 시장체제의 신호를 묵살한다는 점에서 결과는 다르지 않다. 그리고 그런 장벽은 판매자와 구매자 모두에게 시장 선택의 폭을 제한한다.

시장을 억제하는 보호 장벽이 존재하는 것은 그럴 만한 이유가 있고, 대개의 경우 원칙적으로 매우 타당하다. 그러나 그 이유가 시장체제와 시장체제가 아닌 대안 사이에서 무엇을 선택하는 것이 올바른지를 구체적으로 말해 주지는 않는다. 단지 이 둘 사이에서 어느 한쪽에 대한 선택을 고려해 볼 만한 가치가 있음을 우리에게 일깨워 줄 뿐이다. 예컨대, 혈액이나 신체 장기가 매매되어야 하느냐는 질문에는 정답이 없다. 적절한 답변은 사람들이 소중하게 여기는 것, 위험에 대한 태도, 안다고 믿는 것에 대한 확신 등의 요인에 달렸다. 또한 그 답은 시장체제가 아닌 대안적 조율 과정이 얼마나 합리적인가에 따라 달라진다.

대안

국가가 시장체제에 참여하는 가장 큰 참여자라는 점에 한 번 더 주목하자. 국가는 공공건물과 교량, 군수품 등 매우 많은 물품을 매입하는 구매자다. 국가는 특히 다양한 직종의 사람들을 고용하는데, 여기에는 군인, 경찰, 우주비행사, 간호사 등 우리가 떠올릴 수 있는 모든 직종이 포함되어 있다. 그리고 물론 기업과 가족 혹은 가구도 시장체제에 참여한다.

이 세 가지 제도는 분명 시장의 구성 요소인 동시에 각각의 제도는 시장체제이 대안이기도 하다. 첫째, 국가는 군대를 돈 주고 고용하기나 노동시장을 이용하지 않고, 청년들에게 입대를 명령할 수 있다. 둘째, 기업은 전력을 구입할 수도 있지만 자체 생산할 수도 있다. 셋째, 어떤 가정은 한 이발사의 단골 고객이 될 수도 있지만 집에서 머리를 깎을 수도 있다. 나는 이 세 가지 제도에, 친숙한 개념은 아니지만 네 번째로 시민사회라는 대안을 덧붙이고 싶다. 비록 시민사회라는 개념이 형태를 규정하기 어려운 개념이지만 말이다. 시장체제의 대안으로 사회가 선택할 수 있는 영역은, 이 네 가지 각 대안이 지닌 역량을 어떻게 평가할 것이냐에 달려 있다.

다른 대안들은 국가 때문에 빛을 잃기 쉽다. 시장체제는 사회질서를 위해 필요한 것을 강제할 수 없다. 강제하는 것은 바로 국가다. 무엇보다도 시장체제는 스스로 형성될 수 없기 때문에 자유와 재산에 관한 법을 통해 시장체제를 만드는 것도 물론 국가다. 관습도 분명 이런 목적에 이바지하지만 결코 충분하지 못하다.

가구는 시장 조율에 에워싸인 비시장적 조율자다. 핵가족 안에서 구성원들은 일반적으로 용역과 재화를 서로 매매하지 않는다. 물론 식사를 맛있게 했다고 아내에게 보너스를 주는 남편도 있다. 그러나 그런 행위는 보답이라기보다는 품위를 떨어뜨리는 행위일 가능성이 더 크다. 일부 사회에서는 부모가 돈을 받고 자녀를 임대하기도 하고, 집안 일을 하는 자녀에게 돈을 주기도 한다. 그렇지만 대체로 자녀를 조율하는 것은 시장체제가 아니라 부모의 권위다. 부부 간에도 마찬가지다. 불평등하더라도 도덕규범의 틀 안에서 다양한 형태의 상호 조정이 이루어지는 경우는 많아도 부부 간의 책임 배분을 시장체제가 결정하는 경우는 흔치 않다.

흔히 시장체제 연구자들은 사회 조율자로서 가구의 역할을 경시한다. 실제로 가구는 시장체제처럼 범국가적이거나 범세계적인 조율을 달성할 수 없다. 그렇지만 여성의 임금노동을 금지하는 사회의 경우라도, 여성과 어린이의 비시장적 가족노동과 남성 배우자의 부분적인 가사노동을 더한다면, 그 노동량은 시장체제를 통해 조율된 전체 노동량보다 많다. 심지어는 한 가구에 임금노동자가 두 명일지라도, 현대 가족은 여전히 상당한 정도로 가족 구성원들의 노동을 조율한다. 가족은 여전히 놀라운 사회적 조율자다. 물론 가족이 없는 사회의 가능성에 관한 유서 깊은 추론들이 지금도 여전히 목소리를 내고, 이스라엘의 키부츠처럼 일부에서는 그런 방향으로 실험적인 움직임이 있기도 하다. 그럼에도 불구하고 당분간 사회적 조율에서 가족이 담당하는 역할은 시장체제의 범위를 크게 제한하면서 잘 확립된 채로 남아 있을 것이다.

사실 시장체제는 개인 간의 조율보다는 가구라는 집단 간의 조율로서 더 잘 묘사될 수 있다. 임금 소득자가 소득을 얻으려고 시장체제로 들어가는 것은 바로 가족 집단의 대리인 자격으로서다. 그리고 가구의 일부 구성원이, 그 구성원 사이에서 분배될 재화와 서비스를 구입하는 것도 바로 가구의 대리인으로서다.

기업 집단, 특히 대규모 법인 기업은 시장체제의 세 번째 대안이다. 기업은 어떤 차원들에서는 시장체제의 범위를 확장하지만 다른 차원에서는 그 범위를 제한한다. 앞에서 말한 것처럼 기업이 시장 환경 속에 떠있는 비시장적 혹은 경영 관리적 조율의 섬을 만들어 내기 때문이다. 예컨대, 10여 개의 소기업이 각각 소비자와 공급자로서 서로 시장 거래를 하고 그 교환을 통해 철강 산업의 주요 부분을 형성했다고 치자. 그렇더라도 그들의 시장적 활동 가운데 많은 부분은 사실상 그 시장 거래를 좌우할 수 있는 대기업의 권위적 지시 아래 움직인 것인지도 모른다.

국가는 사회적 조율에 필요한 강제의 주요 도구다. 하지만 기업과 가족 역시 강제의 도구다. 기업은 특히 임금을 대가로 고용주의 강요를 받아들이게 하는 체제다. 기업의 강요는 제한적이다. 분명히 피고용인은 시민이나 납세자가 이민을 가는 것보다 쉽게 기업을 떠날 수 있기 때문이다. 이런 점에서 가족의 강요는 주지의 사실이다.

점점 확대되는 사회 조율의 몫은 네 번째 대안인 시민사회가 담당한다. 시민사회라는 용어를 사용하는 일부 사람에게, 그 용어는 기업과 정부 조직이 아닌 다른 조율 집단을 의미한다. 구조와 목적이 매우 다양한 이 집단은, 단순히 비영리 집단의 범주로 쉽게 분류하기 어렵다. 이런 집단 중에는 정당, 로비 단체, 자선단체, 클럽, 연구소, 박물관 등이 있다.

이런 실체들 ― 예컨대, 매달 모임을 갖는 독서 토론회 ― 은 대체로 시장체제 밖에서 움직인다. 반면에 특히 더 큰 실체들, 예컨대, 정당 같은 경우는 운영자를 모집하거나 자체 활동에 필요한 자원을 모으기 위해 시장체제를 이용할 수 있다. 많은 시민사회 단체가 노동력이나 다른 자원을 구하기 위해 시장체제를 이용한다. 그들은 아무것도 매매하지 않을 수 있다. 혹은 매매한다고 해도, 어떤 것을 제공하고 얻는 반대급 부를 극대화하려 하지 않을 수 있다. 물론 이윤을 추구하기보다는 자선 활동을 한다는 인상을 주려 하거나 소득세를 피하기 위해 비영리 기업으로 위장하는 상투적인 기업들도 있다. 일부 자동차 동호회는 지도, 여행 정보, 보험 등과 같은 제품을 팔기도 한다.

일부 사람에게 시민사회는 단순한 조직 이상을 의미한다. 이런 시민사회의 활동에는 우정이나 동정, 호의와 그 보답, 그리고 국가에 의해 강제되지도 않고 매매에 의해 조직화되지도 않는 다양한 형태의 개인적 협력도 포함된다. 이런 활동은 대단히 중요할 뿐만 아니라 어디에나 존재하는 사회 협력이며 사람들은 이 과정을 통해 사회성을 획득한다. 몇몇 사람들은 이런 상호 교류를 시민사회의 가장 큰 의미라고 생각한다. 사람들이 그런 상호 교류를 통해 공동체의 가치, 삶의 목적을 형성하고 또 끊임없이 높여 나간다고 믿기 때문이다. 간단히 말해, 이런 상호 교류는 우리를 재창조하고 정치에 참여하게 한다. 우리 모두는 이런 상호 교류의 산물이며 그 출발은 부모가 아이에게 미치는 영향에서부터 시작된다고도 할 수 있다.

비공식적인 소집단의 다양한 상호작용에서는 가족생활에서처럼 상호 간의 권리 침해를 억제하고 서로 돕는다. 이것은 애정에서 나온 것일 수도 있고, 도우려는 충동에서 나온 것일 수도 있고, 습관에서 나온 것일 수도 있다. 사람들은 다른 사람의 자녀를 돌보고 친구를 돕는 그 자체를 즐거워하며 상호 교류한다. 사람들은 종종 소집단의 상호 교류 속에서, 시장 교류의 핵심인 응분 보상 원칙[8장 참죄이 적용되지 않는 사회적 거래의 영역을 모색한다.

이런 개인적인 관계의 경우, 평화와 협력은 강제를 필요로 하지 않으며, 시장에서처럼 명시적인 응분 보상 원칙에 따른 대가도 요구하지 않는다. 이런 사회적 교류를 통해서도, 사람들은 시장 활동을 통해 추구하는 것과 마찬가지로 많은 열망을 추구한다. 하지만 여기서는 시장이 불필요하며 어떤 경우에는 오히려 그런 열망에 방해가 된다. 내가 진정한 우정을 원할지라도 우정의 대가로 돈을 지불한다면 친구 관계는 깨지고 말 것이다. 흔히 이런 관계에서는 양쪽 모두에게 보상이 있지만, 그 보상은 내가 주는 만큼 받아야 한다는 특정한 조건을 필요로 하지 않는다. 놀이와 모험을 포함한 시민사회 활동을 통해 사람들은 직접적으로 만족감을 얻는다. 이것은 시장적 삶의 특징인 만족을 얻으려면 대가를 지불해야 한다는 식으로 수단과 목적을 대비하는 방식과는 다르다. 물론 우리는 종종 시장체제를 이용해 필요한 장비를 얻거나 놀이와 모험을 즐길 장소를 구한다. 그러나 일단 장비가 갖춰지고 원하는 장소에 도착하면 잠시 거래를 중단할 수 있다.

시장체제의 범위 혹은 영역에 관해서 마지막으로 두 가지만 말하겠다. 첫째, 사회에서 이루어지는 상호 관계나 관련 제도들은 서로 배타적인 영역으로 분할될 수 없다. 자재와 유급 노동을 구매해 교회 건물을 짓는 사람들을 보면, 우리는 곧 그 행위가 시장체제 영역 안에서 이루어지는 활동이라는 것을 알 수 있다. 그러나 예배가 그들의 목적이라면, 그 활동은 종교 영역에 속한다. 그 사업이 건축 분야라는 점에서 예술적인 노력 혹은 성취로도 볼 수 있을 것이다. 따라서 그 사업은 시장체제 영역 안에 있는 것 못지않게 예술 영역 안에 있는 것으로 볼 수 있다. 우리는 사회생활을 서로 배타적인 영역으로 분할할 수 없다.

둘째, '시장체제만이 사회적 조율자'라는 관념은 분명 비현실적이며, 다행스럽게도 이에 동의하는 사람들은 극소수다. 우리들 대부분은 국가, 가족, 기업 그리고 시민사회의 다양한 조직이 모두 필요하다는 것을 잘 안다. 그러나 일부 사회에는 '최소 정부가 최선의 정부'라는 관념이 강하다. 이 관념은 '최대한의 영역을 조율하는 시장체제가 최고의 시장체제'라는 추론으로 연결되는 명제다. 하지만 대부분의 사람들은 최대 영역의 시장체제를 무자비한 것으로 여긴다. '최소' 정부 아래에서는 거리에 쓰레기가 뒹굴고, 치명적인 전염병이 확산되는 상황이 발생할 것이기 때문이다. 시장, 국가, 가족, 기업, 시민사회 각각의 고유 영역을 결정하는 것은 모든 사회가 진지하게 대면해야 하는 과제다. 지나치게 일반적인 원리에 따라 그 영역들이 결정되어서는 안 된다.

THE
MARKET
SYSTEM

2부

시장체제를 어떻게 생각해야 하는가

동구와 서구, 남반구와 북반구의 모든 사회가 시장체제를 점점 더 확대
하려고 할 만큼 시장체제는 원활하게 작동하고 있다. 시장체제에 열광
하는 사람들은 대체로 비판자들이 명확히 지적하는 어두운 면을 간과
한다. 시장체제가 이루어 놓은 위대한 업적 때문이다. 하지만 시장체제
는 가장 부유한 사회에서 작동하는 경우에서조차 대다수의 사람들을
빈곤 속에 방치하고 있다. 이것을 누가 부인할 수 있겠는가? 또한 대부
분의 시장체제가 삶을 황폐하게 만들고 공동체를 파괴하고 있는 것은
어떤가?

  2부에서는 누구나 알고 있는 시장체제의 몇 가지 고유한 특성을 선
별해 검토해 보고자 한다. 시장체제는 효율적인가? 시장체제는 개인의
자유를 뒷받침하는가? 시장체제는 문화와 인격을 타락시키는가? 이런
물음에 단정적으로 말할 수 있는 사람은 없을 것이다. 그러나 이 물음
과 관련해 몇 가지 경험적 특성을 발견할 수는 있다.

  서론을 이렇게 열었으니, 이제 시장체제의 핵심적인 경험적 특성 —
시장체제에 대한 모든 평가와 관련된 — 을 골라내 보자. 시장체제에는

관습과 법으로 확립되어 있는 작동 규칙이 있는데, 대표적인 것이 바로 뿌린 만큼 거둔다는 응분 보상 원칙이다.

시장 사회에서 성장한 사람이라면 그런 규칙이 없는 사회를 상상하기 어려울 것이다. 나 역시 그렇다. 그러므로 마치 시장체제에 대한 통념에 물들지 않은 사람처럼 이 규칙을 보려고 노력하자.

다른 행성에서 방문객이 왔다고 상상해 보자. 이 방문객은 며칠 전 지구에 도착한 다음부터 내내 의문에 가득 차 있으며, 명쾌한 대답을 얻지 못해 곤혹스러워 하고 있다. 그는 이론적인 것보다 도대체 사실이 어떤가를 알고 싶어 한다. 초원과 숲, 다양한 건물 등 자연적인 것이든 인위적인 것이든 눈에 보이는 물리적인 세계는 자기 고향의 풍경과 그리 다르지 않다고 말한다. 그러나 그의 눈에는 우리의 사회제도가 낯설게 보인다.

번화한 도시를 보면서 그는 누가 집을 짓느냐고 묻는다. 직접 자기 집을 짓는 사람은 거의 없고, 대부분 다른 사람이 지은 집에서 산다고 설명한다. "그럼 누구나 살 곳이 있는가?" 아니다. 우리가 무주택자에 관해 말하자 놀라는 눈치다.

"식량은 어떻게 생산하는가?" "필요한 것을 직접 생산하는가?" 우리는 그렇지 않다고 대답한다. 사람들은 돈을 벌어서 식량이든 집이든 원하는 것을 산다. 그는 묻는다. "누구나 다 식량을 제공받는가?" "누구나 식량을 요구할 수 있는가?" 아니다. 그럴 수 없는 사람이 있다. "그러면 그런 사람은 어떻게 사는가?" 어떤 개인이나 자선단체에서 식량을 지원하기도 하고 때로는 정부가 도와준다. 때로는 죽기도 한다.

우리의 대답이 그의 마음에 들지 않는 것이 분명하다. "당신들은 옷을 잘 차려입었다." "내가 보기에, 당신들에게는 자녀를 위한 학교도 있고, 주변을 둘러보니 자동차도 있는 것 같다. 다양한 여가 시설도 있는가?" 그렇다. 우리에게는 그 모든 것이 있다. "모든 사람이 그런 것을 가질 수 있는가?" 누구나 가질 수 있는 것은 아니라고 다시 설명한다. "그렇다면 당신들은 모든 사람에게 최소한의 욕구를 충족시켜 주어야 할 책임을 느끼는가?" 아니다. 그런 책임은 정부에 있다고 누군가가 대답한다. "그러면 당신의 정부는 그런 책무를 인정하는가?" 그것도 아니다. 단지 제한적으로 인정할 뿐이고, 그 수행 방식도 논란의 여지가 있다. 정부가 어려운 사람을 구제하기는 하지만 일반적이지는 않으며, 정부의 도움을 받는 것을 창피하게 여기는 사람도 많다.

"그러면, 당신들 가운데 일부는 모든 필요를 만족시킬 수 있지만, 일부는 그럴 수 없다는 건가? 왜 그런가? 왜 누구의 필요는 충족되고 누구의 필요는 충족되지 않는가?" 우리는 다시 설명하려고 한다. 당신이 원하는 어떤 것을 직접 행하거나 직접 만들지 못한다면, 다른 사람의 도움을 받아야 한다. 그런데 다른 사람들에게 도움을 받을 수 있는 유일한 방법은 다른 사람에게 당신의 노동이나 돈, 자산 등 다른 사람들이 원하는 것을 제공하는 것이다. 다른 행성에서 온 방문객은 우리의 말을 곰곰이 생각한다. "제공할 것이 없으면 어떻게 되는가?" 안 된 일이지만, 어쩔 수 없다. 자선단체가 돕지 않는 한, 아무것도 얻을 수 없다.

그는 이 말을 믿을 수 없다는 듯이, 혹시 자기가 오해한 것은 아닌지 확인하려고 한다. "그렇다면 당신들에게는 어떤 장치가 있어서, 누구나 가치 있는 것을 다른 사람에게 제공할 수 있는 것처럼 보인다. 맞는가?" 우리는 머뭇거리며 대답한다. 모든 사람은 법으로 자유를 보호받으며, 이는 누구나 노동을 제공한 대가로 임금을 받을 수 있다는 것을 의미한다. 그는 다시 묻는다. "그러나 어떤 사람이 가족이 필요한 만큼 임금을 벌 수 없으면 어떻게 되는가?" 그것이 문제가 될 수 있다고 우리는 말한다. 특히 비숙련자의 경우에 그렇다. "그렇다면 비숙련자들은 충분히 훈련을 받을 수 있는가?" 아니다, 누구나 훈련을 받을 수 있는 것은 아니다. 특히, 훈련비를 지불할 만큼 노동을 제공할 수 없다면 말이다. "그것은 순환 논리가 아닌가?" 방문객은 우리를 몰아세운다. 잠시 후에 그는 다시 침착해져서 시과힌다.

우리는 사람들이 노동 이외에 다른 것을 제공할 수도 있다고 설명한다. 누구든지 땅, 건물, 장비 등의 대상물이나 자산을 제공할 수 있다. 우리 사회는 자산을 소유하고, 통제하며, 사용할 수 있는 권리, 즉 우리가 사유재산권이라고 하는 일련의 권리를 인정한다. "다행이다. 그렇다면 당신들은 자산 분배 장치가 있어서, 누구나 그 자산을 임대하거나 빌려주거나, 판매함으로써 자기 가족이 원하는 것을 얻을 만큼 충분히 자산을 갖게 한다는 건가?" 아니, 그렇지 못하다고 우리는 실토한다. 상당수의 사람들이 음식과 옷 정도의 생활필수품만 있다. 그들이 돈을 벌기 위해 제공할 수 있는 추가적인 자산은 없다. "그러면 그런 자산은 어떻게 획득하는가?" 우리는 그 물음을 곰곰이 생각하다가, 두 가지 방법이 있다고 말한다. 누구나 노동을 제공해 다른 사람으로부터 자산을 구입하거나 아니면, 누구나 자기가 가진 자산을 교환함으로써 더 많이 얻을 수도 있다. 방문객이 얼굴을 붉히기 시작한다. "어떻게 그게 말이 되는지 모르겠다. 나를 놀리는 건가?" 그는 떠나 버린다.

우리 사회에 대한 호기심 때문에 분노를 가라앉힌 그는 다시 돌아와 질문을 한다. "당신들 사회에는 임금을 위해 노동을 하거나, 자산을 소유하고 사용할 수 있는 자유는 있지만, 대가를 지불하지 못한다면 그 누구도 다른 사람이나 정부 또는 사회에 아무것도 요구할 수 없다는 말인가? 인간이자 사회 구성원이라는 이유만으로도 인정되는 기본적인 요구조차 할 수 없다는 말인가? 연민이나 동정도 없단 말인가? 고통을 줄이기 위해 필요한 요구도 인정되지 않는단 말인가? 여기 있는 당신들은 원하는 것을 모두 가진 것 같다." 그는 집게손가락으로 내 가슴을 가리킨다. "그렇다면 당신들은 최소한의 인도적인 요구조차 인정하지 않는다는 말인가? 그러고도 스스로 인간이라고 말할 수 있는가?" 이번에는 대답을 기다리지 않고 성큼성큼 걸어 나가 버린다.

그나마 그가 침착한 마음으로 떠날 수 있어서 다행이다. 아직 그는 그의 분노를 고조시킬 또 다른 관습과 규칙이 우리 사회에 있다는 것을 보지 못했기 때문이다. 어떤 사람은 종종 다른 사람에게 커다란 서비스나 혜택을 제공하면서도 정작 자신은 아무런 요구도 하지 못한다. 대가를 얻을 수 있는 혜택을 제공해야만 요구를 할 수 있기 때문이다. 예컨대, 빌 게이츠의 어머니는 분명히 대단한 아들을 키워 사회에 기여했다. 하지만 그녀가 사회에 요구할 수 있는 것은 아무것도 없으며, 시장은 그녀에게 아무런 보답도 하지 않았다. 좋은 이웃, 기민하고 적극적인 시민, 따뜻한 친구, 헌신적이고 사리에 밝은 부모가 다른 사람에게 베푸는 혜택에 대해, 시장은 전혀 보상하지 않는다.

나는 다음 날 작은 모임에서 그 행성 방문객을 다시 만났다. 그는 자기네 사회는 간헐적으로 조직이 와해되는 시련(10년 정도 주기로 몇 달에서 몇 년까지 지속되며 생산과 고용이 감소한다)을 겪는다고 한다. 우리도 같은 문제가 있다고 그에게 말했지만 그가 겪는 문제는 우리가 겪는 것과는 다르다는 점이 곧 분명해진다. 그가 알게 된 것은 우리 사회에서는 일자리를 잃으면 수입도 잃는다는 사실이다. 그는 "우리 사회에서는 어떻게, 왜 일자리를 잃었는지가 중요하다"고 말한다. 우리 사회에서는

'어떻게'와 '왜'는 상관없다고 우리는 설명한다. 우리의 규칙은 일이 없으면 수입도 없다는 것이다. 이 말이 그의 마음을 불편하게 한다. "만일 체제에 문제가 있어서 본인의 잘못이 아닌데도 일자리를 잃는 사람이 있다면, 그때도 당신들은 그들의 수입을 빼앗아 가는가?" 그렇다고 우리 가운데 한 명이 대답한다.

이런 비유는 노인 연금과 가족수당, 실업 급여 등의 권리를 언급하지 않은 것이기 때문에 지금 우리가 사는 현대사회를 정확하게 묘사한 것은 아니다. 그러나 어떤 사회든 그런 권리를 확고하게 자리 잡게 하려면 시장체제로부터 다른 방향으로 돌아서야 한다. 시장체제는 방문객이 본 것처럼 무자비하다. 시장에서의 상호작용은 우리가 무엇인가를 시장에 제공해 얻을 수 있는 것 외에는 아무것도 제공하지 않는다. 단순히 우리가 인간이나 사회 구성원이기 때문에, 또는 우리가 사회 속에서 살아가기 때문에, 혹은 우리가 배운 대로 사회에서 일정한 역할을 담당하고 있기 때문에 당신과 내가 가질 수 있는 권리나 행사할 수 있는 요구는, 시장체제를 통해 행사할 수 있는 권리와는 전혀 관계가 없다.

응분 보상 원칙에 대한 옹호

오늘날 응분 보상 원칙은 복지국가와 같은 다른 규칙과 절차를 통해서 보완되지 않는다면, 대체로 사람들이 그 원칙을 옹호하지 않을 것이다. 그럼에도 불구하고 일부는 연금이나 실업 급여 같은 보완 규칙이 없어도 응분 보상 원칙 그 자체로 충분하다고 옹호한다. 그들은 몇 가지 근거를 제시하지만 모두 결함이 있다. 그리고 그 결함은 시장체제에 대한 분명한 오해에서 비롯된 것이다.

투입한 것과 가치가 같은 등가물을 얻을 수 있다는 보장 때문에 모두가 더 많이 기여하려고 노력할 것이므로, 응분 보상 원칙이 효율적이라는 주장이 있다. 이것은 일견 타당한 것 같지만 과도한 주장이다. 응분 보상 원칙이 전혀 장려하지 못하는 혹은 전혀 보상하지 않는 유형의 기여가 많기 때문이다. 응분 보상 원칙은 시장에 기여하는 것만을 보상한다. 자녀를 양육하는 부모의 기여나 위대한 정치 지도력은 보상하지 않는다. 이 점에서 응분 보상 원칙은 유인 체계incentive system로서는 불완전하고 협소하다. 이 규칙은 어떤 활동은 보상하지만 어떤 활동은 아무리 가치가 크더라도 보상하지 않음으로써 유인 체계를 왜곡한다.

시장에 대한 기여와 관련해, 응분 보상 원칙은 상황에 따라 시장에 대한 기여를 자극할 수도 있고 방해할 수도 있다. 그 규칙에 따라 일부 사람들은 질병에 걸려 연약해질 수도 있고 빈곤으로 말미암아 사기가 떨어지기도 하기 때문이다. 그것은 시장에 기여하도록 자극하는 것이 아니라, 유인을 약하게 하거나 없앨 수도 있다. 극단적인 경우가 아니라면, 세금 부과로 보상이 줄더라도 그것 때문에 좌절하기보다는 오히려 더 많은 시장적 노력을 기울일 것이다. 역사적으로 보면, 복지국가의 등장은 응분 보상 원칙의 기반을 완화시키기는 했지만, 복지국가에서도 근로 의욕은 줄어들지 않았고 오히려 향상되었다. 사람들의 건강과 교육 수준이 향상됨에 따라 근로 의욕 또한 강화되었기 때문이다. 조사에 따르면 높은 세율을 통해서 납세자의 소득을 줄이고 공공복지 재원을 마련하는 국가에서도, 말하자면 응분 보상 원칙을 완화한 국가에서도 생산성과 자본 성장률은 떨어지지 않는다. 엄밀한 응분 보상 원칙과 높은 생산성 사이에는 상관관계가 없다. 기여가 보상으로 연결되기 위해서는 유인이 필요한 것이 사실이지만, 그렇다고 그 연관성이 강할수록 유인도 더 크다는 인과성이 반드시 실현되는 것은 아니다.

만일 생산물 가운데 일부를 추가적으로 분배할 때에만 응분 보상 원칙을 사용한다면, 이런 유인은 강화될 수 있을 것이다. 말하자면 인간이거나 사회 구성원이라면 누구에게나 일정한 수입, 즉 최소 혹은 최저의 수입을 보장하고, 이런 최소한의 권리를 바탕으로 시장의 응분 보상 원칙에 따라 생산물을 추가적으로 분배하는 것이다. 복지국가는 이와 같은 방식을 추구하고 있다. 즉 최저 혜택은 공공 선택을 통해 배분하고, 추가적 혜택은 시장 선택을 통해 분배한다.

만약 응분 보상 원칙이 효율성보다 윤리적 측면에서 정당화될 수 있다면, 그것은 일반적으로 제시되는 것과는 다른 몇 가지 이유에서다.

1. 간혹 응분 보상 원칙은 그 자체로 혹은 의문의 여지없이 자명한 윤리적 원리로서 옹호된다. 즉 뿌린 만큼만 거둘 수 있다는 것이다. 그러나 반드시 그런 것은 아니다. 일반적으로 시장체제에서 자란 사람은 시장체제 안에 자명한 것은 없다는 사실을 인식하지 못한다. 역사 속에 나타나는 대부분의 사회를 살펴보면, 어떤 몫을 요구할 수 있는 권리는 응분 보상 원칙이 아니라 여타의 다양한 근거들로 인정되었다. 출생과 가문에 토대를 둔 것도 있고, 선한 행동, 이러저러한 유형의 용맹성, 사회집단의 구성원이거나 인간이라는 단순한 사실에 토대를 둔 것들도 있다. 응분 보상 원칙은 자명하거나 보편적인 규칙이 아니다.

사실 모든 세대는 이전 세대로부터 물려받은 엄청난 양의 생산자본을 사용하거나 처분한다. 즉 선조들이 개간한 토지, 건물, 기계 등과 같은 자본재들이 그것이다. 이런 유산을 어떻게 분배하고 이용해야 하는지 그리고 그 유산에 대한 법적 권리는 누가 가지는지는 쉽게 답하기 어려운 문제다. 이 경우 '뿌린 대로 거두라'는 규칙은 성립하지 않는다. 이전 세대가 대부분 뿌려 놓은 것이기 때문이다. 선조들이 투입한 것을 어떻게 분배할 것인가라는 문제는 윤리적 명제에 기반을 둔 규칙으로는 결정할 수 없다.

그뿐만 아니라 응분 보상 원칙을 자연적 원리라고 옹호할 수도 없다. 이전의 많은 사회에서는 응분 보상 원칙 못지않게 여타의 자연적인 규칙들이 사용되었기 때문이다. 그런 식이라면, 미움과 폭력, 잔인함 ―아마도 노예제도 역시 ― 도 자연적인 사실일 것이다. 하지만 이런 것들은 그것이 아무리 인간 본성에 따른 일이라도 비윤리적이기 때문에 억제된다.

2. 시장의 응분 보상 원칙은 시장에서 매매될 수 있는 대상과 용역을 제공하는 능력 외에는 어떤 윤리적 가치 ―사회에 대한 인간적인 공로나 기여― 도 인정하지 않는다. 응분의 보상 원칙은 타타[13]와 같은 이의 기여는 인정하지만 보어[14]와 같은 이의 기여는 인정하지 않는다. 혹은 심리 상담자의 기여는 인정하지만 때로는 비슷한 역할을 한 친구의 기여는 인정하지 않는다. 응분 보상 원칙은 가족을 보살피기 위해 가정에 머물러 있는 배우자가 보상을 요구할 권리를 인정하지 않는다. 이렇

---

13 타타(Jamsetji Nasarwanji Tata)는 인도의 면업 시장 개척과 공업화의 기초를 마련했으며, 96개 기업을 거느린 인도 1위의 법인 기업 타타 그룹을 일으킨 사람이다.
14 보어(Niels Henrik David Bohr)는 1922년에 노벨 물리학상을 수상한 덴마크의 물리학자다.

듯 다른 모든 기여는 무시하고, 오직 시장에 기여해야만 그에 상응하는 이익을 분배할 것을 주장하는 윤리적 원리는 성립하지 않을 것이다.

3. 시장에 대한 기여가, 사회적 협력으로 만들어진 혜택에 대해 일정한 몫을 정당하게 요구할 수 있는 유일한 길이라고 하더라도, 시장에서 매매할 수 있는 것에만 그에 상응하는 혜택을 보상하는 것은 윤리적으로 문제의 여지가 있다. 시장에 대한 당신의 실제 기여는 당신이 판매하려고 제공하는 것보다 가치가 더 클 수도 있고 작을 수도 있다.

다음과 같은 사례를 생각해 보자. 당신은 시간당 7만 원을 받고 인테리어 서비스를 제공한다. 물가 상승을 고려한다 해도, 당신은 10년 전에 훨씬 더 낮은 가격으로 동일한 수의 사람들에게 똑같은 서비스를 제공했다. 옛날보다 더 많이 받으니까 당신이 시장 협력에 이바지하는 바가 더 커졌다고 할 수 있는가? 당신은 같은 기여를 하지만 지금은 사람들이 그 기여를 옛날보다 더 가치 있게 여기기 때문이라고 말할지 모른다. 그러나 반드시 그런 것은 아니다. 아마 변한 것이라고는 부와 소득의 분배일 뿐일 수도 있다. 옛날에 당신의 서비스를 가치 있게 여긴 사람들이 지금은 그 서비스에 대해서 더 많이 지불할 수 있게 되었다는 말이다. 따라서 당신이 청구할 수 있는 금액이 오른 것이다. 일반화시키면 결론은 다음과 같다. 시장이 누군가에게 지불하는 것은 부와 소득을 분배하는 현재 관행에 의존한다. 그러므로 얼마를 받는지를 기준으로 시장에서 그 사람의 기여도를 (다른 기여는 말할 것도 없고) 평가할 수는 없다.

또 다른 방법으로 시장에 대한 기여도와 이에 대한 보상 사이의 불일치를 살펴보자. 록펠러가 사회의 소득과 부 중에서 엄청난 몫을 소유하게 되기까지는 석유 소비 시장, 원유 추출 및 정유 기술, 철도와 자본시장이 필요했다. 빌 게이츠는 컴퓨터 소프트웨어 시장, 교육받은 인구, 통신과 자본시장이 필요했다. 어떤 것이든 구성 요소를 하나 제거해 보라. 그러면 업적 전체가 무너진다. 어떤 사람이든 한 개인이 시장의 조율 속에서 성취할 수 있는 것은 다른 사람들이 지닌 전문성과 역량, 위치에 따라 달라지며, 따라서 체제 전체가 조직화된 정도와 그 질에 좌우된다. 이런 상호 의존성에 따르면, 어떤 한 사람의 시장 기여가 (다시, 그 사람의 다른 기여는 말할 것도 없고) 그가 판매할 수 있는 것에 의해 측정될 수 있다거나 측정되어야 한다는 주장은 논란의 여지가 많다. 무엇을 얼마에 판다는 시장가격이 그것의 시장가치를 측정할 수 있는 분명하거나 유일한 척도일 수는 없다.

어떤 사람이 시장에 이바지하는 기여도는 그 사람이 시장에서 매매하거나 버는 것과는 다르다. 아파트 한 채는 분명히 사회의 생활공간에 이익을 주거나 기여를 한다. 그러면 소유자는 어떤가? 건물의 소유자는 시장에 기여하는가? 법적 소유권이 내게서 당신에게로 이전된다면 상식적으로는 새로운 소유자인 당신이 기여자가 된다. 하지만 임대 권리가 이전되었다는 것 말고는 변한 것이 없다. 이런 경우 자산이 시장에 기여한다는 것은 실제로 사람이 기여하는 것 ─ 노동으로 무언가를 이루는 것 ─ 과는 상관없이 단지 시장에서 제공된 자산에 대한 재산권이 누구의 소유인가에 달려 있을 뿐이다. 따라서 시장은 시장에 대한 기여도에 따라 보상을 요구할 수 있는 권리를 할당한다는 윤리적 주장은 잘못된 것이다.

응분 보상 원칙의 결과

뿌린 만큼 거둔다는 시장 규칙을 윤리적으로 정당화하는 것이 어렵다면, 그 규칙의 몇몇 구체적인 경험적 결과도 윤리적으로 정당화될 수 없을 것이다.

첫째로, 만일 자선 혹은 복지국가에서처럼 비시장적인 과정의 도움 없이 응분 보상 원칙만을 적용할 경우, 이 땅에 사는 수백만 명의 사람이 빈곤 속에서 허덕일 것이다. 그 원칙이 어린아이에게 적용된다면 어떤 어린아이도 어른이 될 수 없을 것이고, 따라서 틀림없이 한 세대 안에 전 세계적으로 인구가 대폭 줄어들 것이다. 그러나 우리는 아직 충분히 사회에 기여할 수 없는 유아나 어린이에게 그 원칙을 적용하지는 않는다. 그들은 교환 과정에 참여할 수 있는 자산을 아직 물려받지 못했을 뿐만 아니라, 아직 충분히 훈련받지도 못했기 때문이다. 반면에 시장은 이들만큼이나 무능력한 수백만 명의 성인들에게는 응분 보상 원칙을 적용한다. 이들은 정신적으로나 육체적으로 장애가 있거나, 매매가 안 되는 자산을 갖고 있거나, 자산이 전혀 없거나, 적절한 훈련을 받지 못한 성인들이다.

둘째, 개인이 매매할 수 있는 것에 기초를 두고 그가 요구할 수 있는 권리를 따진다고 할 때, 사람들이 요구할 수 있는 권리에는 모두 출생이나 우연히 갖게 된 역사적 요소가 큰 영향을 미친다는 것을 생각해야 한다. 즉 물려받은 유산은 당신이나 내가 시장에서 제공할 수 있는 것의 상당 부분을 결정한다. 거기에는 ① 인지 능력과 근육 기능이라는 생물학적인 유산, ② 초기 교육이나 물려받은 자산과 같은 사회적 유산, ③ 자산 및 숙련 기술과 같은 혜택을 물려받을 수 있는 사회적 신분이라는 유산이 포함된다. 타고난 능력이 거의 없고, 초기에 받은 교육이 빈약하고, 물려받은 자산이 적다면, 분명히 시장 협력을 통해 만들어진 혜택 가운데 받을 몫이 매우 빈약할 것이다. 또한 물려받은 자산이나 숙련 기술이 없는 가난한 사회에 태어난다면, 역시 빈약한 몫을 받을 운명일 수밖에 없다.

셋째로, 시장의 응분 보상 원칙은 소득과 지위의 불안정성을 동반한다. 이런 위험이 보험을 통해 줄어든다고 해도 마찬가지이다. 오늘 고용되어 있다고 해도 내일은 실직할 수도 있고, 그렇게 되면 예금과 가정, 심지어는 공동체에서의 신분까지도 잃을 수 있다. 경기 변동과 경기 침체, 불황은 사람들을 일자리에서 몰아내고 노동을 통해 임금을 요구할 수 있는 권리를 사전에 차단한다. 질병이나 일시적인 무능력 때문에 시장에서 자신의 몫을 요구할 수 있는 권리가 사라지기도 하고, 노년이 되면 대부분 시장에서의 권리가 말소된다. 물론 일부 사람은 이런 손실에 대비하는 보험에 가입할 자금이 있다. 하지만 대부분의 사람은 이런 사태를 스스로 극복하는 것이 쉽지 않다. 이를 보완하기 위해 1880년대의 독일을 선두로, 산업사회는 노령연금, 실업 급여, 산재 보상과 의료 지원 등의 제도를 도입해 비시장적 권리를 인정함으로써 응분 보상 원칙에서 벗어났다. 일찍이 엘리자베스 시대의 영국에서처럼, 일부 국가는 소박한 형태지만 최소한의 구제책을 제공했다. 이들 국가역시 응분 보상 원칙이 사회적으로 용인할 수 없는 결과를 초래한다는 사실을 인정한 것이다. 비록 아직까지는 이런 문제들에 대해 모두 성공적으로 대응하고 있는 것은 아니지만 말이다.

넷째, 응분 보상 원칙은 소득과 부를 불평등하게 분배한다. 미국에서는 1퍼센트의 사람들이 국가 부의 약 3분의 1을 소유하고 있다. 라틴아메리카 전체에서는 상위 10퍼센트가 전체 소득의 40퍼센트를 갖는 반면에, 하위 30퍼센트는 8퍼센트 미만을 갖는다. 어떤 이들은 이런 사실만으로도 시장에 반대한다. 또 다른 이들은 문제점이 있다는 것은 인정하지만, 노령 연금이나 다른 비시장적 프로그램을 통해 불평등을 어느 정도 줄일 수 있다고 주장한다. 한편에서는 여전히 기존의 시장 불평등을 옹호한다. 그들은 극단적인 불평등으로 인한 빈곤을 문제 삼기는 하지만 빈곤의 원인인 불평등 그 자체를 문제로 여기지는 않는다.

여러 나라에서 과거의 심각한 불평등에서 벗어나기 위해 서로 연관된 두 가지 자원을 불러들이려는 역사적 운동이 나타나고 있다. 하나는 서구의 그리스, 유대 기독교적 전통 안에 있는 윤리적 전통이고 다른 하나는 민주정치를 말한다. 물론 이런 운동에 대해서 완강하게 저항하는 사람들이 항상 있게 마련이며, 그들 대부분은 자신이 가진 큰 몫을 빼앗길까 봐 두려워하는 사람들이다.

역사적 경험을 살펴보면 비시장체제에서 오히려 불평등이 심각하게 나타난다거나, 온갖 평등 이념에도 불구하고 공산주의 체제에서 심각한 불평등이 계속 자행된다고 하면서, 시장체제에 따른 불평등을 자연스러운 그림자로 보고 가볍게 다룰 수도 있다. 그렇다고 해서 시장체제로 인해 나타나는 심각한 불평등이 사라지는 것은 아니다. 완벽하거나 엄밀한 평등이 실현 불가능하다고 해서, 응분 보상 원칙으로 말미암아 나타나는 불평등이 정당화되지는 않는다.

우리가 응분 보상 원칙에 관해 살펴본 여러 비판적 내용에도 불구하고
시장체제는 전 세계적으로 성공한 방식임이 분명하다. 시장 사회에 빈
곤으로 허덕이는 계층이 많지만, 일반 대중들이 가장 높은 생활수준을
누리는 곳은 시장 사회뿐이다. 애덤 스미스는 시장체제가 '국부'國富의
원천이라고 설명했다. 일부에서는 그의 설명을 비웃었지만, 공산주의
체제 — 경제에 대한 중앙집권적 지시 체제는 점차 생산성과 생활수준
에서 시장체제에 뒤처졌다 — 의 붕괴는 스미스의 설명이 옳았음을 확
증해 주었다. 제3세계에서도 시장체제를 채택한 나라가 그렇지 않은
나라보다 빨리 성장했다. 시장체제로 전환한 이후 중국은 전례가 없을
만큼 빠르게 성장했다. 일인당 국내총생산처럼 개인 생산성이나 생활
수준을 기준으로 살펴보면 시장체제는 매우 인상적이다. 그렇지만 이
는 별로 놀라운 일이 아니기도 하다. 앞서 살펴본 것처럼 시장체제가
엄청나게 큰 규모의 협력을 가능하게 하는 가장 포괄적이고 정확한 체
제 — 인류가 지금까지 고안해 냈거나 발견한 것 중에서 — 라는 것을
고려하면 말이다.

이것이 시장체제의 효율성과 관련해 이야기할 수 있는 전부인가? 아니다. 많은 문제가 아직 남아 있다. 시장체제는 그저 산출을 늘리기만 하는가, 아니면 가능한 산출 가운데 가장 효율적인 선택을 가능케 하는가? 이런 간단한 질문을 파고들다 보면 어려운 문제와 마주하게 된다. 어떤 사람들은 생산이 지구의 자원을 고갈시키고 환경을 파괴한다고 생각한다. 그렇다면 이런 생산을 효율적이라고 할 수 있는가? 그 밖에도 어려운 문제들이 많다. 시장체제는 사람들을 행복하게 만드는 데 효율적일 수도 있고, 엘리트가 대중을 착취하는 것처럼 불행을 가져다줄 수도 있다. 그렇다 치더라도 어쨌든 시장체제는 효율적인가?

우선 가장 일반적인 문제라고 할 수 있는 재화와 서비스 생산에서의 효율성의 문제부터 살펴보자.

효율성의 핵심적인 문제점

에베레스트 등정은 산소가 희박하고 추위가 혹독한 여건에서 이루어진다. 하지만 이런 사실을 모른다면 그 업적이 지닌 진정한 가치를 알 수 없다. 마찬가지로 시장체제를 가로막는 장애물에 대한 이해가 없다면, 효율성과 관련된 시장체제의 고유한 특성을 이해할 수 없다. 그러면 그 장애물이란 무엇인가?

열역학법칙에 의하면 투입량과 산출량은 항상 동일하다. 이런 의미에서 모든 물리적 변형은 동일한 효율성을 갖기 때문에 1백 퍼센트 변형이 이루어진다. 공장에 공급되는 전력은 원하는 제품의 형태로 나올

뿐만 아니라 대기 속으로 방출된 열과 버려진 폐기물의 형태로도 배출된다.

그러나 효율성과 직접적으로 연관된 개념은 가치를 매길 수 있는 투입valued input과 가치를 매길 수 있는 산출valued output 사이의 비율이다. 모든 투입물(기름과 공기)과 모든 산출물(쓸 수 있는 열과 도관에서 상실된 열 모두) 사이의 1백 퍼센트 관계는 잊어버리자. 우리가 말하고자 하는 효율성이란, 가치를 매길 수 있는 투입인 기름에 비해, 가치를 매길 수 있고 사용 가능한 산출인 에너지의 비율이 높은 것을 의미한다.

어떤 투입물 1톤을 사용해 1파운드의 산출물을 생산하는 것이 반드시 비효율적인 것은 아니다. 그것은 그 톤의 가치와 그 파운드의 가치에 따라 달라진다. 재화와 서비스의 물리적 특성은 효율성에 대해 아무 것도 말해 주지 않는다. 그러므로 그런 물리적 특성으로부터 효율적인 선택을 추론할 수는 없다. 선택을 평가하는 기준이 없다면 어떤 선택도 정확하다거나 옳다거나 효율적이라고 말할 수 없다.

어떤 사회에서 시장을 통해서든 중앙집권적 명령을 통해서든, 가치 있는 투입물 ― 예컨대, 노동, 부품, 기계 등 ― 을 할당해 고무장화를 생산한다고 가정해 보자. 노동자가 열심히 일하지 않는다면, 혹은 노동자를 적절하게 조직하지 못했다면, 생산은 비효율적이 될 것이다. 그러나 적절한 유인과 더 나은 조직화를 통해 산출량이 늘어나, 동일한 양의 투입으로부터 더 많은 양의 산출이 나온다면, 효율 면에서 분명한 이득을 보게 된다. 이것을 기술적 효율성technological efficiency이라고 하자.

그러나 사회는 가치가 없거나 가치가 그리 높지 않은 산출물을 생산할 수도 있다. 소비자나 통치자들은 장화를 많이 생산하는 것보다 헤어드라이어를 더 많이 생산하는 것을 선호할지도 모른다. 중앙집권적 계획을 통해서든 시장체제를 통해서든, 노동과 기계, 부품을 공장에 할당해 원예 도구를 제조할 수도 있다. 효율적인 투입과 효율적인 산출을 선택하는 것은 어떤 사회에서든 어렵고 중요한 과제다. 그것은 커피 원두를 재배하는 것으로 시작해 카페에서 커피가 제공되기까지의 수많은 연결 과정에서 알 수 있듯이, 투입을 연결하는 고리에 포함된 각 기업이 산출과 투입을 적절하게 선택하는 것을 필요로 한다. 각 연결 고리마다 필요한 트럭 운송 회사나 보험회사 등의 기업을 효율적으로 선정하는 것도 필요하다. 이것을 배분적 효율성allocative efficiency이라고 하자.

선진사회에서는 시장적 선택을 통해 생산의 중심이 농업에서 중공업으로 그리고 다시 여행과 보험, 금융 산업 쪽으로 이동했다. 이런 움직임은 계속 나타날 것이다. 개발도상국의 가난한 사람은 새로운 소득이 생기면 자전거를 구입하는 데 일부를 지출한다. 그 다음에 소득이 더 늘어나면 오토바이를 구입하는 데 지출할 것이다. 기업가들은 노동과 생산 설비 사이에서 끊임없이 선택을 저울질한다. 자본 투자를 오슬로에서 한국으로 이동시키기도 한다. 우리가 의식하지 못하는 사이에도, 배분 과정은 결코 중단되지 않고 끊임없이 계속된다.

그러나 어떤 사회에서든 배분 과정이 잘못될 수 있다. 잘못된 배분은 기술적 효율성을 달성하는 데 실패했을 때보다 더 많은 고통을 사람들에게 안겨 줄 수 있다. 구소련과 마오쩌둥식의 공산주의는 불필요한 생산품을 만들어 내거나 투입과 기술혁신 및 유지에 관한 선택을 잘못해서 붕괴했다. 1930년대 서구의 대공황 때도 효율적 배분 과정이 무너졌다. 그 결과 이용 가능한 인적 자원의 대부분이 그 어떤 활동에도 할당되지 못했다. 간단히 말해, 많은 사람들이 실직 상태에 있었다. 오늘날에는 전 세계적으로 소득을 늘릴 수 있는 효율적 배분 과정보다는 기존의 소득이 감소하는 것을 막기 위한 배분 과정이 필요할지도 모른다. 왜냐하면, 지금 세대는 이전 세대가 축적한 부의 토대 위에서 삶을 영위하고 있을 뿐만 아니라, 이런 부는 쉽게 사라질 수도 있기 때문이다.

이제 좀 더 복잡한 문제를 검토해 보자. 계획을 수립하는 관료는 철강 생산에 높은 가치를 부여하지만, 시민이나 관찰자인 당신은 그렇지 않다고 가정해 보자. 혹은 철강 산업에 인력을 배분하는 것에 대해 시장에 있는 구매자는 중요하게 생각하지만, 국가 발전 전략에 관한 자문 역할을 하는 경제학자들은 그리 중요하게 생각하지 않는다고 하자. 어떻게 배분하는 것이 효율적인가? 이 문제는 평가의 주체가 누구인가 혹은 누구의 평가가 중요한가에 따라 달라진다. 따라서 모두가 인정하는 가장 효율적인 배분이란 존재하지 않는다.

평가의 차이에도 불구하고, 대부분의 사람들에게 효율성은 매우 중요한 문제다. 어떤 사람 혹은 어떤 집단이 효율적이라고 평가하는 것을 다른 사람이나 집단은 비효율적이라고 비난할 수는 있겠지만 말이다.

누가 어떤 가치로 어떻게 판단하든 무엇보다도 배분적 효율성은 참여자들을 다양한 전문적 일자리에 알맞게 할당해야 하는 치밀함을 필요로 한다. 사회과학자들은, 애덤 스미스와 사회학자 에밀 뒤르켐이 주장한 바와 같이 역할의 전문화, 즉 분업을 효율성의 원천으로 본다. 하지만 그들은 다음과 같이 말하는 것을 잊곤 한다. 즉 전문화는 사람들이 필요로 하는 것에 대해서만 그리고 사람들이 전문화를 서로 필요로 할 때에만 효율적이다. 물론, 이는 너무 당연한 이야기여서 사회과학자들이 말하지 않았을 수도 있다. 예컨대, 안경을 만드는 사람이 없다면, 안경 렌즈를 가공하는 일을 전문화하는 것은 효율적이지 않다. 사람들이 미신을 믿지 않는다면 부적이나 주문을 용도에 따라 전문화한다 해도 효율적인 것이 아니다. 이는 모든 분업에서도 마찬가지일 것이다.

부담

기술적 효율성 ─ 일정한 투입으로부터 더 많은 산출을 얻는 ─ 은 무에서 유를 창출하는 것이라 할 만하다. 하지만 기술적 효율성을 통해 추가로 얻을 수 있는 산출에는 한계가 있다. 사람들은 누구에게나 다 돌아가지 못하는 자원의 희소성이라는 상황에 직면해, 배분을 통해 욕망을 추구한다. 한 가지 대상이나 용역을 더 많이 생산한다는 것은 다른 것이 적어짐을 의미한다. 즉 의사가 많아지면 법률가는 적어지며, 제조업 분야에 노동력이 늘어나면 농업 분야에서는 노동력이 줄어든다.

희소한 재화나 서비스를 배분하는 일에는 부담이 따른다. 다시 말해서, 가치 있는 어떤 것을 얻으려면 가치 있는 다른 것을 유보하거나 포기해야 한다. 어떤 사회에서든 시민 개개인부터 최고 경영자에 이르기까지 모든 사람은 '부담이 따르는 선택'에 늘 직면한다. 겸업하는 경우를 제외하면, 어떤 일자리를 선택한다는 것은 다른 일자리를 통해 얻을 수 있는 혜택을 배제하는 것이다. 우리의 소득은 제한되어 있기 때문에, 한 가지 소비재를 구매하면 다른 것을 즐길 수 없다. 마찬가지로 기업가가 한 부문에 대한 투입을 선택하는 것은 장차 유용할 수도 있는 다른 분야에 대한 선택을 배제하는 것이다. 개인의 선택만이 아니라 공동의 선택에도 그에 못지않은 부담이 따른다. 중앙집권적 권력자가 책을 더 많이 출판하기로 하거나 전쟁을 하기로 결정한다면, 자원의 희소성으로 인해 다른 가치 있는 계획은 추진할 수 없게 된다. 이것은 배분적 효율을 높이려면 부담에 관한 충분한 정보를 기반으로 선택이나 결정이 이루어져야 한다는 것을 의미한다. 그런 정보가 없다면 결정은 매우 비효율적이거나 불합리할 수 있다.

물론 당신과 나는 부담에 대해 각기 다른 평가를 내릴 수 있다. 시민의 평가는 관료의 평가와 다를 수 있다. 그러나 효율에 관한 모든 판단은 획득할 수 있는 가치와 포기해야 할 가치를 비교해 평가해야 한다.

어떤 것을 포기해야 하느냐 하는 문제는 어떤 선택지가 있느냐에 따라 달라진다. 하인을 두는 것이 효율적인지를 결정할 때, 결정은 그 일이 어떻게 이루어질 수 있을 것인가에 따라 달라진다. 권위주의 국가가 내게 하인을 배정한다면야 내가 치러야 할 비용은 거의 없을 것이다. 전투에서 포로를 생포해 하인으로 조달해야 한다면 부담은 커질 것이다. 시장에서 고용을 통해 하인을 구할 수 있다면 부담은 다시 달라질 것이다. 관료들이 댐 건설에 노동력을 배치하는 일의 효율을 평가한다고 하자. 이런 경우라면 그들이 대신 포기해야 할 부담에 대한 평가는 댐 건설에 투입하지 않고 다른 것을 생산하게 될 때의 가치 평가에 따라 달라진다. 또한 그 부담은 그들의 선택지에 따라 좌우된다. 실업자에게 댐 건설 현장에서 일하도록 명령할 수 있는가? 그렇다면 이미 생산적으로 다른 사업에 고용된 근로자를 빼내야 하는 것보다 부담이 적을 것이다.

부담이라는 용어는 비용을 내포한다. 즉 선택에 따른 비용, 비용에 따른 결과, 비용이 많이 드는 선택과 같은 식이다. 부담이 따르는 선택이란 비용을 치러야 하는 선택이다. 인플레이션을 통제하기 위해서는 원치 않는 실업이라는 비용이나 부담을 어느 정도 불가피하게 감수해야 한다. 고속도로 주행속도는 죽음이라는 부담 혹은 비용을 수반한다. 취사도구를 만드는 데 따르는 부담 혹은 비용은 가치 있는 다른 산출, 즉 취사도구를 만드는 데 자원을 사용하지 않는다면 만들 수 있을 산출물을 포기하는 것이다.

비용이란 단순히 부차적인 의미의 기술적 개념이 아니라 근본적으로 중요한 개념이다. 비용이 언제나 돈을 가리키는 것은 아니다. 어떤 부담이나 비용은 돈으로 표현될 수도 있지만, 방금 제시한 사례들에서 볼 수 있듯이 많은 경우는 그렇지 못하다. 더 중요한 것은, 돈으로 환산된 비용이 그 때문에 포기한 용역과 대상을 나타내지 못한다면 별 의미가 없다는 점이다. 만일 덴마크에서 한 사람을 대학에 보내는 데 1년에 20만 크로네[약 4천만 원]의 비용이 든다면, 그것은 20만 크로네를 다른 데 사용한다면 얻을 수 있는 혜택을 포기해야 하는 부담을 지는 것이다.

배분적 효율성을 달성하는 열쇠는 비용을 측정하는 방법에 있다. 어떤 것을 갖거나 얻기 위해 치르는 비용, 또 그 선택 때문에 포기할 수밖에 없는 가능성의 가치 등을 비교 검토해야 한다. 만일 얻은 가치가 포기한 가치 이상으로 값어치가 있다면 그 선택은 효율적이다. 이 평범한 명제는 일상을 살아가는 데 있어 가장 유용한 명제다. 효율성은 주어진 비용으로 얻을 수 있는 가치를 최대화하고, 주어진 가치를 얻는 데 소요되는 비용을 최소화하는 것이다. 요컨대, 효율이란 비용의 최소화를 의미한다.

만일 배분이 사회 전체에 대해 효율적이려면 각 사람에게 돌아갈 혜택과 부담을 가늠해야 한다. 어떤 사람이 얻는 혜택의 비용을 그 자신이 부담하지 않고 다른 사람에게 부과한다면, 혜택과 비용을 대조하는 일은 엄청나게 어려워진다. 예를 들면, 자동차로 얻을 수 있는 광범위한 혜택은 사고가 발생했을 때 잃어버릴 생명의 가치와 비교해야 한다. 누구의 혜택이 누구의 손실을 정당화하느냐에 관한 각각의 의견은 논쟁이 벌어질 만큼 크게 다르다. 그럼에도 불구하고 얻을 수 있는 가치나 혜택을, 부담이나 비용 혹은 포기해야 할 가치와 비교해야 한다는 점에서 효율을 따지는 것은 불가피하다.

비용을 모른다면 합리적인 의사 결정을 할 수 없다. 만일 원하는 휴대폰을 구입하고자 할 때, 대신 지불해야 할 것이 무엇인지 모른다면 당신은 그 휴대폰을 구매하지 않을 것이다. 기업가인 당신이 고용의 대가로 지불해야 할 것에 관한 정보가 없다면 노동력의 규모를 결정할 수 없을 것이다. 규모가 더 클 뿐이라는 점을 제외하면, 중앙집권적 계획을 수립하는 사람의 경우도 마찬가지다. 그들이 철도 운송을 확대하려는 계획을 세우려면, 다른 분야에서 생산을 축소해야 한다. 그런데 그들이 그 축소 범위를 제대로 알지 못하고, 또 각각의 가치가 얼마나 되는지 알지 못한다면, 운송을 확대하려는 계획을 합리적으로 결정할 수 없게 된다.

다시 한 번 말하자면, 포기해야 할 비용이나 부담은 결정에 영향을 미칠 다양한 선택지에 따라 달라진다. 한 개인이나 관료, 혹은 전체 사회가 더 많은 빵이 필요하다고 말한다 해도 그 자체로는 누구도 비용에 관해 정확히 말할 수 없다. 비용은 빵을 더 생산할 방법에 따라 달라진다. 관료나 기업가에게 그 비용은 빵을 굽는 사람에게 대가를 지불해야 하는가 아니면 명령할 수 있는가에 따라 달라질 뿐이지, 그들 자신의 선호와는 상관이 없다.

어떤 사람들은 생산품들의 적절한 조합을 이뤄 내는 것이 어려운 일이며, 이를 위해서는 비용에 대한 정보가 필요하다는 사실에 놀라워한다. 사람들은 음식, 거처, 교육, 의료, 운송과 여가가 필요하다고 생각한다. 그리고 단순히 그것을 생산해 내면 그뿐이라고 생각한다. 하지만 문제는 이런 것들을 생산하느냐 마느냐가 아니라 — 물론 당연히 이런 것들은 필요하며 생산되어야 한다 — 각각 얼마나 생산해야 하는가다. 더 적게 생산해야 하는가, 더 많이 생산해야 하는가? 의료에 사회 역량의 5퍼센트 혹은 20퍼센트 혹은 40퍼센트를 투입해야 하는가? 물론 그 수치와 상관없이, 의료 서비스가 더 늘어나야 한다는 것은 분명하다. 그 경우 의료 서비스를 확대하기 위해 포기해야만 하는 것 또한 그만큼 늘어난다. 따라서 모든 산출에 적절한 조합을 발견하고 생산한다는 것은 끝없이 복잡한 과제다.

우리는 음식의 가치를 재화나 의료 서비스의 가치와 추상적으로 비교하지는 않는다. 우리는 어떤 재화나 서비스의 증가 혹은 감소가 지닌 가치를, 그것 때문에 포기해야 할 다른 것들의 증가 혹은 감소가 갖는 가치와 비교한다. 만약 내가 신발과 웃옷 가운데 선택을 해야 한다면, 마치 둘 다 하나도 가지고 있지 않다는 듯이 선택하거나, 혹은 웃옷과 신발을 비교해 선택하지는 않는다. 즉 사람들은 대체로 내가 이미 갖고 있는 신발에 한 켤레를 더 보탤 것인가, 아니면 내가 이미 웃옷을 갖고 있지만 새로운 웃옷을 하나 더 가질 것인가 하는 식으로 자문한다. 마찬가지로 계획 수립자들 역시 철강과 전력 가운데 어느 것이 더 가치가 있는지를 생각하는 것이 아니라, 더 많은 철강을 얻는 대신 전력이 줄어드는 것을 감내할 만한 가치가 있는지를 자문한다.

요컨대, 배분적 선택은 한계적으로 이루어진다. 선택자는 한계편익[15]을 한계비용[16]과 비교한다. 선택이 효율적이려면, 얻을 수 있는 한계 가치가 한계 부담 혹은 한계비용에 상응하는 가치가 있어야 한다.

　만일 인간의 욕구와 필요가 생물학적으로 고정되어 있다면, 개인의 선택은 물론이고 계획 수립자의 선택에도 도움이 될 것이다. 그렇다면 생산할 가치가 있는 것이 무엇인지 누구나 알 수 있을 것이다. 그러나 인간의 욕구와 필요는 생물학적으로 고정되어 있지 않다. 생물학은 내가 왜 텔레비전을 필요로 하는지를 상세히 설명할 수 없을 뿐만 아니라, 비록 설명한다고 해도 어떤 크기의 화면이 필요한지 몇 대가 필요한지 정확히 말해 줄 수 없다. 그리고 사회마다 요리법이 다른 것에서 알 수 있듯이, 생물학적 특성 때문에 음식에 대한 선호가 결정되는 것이 아니다. 또한 생물학을 통해서는 자원을 건강관리에 투입하는 게 나은지 혹은 교육에 더 투입하는 게 나은지 알 수가 없다.

비용을 산정하는 가격

효율성을 따지기 위해서는 두 가지 추가적이고 구체적인 요건이 필요한데, 이는 배분적 효율성과 비용이라는 개념 자체에서 생겨난 것이다. 첫째, 혜택을 비용과 비교하려면 모든 사안에 공통적으로 적용 가능한 방식으로 비용을 산정할 수 있는 기준이 필요하다. 평가하고 선택하는

---

15 한계편익(marginal benefit)은 재화 혹은 용역 한 단위를 사용해서 얻는 혜택이다. 25원 가격의 재화를 10단위 판매하면 250원이다. 그런데 11단위를 팔려면 가격을 24원으로 낮춰야 한다고 할 때 총수익은 264원이다. 이때 11번째 재화에 대한 한계편익은 264원-250원, 즉 14원이다.
16 한계비용(marginal cost)은 생산물 한 단위를 추가로 생산할 때 필요한 총비용의 증가분이다.

사람이라면 누구에게든 이 기준이 필요하다. 컴퓨터 한 대로 발생하는 비용은 다음과 같이 표현할 수 있을 것이다. "컴퓨터를 구입하면, 사고 싶었던 안락의자 구입을 포기해야 할 것이다." 혹은 "컴퓨터를 구입하면, 1년 정도 외식을 포기해야 할 것이다." 그렇지만 안락의자나 외식이 아니더라도 포기해야 할 다른 것이 수십 혹은 수천 가지가 존재한다. 비용이 가장 적게 드는 대안을 발견하려면 그 모든 것을 비교해야 할 것이다. 중앙집권적 정책 결정자도 같은 어려움에 직면한다. 예컨대 항공운송에 필요한 새로운 자원을 충당하려 한다면, 자동차 생산에 쓰이던 자원을 빼낼 수 있다는 정도의 정보보다 상세한 견적서가 필요하다. 그들은 자원을 구할 수 있는 모든 방법을 확인하고 비교해서 비용이 가장 적게 드는 대안을 찾아야 한다. 그러므로 시장체제 참여자든 중앙집권적 계획 수립자든 포기한 비용 및 가치와 장차 얻게 될 가치를 측정해 비교할 수 있는 공통분모가 필요하다.

각각의 재화와 서비스를 평가하는 단위가 파운드인가, 톤인가? 이미 살펴본 것처럼 그것은 상품을 측정하는 하나의 방법이기는 하지만 의미가 없다. 납이 금보다 무겁다는 것은 납의 가치에 관해 아무것도 말해 주지 않는다. 게다가 서비스는 무게가 없다. 부피로 측정하는가? 똑같은 반론이 성립한다. 효율적인 선택을 위해 우리가 원하는 것은 재화와 서비스가 지닌 어떤 물리적 특성에 관한 척도가 아니라 가치에 관한 척도다.

돈과 가격은 가치의 공통분모를 제공한다. 휴대폰의 가격은 투입된 비용을 소비자나 기업 관리자에게 수치로 표현한 것이며, 그 수치를 통해 휴대폰 대신 구입할 수 있는 다른 품목을 알 수 있다. 따라서 휴대폰 구매자는 다른 재화와 서비스의 가격을 비교해 봄으로써, 휴대폰 구입으로 포기해야 하는 것이 무엇인지 바로 알 수 있다. 휴대폰 대신 구입할 수 있는 품목들의 가격을 비교하면 비용이 가장 적게 드는 결정을 내릴 수 있다. 소비자는 구입할 것인지 저축할 것인지, 무엇을 구입할 것인지, 어떤 상표나 모양을 선택할 것인지 등의 모든 대안을 가격을 통해서 세세하게 비교할 수 있다. 예컨대 기업가는 투입의 한계비용을 비교함으로써 제품을 알루미늄으로 만들 것인지, 플라스틱으로 만들 것인지 결정할 수 있으며, 투입의 한계비용을 산출의 한계비용과 비교할 수도 있다.

우리는 시장체제 속에서 일상적으로 가격에 대한 평가를 내리며 살아가기 때문에, 만약 가격이 없다면 어떤 문제가 발생할지 전혀 실감하지 못한다. 가격이 없어도 어떤 선택은 용이하게 이루어질 수 있다고 생각할지 모른다. 예컨대 누구나 분명히 중고차보다는 새 차를 선택할 것이라고 혹자는 생각할 것이다. 그러나 실제로는 전 세계에서 수백만 명이 정반대의 선택을 한다. 새 차를 구입하기에는 부담이나 비용이 너무 크기 때문이다. 합리적인 사람이라면 소금보다는 금을 선택하는 것이 당연하다고 생각할 것이다. 그러나 한때 사하라사막의 소금 교역에서는 소금과 금이 동일한 가치로, 즉 온스 대 온스로 거래되었다. 가격이 없을 경우 분명한 선택은 없으며, 비용을 모르는 무지 속에서 이루어지는 선택은 불합리할 수밖에 없다.

둘째, 가격은 비용을 나타내는 척도다. 되는 대로 정해진 가격은 쓸모가 없다. 가격은 어떤 의미에서든 가치를 측정한 것이기 때문이다. 그러나 어떤 사람이 가치를 인정하지 않는다면 그 가치는 없어지기 때문에 우리는 누구의 가치가 가격으로 표현되는지 물어야 한다.

당신이 중앙집권적 계획 수립자라고 가정해 보자. 그리고 전력 생산을 3퍼센트 줄여, 철강 생산을 2퍼센트 늘리는 것이 가치 있는 선택인지 고심하고 있다고 해보자. 그런데 철강을 늘리고 전력을 줄이는 데 들어가는 비용은 누구에게 가치가 있는가? 사회적 필요로 보건대, 사회 전체에 가치가 있다고 답할 수 있을 것이다. 또는 정부 내에 있는 나의 상급자에게 가치가 있다고 답할 수도 있다. 또는 수백만 시민에게 가치가 있다고 답할 수도 있다(물론, 내가 시민들의 가치라고 평가하는 것에 시민들이 동의하는지 여부는 별개의 문제다). 당신의 답변에 따라 전력 생산을 줄이고 철강 생산을 늘린 것의 가치는 달라진다. 철강 생산을 늘리는 데 드는 비용과 효율성도 당신의 답변에 따라 달라진다. 정확한 가치, 정확한 비용 평가, 가장 효율적인 선택, 정확한 가격은 존재하지 않는다. 그 모든 것은 누구의 가치가 중요한지에 따라 좌우된다.

한 계획 수립자가 자신이나 상급자가 중시하는 가치를 제외한 나머지 모든 가치를 무시한 채, 객관적이고 효율적인 일련의 가격 목록을 만드는 것은 불가능한 일이다. 중앙집권적 계획 수립자들에게 그런 가격 목록이 없다는 사실은 불행이다. 하지만 수백만 명의 사람들이 평가하는 가치에 상응하는 가격 목록을 만들고 나타내는 것은 가능하다. 추상적인 경제 이론을 길게 늘어놓는 것을 피하기 위해, 짧은 예화를 통해서 어떻게 가격이 가치 — 비록 똑같은 것은 아니지만, 사회의 거의 모든 사람들이 평가하는 — 를 대표할 수 있는지를 설명해 보겠다.

효율 가격

어떤 실험을 위해 체육관에 모인 1천 명 정도의 사람 중에 당신이 끼어 있다고 상상하자. 일부 예외는 있겠지만, 각자는 다수가 원하는 재화를 한 가지 이상 가지고 있다. 어떤 사람은 빵을 가졌고, 어떤 사람은 벽돌, 또 다른 사람은 자동차나 보험증서를 가졌다. 마치 마술을 부린 듯이, 체육관에 모인 사람 각자가 법률가에서 일반 노동자에 이르기까지 다양한 능력과 전문성을 가지고 있다.

이어서 서로 자유롭게 교환하라는 지시가 주어진다. 원하는 것을 다른 사람에게서 빼앗을 수는 없다. 오직 교환만 허용된다. 당신이 지금 손에 들고 있는 벽돌은 당신에게 쓸모가 없다. 그럴 때 당신은 벽돌을 가져가는 대신 당신에게 무언가 대가를 지불할 사람을 찾는다. 물론 그 대가는 당신에게 필요하거나, 당신에게 필요한 어떤 것과 교환할 수 있거나, 당신이 가치 있게 생각하는 것이어야 한다. 또 어떤 사람은 에어컨을 갖기 위해서 다른 누군가에게 법률 서비스를 제공하기로 계약서를 써줄 수 있다. 교환은 모든 사람이 자신이 원하는 교환을 할 수 있을 만큼 최대한 오래 계속되며, 더는 교환이 이뤄지지 않을 때에만 그만둘 수 있다. 이 가상적인 상호 교환 과정에서 사람들은 자신의 제안과 요구를 게시판이나 컴퓨터 화면에 게시한다고 가정하자. 그들은 교환의 기회를 찾아 열심히 움직이고, 거기에 필요한 시간도 있다.

관찰자는 사람들이 원하는 교환이 모두 끝났을 때, 벽돌을 빵과 바꾸는 것 같은 구체적인 각각의 교환이 결국은 거의 모두 같은 비율 — 예컨대, 벽돌 한 장에 빵 두 개 — 로 이루어지는 것을 볼 것이다. 벽돌과 빵을 다른 비율로 교환할 수 있는 가능성이 남아 있는 한, 교환은 그치지 않을 것이다. 빵에 대해 더 나은 제안이 오면, 그보다 못한 제안은 그 순간부터 모두 쓸모없어진다. 단 하나의 비율만이 지배적인 것으로 남게 되기 때문이다.

교환이 끝났을 때, 각 재화나 서비스의 교환에서 나타나는 지배적인 비율은 당연히 다른 모든 교환 비율과 연계된다. 빵과 벽돌이 2 대 1로 교환되는 비율은, 벽돌과 연필의 1 대 1 교환 비율과 연계될 경우, 빵과 연필은 2 대 1의 비율로 교환된다는 것을 의미한다. 모든 재화와 서비스를 교환하는 이런 비율은 가격으로 표현할 수 있다. 벽돌 가격은 연필 가격과 같다. 빵의 가격은 그 반이다. 이것은 사람들이 자발적인 반응을 통해 서로 선택할 때 이루어지는 한계 가치와 비용을 나타내는 일종의 가격이다.

가상 게임의 관리자가 게임용으로 인쇄된 종이돈을 분배하는 것도 상상해 볼 수 있다. 참석한 사람은 모두 단순히 물물교환을 하기보다는 화폐 가격으로 표현된 비율로 매매하라는 지시를 받는다. 이들의 상호 교환 역시 방금 살펴본 것과 같은 물물교환에서 나타난 비율로 귀결될 것이다.

이런 가격을 효율 가격efficiency prices이라고 부를 수 있는데, 이는 일부 참여자에게 손해를 강요하거나 부과해 얻을 수 있는 이득이 아니라, 상호 교환의 출발점에서부터 각각의 참여자가 교환을 통해 기대한 만큼의 이득을 얻게 되는 조건이나 가격을 의미하기 때문이다. 효율 가격은 모든 기술과 자산이 분배된 이후, 사람들로 하여금 자발적으로 상호작용할 수 있는 유리한 가능성들을 모두 검토할 수 있게 해준다. 우리는 다음 두 가지를 말할 수 있다. ① 참여자는 모두 효율 가격을 통해 자기가 얻고자 하는 것의 가격을 알게 되므로 효율적인 선택을 하게 된다.

② 각 참여자는 효율 가격을 통해 게임에서 이득을 얻으면서도 다른 참여자에게는 손해를 끼치지 않게 된다.

다음을 특별히 유의하자. 효율 가격이 주어져 있을 때, 그리고 자발적 상호작용을 통해서만 필요한 것을 얻을 수 있다고 가정했을 때, 어떤 것을 얻기 위해 그 사람이 부담해야 하는 비용은 그것을 얻기 위해 포기해야 하는 것의 비용과 같다. 도둑질을 할 수 있다면 아무런 비용도 들지 않을 것이다. 어떤 권위에 호소해 필요한 것을 얻을 수 있다면, 비용이 전혀 들지 않거나 그 권위를 가진 사람이 베푼 호의에 대해 대가나 뇌물을 제공하면 될 것이다. 이런 방법이 아닌, 상호 교환에서 어떤 사람이 포기해야만 하는 비용이란 다른 사람이 가지고 있는 것의 가치에 의해 표시된다. 따라서 어떤 대상이나 용역을 얻기 위해 각자가 지불해야 하는 가격은 게임의 규칙을 준수하면서 그것을 얻는 데 필요한 비용을 나타낸다.

임의 가격과 효율 가격의 차이는 매우 분명하다. 당신과 내가 벽돌 한 장에 빵 두 개 혹은 게임 머니로 합의된 가격으로 막 교환하려고 한다고 하자. 그와 같은 교환은 모두에게 혜택을 제공할 것이다. 그러나 게임 관리자가 개입해 다른 비율이나 가격을 설정한다고 하자. 당신과 나 어느 쪽이라도 그 가격으로 교환했을 때의 이점을 발견하지 못한다면, 우리 모두 거래를 통해 얻고자 했던 이득을 잃게 된다. 임의의 가격을 부과해 효율적인 교환을 망친 것이다. 또는 게임 참여자 가운데 한 사람이 다른 사람들을 위협해서 거래가 이뤄지지 못하게 했다고 가정해 보자. 혹은 어떤 재화를 제공하는 한 참여자가 같은 품목을 더 나은 조건으로 제공하는 다른 사람을 침묵시키거나 게임에서 배제한다고 가정해 보자. 바로 이런 것들이 서로 간에 유리한 교환을 가로막는 독점 장치들이다.

게임 머니를 사용하든 직접 상호 교환을 하든 지배적인 교환 비율로 나타나거나 거래를 통해 만들어지는 가격은 교환된 재화나 서비스의 물리적 특성에 따라 결정되는 것이 아니다. 가격은 욕구의 정도에 따라 결정되며, 그것이 바로 가치다. 게임에서 내가 구두를 닦고 45원을 지불해야 한다면, 45원은 다른 사람들이 그의 시간과 에너지를 가치 있게 여기는 정도를 나타낸다.

사람들이 가치를 평가하는 기준이 달라지면 그에 따라 효율 가격도 달라질 것이다. 물론 효율적인 가격과 비용은 소득과 부의 분배에 의해서도 큰 영향을 받는다. 사회의 부가 성장하면, 예컨대, 휴양지에 있는 바닷가 펜션의 효율 가격은 부자들이 값을 매기는 대로 올라갈 것이라고 기대할 수 있다.

자본 확대와 기술 변화도 효율 가격을 크게 변화시킨다. 자본 확대나 기술 변화는 계획 입안자가 예상할 수 있는 것보다 훨씬 빠르게 진행되고 있으며, 그에 따라 필요한 결정에 지침이 될 새로운 효율 가격도 매주 산출된다. 예컨대, 1880년과 1890년 사이에 미국의 철강 가격 하락은 철강을 사용하는 산업에 새로운 기회를 제공했으며, 그 결과 연간 125만 톤 생산되던 철강이 1천만 톤 이상으로 증가했다. 특히 오늘날 컴퓨터와 커뮤니케이션 산업은 일상적으로 급속한 변화를 보이고 있다.

임의 가격과 효율 가격의 구분은 결코 사소한 문제가 아니다. 구소련과 중국에서 경험했던 것처럼, 흔히 임의 가격은 물자 부족 사태를 초래해 사람들이 상점 앞에 길게 늘어서는 광경을 만들어 내기도 한다. 심지어 공급 과잉을 유발하기도 한다. 개발도상국의 정부가 도시 빈민을 위해 농산물 가격을 억제하면, 농부는 꼭 필요한 생산마저도 중단하며, 심지어 생산된 상품을 창고에 쌓아 두고 만다. 전력이 표준 가격 이하로 공급되면, 과도한 전력 소모로 정전이 발생하는 불편을 겪어야 한다. 보조금 지급으로 관개용수가 헤프게 사용될 때, 그 결과는 가치에 비해 비용의 투입이 과다한 농업 생산으로 나타난다. 물론, 그 비용에는 관개시설을 건설하기 위해 납세자가 지불한 돈이 포함된다. 석유나 광물, 여타의 필수적인 자원의 가격이 보조금을 통해 임의로 결정된다면 체제 전체의 성장이 늦춰질 수 있다. 카르텔을 통해 우유 값이 인상된다면 빈민 계층의 어린이들이 고통을 겪게 된다. 제약회사가 특허권을 이용해 신약 판매를 독점할 경우 일부 가난한 환자들은 감당하기 어려운 막대한 비용을 지불해야 한다. 효율 가격은 단순히 경제 전문가의 노리개나 시장체제의 부가적인 장식품이 아니다. 효율 가격은 서비스와 재화를 생산하는 데 있어서 기본적인 필요조건이다.

효율 가격은 자유주의나 민주주의 사회, 또는 사회적 협력이 가능한 최대한 자발적으로 이뤄지기를 바라는 정부가 있는 사회에 잘 어울린다. 시민들이 필요하거나 가치 있게 여기는 것에는 관심이 없고 자발적인 상호작용을 이용하기보다는 강제하려고 하는 지배자에게 이른바 효율 가격이란 적절한 가치를 의미하지 않는다. 그런 지배자에게는 그 가격을 무시하는 것이 효율적일 것이다.

THE MARKET SYSTEM 10 시장체제의 효율성

시장체제와 효율 가격

현실의 세계에서, 효율 가격은 어떻게 결정되는가? 엄밀하게 말하면 효율 가격이란 근사치일 뿐이다. 어떻게 추정하는가? 앞에서 살펴본 체육관에서의 게임처럼, 그것은 시장에서 참여자들이 유리한 교환을 위해 끊임없이 상호 교환을 함으로써 형성된다. 게임에서처럼, 구매자와 판매자가 많아야 독점을 제어할 수 있고, 또 임의로 가격을 고정시키려는 권력자를 막을 수 있다. 여기에는 정부가 가격 결정을 해서는 안 된다는 의미가 담겨 있다. 이런 여건이 충족되는 정도에 따라서, 시장체제는 효율 가격을 만들어 내고 또 이용하게 한다.

시장체제가 효율적이라는 주장의 핵심은 다음과 같다. 즉 효율성을 달성하려면 효율 가격이 필요하며, 효율 가격은 시장체제를 통해 형성된다는 것이다. 내가 시장체제가 효율적일 수 있는 핵심적 이유를 너무 간단하게 표현했다고 해서 그 중요성을 과소평가해서는 안 된다.

효율의 가장 핵심적인 조건은 모든 선택의 과정에서 효율 가격이 지배적인 기준으로 사용되어야 한다는 것이다. 효율 가격은 기업가와 소비자 모두의 선택을 위해 어떤 것을, 어떤 품질로, 그리고 어떤 투입 요소를 통해 생산하느냐를 결정하는 데 필수적인 조건이다. 또한 기업가가 기술과 자본 투자를 결정하는 데 있어서도 필수적이다.

앤드류 카네기의 전설적인 기업가 정신은 시장체제에서 자본축적과 새로운 기술 도입이 어떻게 이뤄지는지를 보여 주는 대표적인 사례다. 카네기의 자본축적과 신기술 도입은 모두 효율 가격을 통해 실현된 효율적 선택을 통해 이루어졌다. 그는 "생산에서 이루어지는 성공의 주요 원천은 완벽한 회계 체계를 도입하고 치밀하게 관리해, 각자가 돈이나 자재에 대해 절실한 책임감을 느끼도록 하는 것이다"라고 말했다. 그가 1875년과 1898년 사이에 효율적 선택에 신경을 쓴 결과 철강 레일 가격이 톤당 160달러에서 17달러로 내려갔으며, 이로 말미암아 철강 산업뿐만 아니라 철강을 사용하는 모든 산업과 경제 전반이 성장하는 엄청난 결과가 나타났다.

효율 가격이 시장체제를 효율적으로 만든다는 상식적인 주장을 실제보다 과장하거나 강요할 의도는 없다. 현실의 시장체제에서, 가격은 대체로 독점과 정부 개입 때문에 왜곡된다. 효율 가격의 효율성은 오직 서비스와 재화 생산에서의 배분적 효율성에만 해당될 뿐이고, 다른 유형의 효율성 문제는 여전히 해결해야 할 과제로 남아 있다. 그러나 효율성이 효율 가격을 통해 이루어진다는 것은 여전히 폭넓게 적용될 수 있는 기본적인 주장이다. 그것은 화폐와 가격이 없는 가상의 물리적 계획체제에서는 적용할 수 없다. 또한 공산주의 체제에도 적합하지 않다. 공산주의 체제도 가격을 사용하지만 가격 결정이 매우 임의적일 뿐만 아니라, 시장체제에서처럼 생산에 관한 결정이 가격에 따라 결정되지도 않는다. 요컨대, 시장체제는 개략적인 효율 가격을 일상적으로 널리 활용한다. 반면에, 다른 체제는 그렇지 않다.

기업가들은 첨단 기술을 통해 그저 물적 자본을 많이 생산하는 것이 효율적 선택보다 중요하다고 생각할 수도 있다. 효율적 선택과 효율 가격을 통해 이루어지는 시장적 효율이란 지나치게 정태적인 조건이기 때문이다. 따라서 성장 과정에서 나타나는 역동적인 활기와 생명력이 보이지 않는다고 혹자는 생각할 수 있다.

시장체제의 성과를 설명하는 데에서 자본 창출과 기술혁신, 그리고 이를 열정적으로 수행하는 기업가가 중요한 요소라는 점은 분명하다. 이 모두의 공헌은 성장으로 나타난다. 그러나 기업가들은 저비용으로 새로운 자본을 만들어 낼 방법이나 사람들의 욕구를 고려하지 않고, 단순히 자본이나 상품을 쌓아 놓기 위해 새로운 생산 방식을 도입하는 것은 아니다. 예컨대, 아무리 창조적인 기업가라고 해도 다른 것은 모두 무시한 채 에어컨이나 그것을 생산하는 데 필요한 기계를 산더미처럼 쌓아 두는 데에만 역량을 투여하는 것은 아니다. 사람들의 욕구를 만족시킬 수 있는 방법과 비용을 낮추려는 노력 속에서 이루어지는 기업가의 역량과 자본의 분배, 기술혁신은 결과적으로 발전과 효율을 동반하기 마련이다. 하지만 만일 기업가와 소비자가 효율 가격을 통해 이루어지는 분별력 있는 선택을 할 수 없게 된다면, 사회는 전력이나 석유, 노동력 등의 자원을 낭비하게 되며 성장 과정에서 비틀거리거나 뒷걸음치게 된다.

그러나 어느 한해에 이루어진 자본 창출과 기술혁신은 선택의 효율성을 개선하는 데 기여하기보다는 그 해의 성장에 더 크게 기여하는 것이 분명하지 않은가? 물론이다. 그러나 그것도 실제로는 효율 가격에 따라 효율적인 선택을 하는 것을 전제로 자본 창출과 기술혁신이 이루어지기 때문에 가능한 것이다. 기술혁신과 자본 형성을 통해 성장을 지향하는 기업가 정신과 효율적 선택은 양자택일의 문제가 아니다. 기술혁신과 자본 형성의 성공은 효율적 선택에 따라 좌우되기 때문이다.

물론 시장체제 역시 결함이 많다. 하지만 모든 복잡한 사회 체계들 역시 비효율성 때문에 어려움을 겪고 있다. 수많은 결함에도 불구하고, 시장체제는 효율 가격이 가진 고유의 장점으로 말미암아 효율적인 선택을 가능하게 한다는 점에서 신뢰할 만하다. 시장체제는 누구나 보편적으로 비용 정보를 이용하게 해준다. 그리고 시장체제에서 선택한 결과에 상응하는 대가를 치러야만 하는 사람들에게 비용 정보를 강요한다.

동기 유발의 효율성

효율성을 높이기 위해서는 우선 어떤 선택을 하려는 사람이 비용을 조사해 획득 가능한 가치와 그 비용을 비교할 수 있어야 하고, 그 정보로 인해 그 사람이 어떤 행동을 취하도록 동기를 부여받을 수 있어야 한다. 여기에 시장체제가 효율적인 두 번째 이유가 있다. 즉 시장체제는 모든 시장 참여자들에게 동기를 부여한다. 그중에서도 로스차일드 가문이나 크룹스 가문, 빌 게이츠 등의 사례처럼, 대규모 사업을 추진하게 하고 경우에 따라서는 전혀 새로운 산업 분야를 창출하도록 기업가들에게 특별한 동기를 부여하는 것이 특히 중요하다.

효율 가격에 대한 정보는 참여자로 하여금 어떤 행동을 취하게 하는 강력한 동기로 작용한다. 정보에 따라 행동할 경우 그에 따라 얻게 될 혜택이 확실하기 때문이다. 응분 보상 원칙 — 그 원칙에 내재된 불공정성과 가혹함에도 불구하고 — 은 시장에서 이루어지는 용역에 동기를 부여하는 강력한 요인이다(물론 시장에서 이뤄지는 모든 행위의 동기가 되는 것은 아니다). 응분 보상 원칙을 명령에 의한 동기부여와 비교해 보자. 명령을 통해 동기를 부여할 경우 나디니는 결함은 분명하다. 명령은 대체로 감정을 상하게 하고 회피하고 싶은 동기를 불러일으킨다. 명령은 시장체제에서의 동기부여처럼 즉각 자기 이익을 추구하려는 욕구를 불러일으키지 못한다.

익숙하기는 하지만 시장적 동기의 몇 가지 특징을 간략히 짚고 넘어가자. 시장적 동기는, 이타주의나 선의에서 비롯되는 동기가 가장 클 때조차 할 수 없는 것을 해낸다. 사람들에게 이웃 사랑이나 선을 행하거나 일을 열심히 하도록 동기를 부여하는 것만으로는 효율성을 달성할 수 없다. 사회적 협력을 위해서는 유인 체계를 통해 사람들로 하여금 용접이나 잡역부 관리 등 특정한 분야에서 일하도록 해야 한다. 최선의 여건에서조차, 이타주의만으로는 사회가 필요로 하는 다양한 과제에 에너지를 할당하도록 동기를 부여할 수 없다. 시장적 유인 체계는 사회가 필요로 하는 다양한 분야로 사람들을 이끌 수 있고 또 실제로 이끈다.

사람들을 각자의 업무에 참여하게 하는 동기부여 능력과 관련해, 시장적 유인이 가진 힘은, 비록 결정적인 것이라 할 수는 없겠지만 매우 주목할 만한 것임에 틀림없다. 중앙집권적으로 계획된 체제의 조직 구성에서는 직업이나 직무 이동의 기회가 거의 없지만, 시장적 상호작용에서는 다양한 기회가 열려 있다. 수많은 사람들이 자기가 현재 맡고 있는 역할에 최대한의 역량을 쏟아 붓는 것은, 그렇게 하는 것이 좀 더 나은 역할을 맡을 수 있는 가장 효과적인 길이라고 믿기 때문이다. 간단히 말해, 더 나은 일자리를 원한다면 지금 하고 있는 일을 잘해야 한다는 논리다. 그렇다고 이것이 시장적 유인 체계가 가진 효율성을 보여주는 결정적인 증거는 아니다. 왜냐하면 오늘날 수백만 명의 임금 소득자들은 더 나은 일자리에 대한 전망이 별로 없고, 현재의 일에 대해서도 제대로 된 동기를 부여받지 못하고 있기 때문이다.

작업장에 대한 권위적, 혹은 권위주의적 노무관리는 흔히 종업원들이 자신들의 일에 대해서 갖는 동기를 훼손한다. 사람들은 종업원의 무관심이나 노무관리에 대한 빈번한 적대감, 피로, 실망으로 말미암아 얼마나 큰 비효율이 나타날 수 있는지에 대해 제대로 인식하지 못하는 듯하다. 그 비효율은 치명적일 가능성이 크다. 시장체제가 없다면, 기업은 훨씬 더 권위적으로 관리될 것이다. 권위적 관리는 기업 간의 상호작용과 기업과 공급자 및 소비자 사이의 상호작용 등 시장을 통해 조율되어 왔던 상호작용의 영역까지 확대될 것이다. 시장체제에서는 종업원이 노무관리에서 오는 강제를 감수하기보다는 차라리 직장을 옮기는 선택을 하기도 하지만 시장체제가 없다면 그런 선택은 어려울 것이다. 기업 안에서 권위적 관리와 불공정한 보상 체계를 줄이는 한 가지 방법은 각 기업 안에 내부 시장을 도입하는 것이다.

유인 체계에 대한 일반적 인식에는 다소 근거가 약한 부분이 있다. 예를 들면, 응분 보상 원칙을 엄격하게 적용하면 노동생산성이 향상된다고 주장하는 일군의 사람들이 있다. 과연 응분 보상 원칙을 엄격하게 적용하는 것이 응분 보상 원칙을 완화한 복지국가보다 생산성 향상 동기를 더 많이 부여하는가? 8장에서 살펴본 것처럼 경험적 증거는 그렇게 말하지 않는다. 경험적 사례는 그 원칙을 긍정하기보다는 부정하는

170

쪽에 더 가깝다.

　시장체제는 수많은 사람에게 기업가가 되도록 동기를 부여한다. 시장체제는 그들에게 도전을 받아들이고, 위험을 감수하며, 소득을 예상하고, 비용을 감수하고, 창업을 통해 큰 혜택을 낳아 사회에 안겨 주도록 동기를 부여한다. 또한 시장체제는 기술혁신의 기회를 다양화하고 확산시키기도 한다. 계획체제에서처럼 위계적인 조직의 편성 때문에 혁신의 기회가 제약되지는 않는다. 수많은 개별 기업가들로 이루어진 시장체제에는 공산주의 체제에서처럼 한정된 기회 목록과 감시자, 기회를 분배하는 관리 위원회가 없다. 그리고 일단 창업의 모험을 해보기로 했다면 협력이 필요한 모든 사람과 기업을 제한 없이 접촉한다. 기대했던 공급처에서 필요한 물자를 구하지 못한다면 기업가는 또 다른 공급처를 찾으면 된다. 위계적인 중앙집권적 계획체제에서는 각각의 기업에 거부권을 행사할 수 있는 상급 단위가 존재한다. 하지만 시장체제에는 그런 상급 권위가 거의 존재하지 않는다. 중앙집권적 체제에서 어떤 목표를 달성하려는 관리자는 위계적인 조직 체계에 따라 정해진 길을 걷는다. 그러나 시장체제에서 기업가는 수십 혹은 수백 가지의 새로운 방법을 시도할 수 있다. 기업가는 자신들이 제공하는 대상이나 용역에 만족하지 못한 공급자와 소비자가 변심할 수 있다는 나쁜 조건에 의해서도 동기를 부여받는다.

　기업 활동의 속도와 유연성, 창업 기회의 폭넓은 확대, 그리고 다양한 기회는 창업을 선택하게 하는 강력한 유인책이다. 이런 유인은 새로운 기업, 새로운 재화와 서비스, 새로운 기술 등에 대한 창업 정신을 확산시키도록 자극한다(물론, 이는 앞으로 우리가 살펴볼 것처럼 여러 가지로 문제의 소지가 있거나 위험할 수 있다). 극단적으로 말하면, 시장적 기획의 기본 원칙은 "만일 누군가 그것을 원한다면 하라!"는 것이고, 정부 기획의 기본 원칙은 "만일 누군가 그것을 원하지 않는다면 하지 말라!"라고 할 수 있다. [세계적 자산 운용 회사인] 피델리티가 새로운 금융 서비스 상품을 출시하려고 한다 해도, 기존의 투자자들에게 그 결정을 설명할 필요는 없다. 그러나 만일 해군이 해군 항공대와 관련한 새로운 계획을 추진하고자 한다면 그 제안은 공군이나 육군에 의해 거부될 가능성이 많다.

여러 형태의 상호 조정과 마찬가지로, 시장체제는 강력한 동기를 부여한다. 대부분의 문제는 직접적인 방식으로 해결되기보다는 개인이나 집단이 간단하고 쉬운 문제를 풀어 가는 과정에서 부수적으로 해결된다. 시장체제에서 소득을 분배하거나 자본 투자에 자원을 할당하는 것은 하지 않을 수 없는 중요한 결정이다. 그러나 그런 문제는 한 사람이 책상머리에 앉아 고민해야 할 과제가 아니다. 오히려 개별적인 매매 결정을 하는 수많은 과정을 통해서 뜻하지 않게 결정된다. 시장체제에서 이루어지는 가장 큰 '결정'은 수백만 개의 개별적인 작은 결정을 통해 도달되는 어떤 상태를 가리킨다. 그런 결정이 누군가에게 떠맡겨진다면 '결정'의 규모와 무게로 인해 지연되고 오래 걸릴 수 있겠지만, 시장체제에서는 그런 일이 발생하지 않는다. 다른 형태의 상호 조정과 마찬가지로 시장체제는 중앙집권적 조율에서는 보기 드문 속도로 변화할 수 있다. 지금 통신 부문에서 보여 주고 있는 눈부신 발전의 속도처럼 말이다.

시장체제가 달성하는 효율의 핵심은 두 가지다. 하나는 효율 가격을 통해 가능해진 효율적인 선택이고 다른 하나는 강력한 동기부여다. 그러나 효율에 관해서는 더 따져 봐야 할 이야기가 많다. 그리고 앞으로 할 남은 이야기는 어쩌면 우리를 예상치 못한 결론으로 이끌 것이다.

THE MARKET SYSTEM 11 시장체제의 비효율성

시장체제의 특성 가운데 일부는 재화나 서비스의 효율적 생산을 제한하거나 어렵게 만든다. 나는 그런 문제를 전부 거론하지는 않을 것이다. 시장체제의 여러 특성들에 대해서는 이미 언급했고 일부는 너무 익숙해서 논의할 필요가 없기 때문이다. 마음을 차분히 가라앉히고, 가장 기본적이면서도 가장 명백한 특성들, 즉 시장체제에 대한 격한 감정과 수사적 과잉을 자극하는 비효율들에 대해서만 살펴보도록 하자.

파급효과

아마도 사람들이 가장 많이 이야기하는 시장의 비효율성은 다음과 같은 점 때문에 발생한다. 효율성을 달성하기 위해서는 혜택과 부담이 어디서 발생하든 모든 혜택과 비용을 계산해야 하는데, 시장 참여자는 오직 자신의 혜택과 비용만 계산한다. 물론 대부분의 개별 참여자는 자기

가족 구성원의 비용과 혜택을 계산한다. 그럼에도 불구하고, 개인이든 집단이든 각 시장 참여자는 일반석으로 혜택과 비용을 편협하게 계산하고, 통상적으로 자기 이익 혹은 이윤이라고 불리는 것만을 추구한다. 만일 공항의 건설이 소음으로 말미암아 인근 주거지역에 부정적인 영향을 미친다면, 우리는 그 결정을 효율적이라고 말할 수 없다. 이 점에서 파급효과spillover effect는 시장체제에서 나타나는 주요 비효율성이다. 사람들은 파급효과가 가진 중요성이 간과되어 온 것에 의아해 한다.

다시 체육관에서 교환하는 사람들을 떠올려 보자. 어떤 교환을 통해 A와 B가 모두 혜택을 얻으면 우리는 그 교환을 효율적이라고 판단한다. 하지만 체육관에 있는 다른 사람에게 조금이라도 손해를 준다면 그 교환은 효율적이라고 할 수 없다. 또한 A와 B가 거래를 계속할 경우 얻을 수 있는 혜택이 있는데 이와 무관하게 거래를 종결한다면 그 교환도 효율적일 수 없다.

파급효과의 비효율, 특히 현대 기술의 발전으로 인해 기업이 엄청난 물리적 에너지를 사용하는 데서 발생하는 역효과는 치명적이다. 물론 파급효과를 모두 기업 탓으로 돌릴 수는 없다. 이리호Lake Erie가 죽은 호수가 된 것은 기업의 폐기물뿐만 아니라 주민들이 잔디에 살포한 비료로 인해 오염된 탓이기도 하다. 그러나 과거 19~20세기의 기술 변화로 대기업이 등장하면서, 대기업으로 인해 초래되는 파급의 부담 혹은 비용은 예외적인 현상이 아니라 일반적인 현상이 되었다. 모든 공장은 산업 폐기물을 발생시키며, 그 결과 일반적으로 수백만 명의 사람들에게 부담을 안겨 준다. 심각하지 않은 것처럼 보이는 기업도 마찬가지다. 요즈음 기업들이 건설하는 실버타운이나 빗장 공동체[17]는 그 공동체 바깥에 사는 이웃의 안전이나 이동의 자유에 광범위한 파급효과를 미친다. 환경오염과 같은 부정적인 파급의 사례는 이제 예외적인 현상이 아니다.

연료 소비나 다른 화학적 폐기물의 파급효과가 생존을 위협하는 지경에 도달함에 따라, 과학소설 작가뿐만 아니라 과학자들도 이제는 이런 파급효과가 정부 차원에서 제어되지 않는다면 인류의 생활을 피폐하게 만들고 종말을 가져올 수 있음을 우려하고 있다. 유엔이 주관하는 개발과 환경 프로그램에 동참한 세계자원연구소는 세계는 "다양한 인간적·환경적 재앙을 향해" 나아가고 있다고 결론지었다. 영국 왕립학술원은 미국 국립과학원과 함께 "지구가 생명을 부양할 수 있는 능력이 돌이킬 수 없이 손상되었다"고 경고하고 있다.

기업은 경제 이론에서 말하는 외부효과[18]보다 훨씬 더 다양한 파급 부담을 안겨 준다. 예컨대, 소비자가 새로운 기업을 선호함에 따라 기존의 기업이 파산했을 때 발생하는 외부효과가 대표적이다. 결국 그 부담은 파산한 기업의 종업원과 하청 업체들에 부과된다.

모든 사람이 배타적으로 자신이나 가족의 이익과 비용만을 중요시한다는 사실은 시장체제가 효율적이라는 주장을 무색케 한다. 사실 도처에서 발견되는 이런 파급 부담을 고려한다면, 시장체제가 특별히 효율적이라고 말할 수 있는 것은 그리 많지 않다.

---

17 빗장 공동체(gated town, gated community)는 출입 제한 주거 구역이라고도 하며, 출입문과 담장이 있어 정문에서 외부인 출입을 제한하는 거주 지역으로 일정한 사회적 지위와 부를 가진 사람들이 그들의 안전을 도모하기 위해 높은 담벼락, 청원 경찰, CC-TV, 사설 방범 제도 등을 두는 것을 일컫는다.
18 외부효과(externality)는 이웃 효과 혹은 제3자 효과라고도 하며, 거래에 직접 참여하지 않는 사람에게 의도하지 않은 혜택이나 손해를 끼치게 되는 부수적인 효과를 말한다.

파급효과는 예외적인 것이고, 전형적인 시장 거래는 거래 당사자가 아닌 사람에게 거의 영향을 미치지 않는다는 견해가 한때 지배적이었으며 일부에서는 지금도 여전히 강하게 그런 주장을 한다. 이 견해는 신뢰할 만한가? 나는 그런 시장 사회는 현실에 존재한 적이 없었다고 생각한다. 대규모의 에너지를 사용하는 우리 시대의 기술들은 대체로 광범위한 파급효과를 낳는다. 광산 개발로 자연 환경이 파괴되고 고층 건물로 인해 일조권과 조망권이 차단되고 대형 휴대용 카세트 플레이어나 성능 좋은 잔디 깎는 기계는 평온한 일상을 망치고 자동차는 혼잡과 스트레스, 죽음을 수반한다.

물론 공장 굴뚝에서 나오는 매연이나 이웃의 잔디 깎는 기계 소음을 견딜 수 없는 사람들은 다른 곳으로 이사할 수 있다. 그러나 그들이 전에 살던 동네처럼 새로 이사한 동네를 좋아하게 된다 하더라도, 그들이 이사에 따르는 부담이나 비용을 감당해야 하는 건 분명하다.

일부 사람은 파급의 부담이 갖는 중요성을 평가 절하하면서, 비록 그 부담이 사회 전체에 파급되지만, 그 부담은 우리가 기꺼이 비용을 지불하는 중요한 구체적인 가치와는 달리, 사소하고 무형적인 가치의 손실에 불과할 뿐이라고 주장한다. 그들은 파급 비용을 통해 잃은 가치는 서비스와 재화의 가치와는 실질적으로 비교할 수 없는, 별 것 아닌 것이라고 말한다. 어떤 지역이 상업화되면서 녹지대가 사라지거나 대기오염이 증가함에 따라 나타나는 부담은 시장성이 높은 재화나 서비스의 가치와 비교할 때 중요하지 않을 수 있다. 그렇다면, 왜 나는 장거리 정기 승차권을 구입하는가? 내가 도심보다는 녹지대를 더 많이 즐길 수 있는 교외에서 출퇴근하고 싶기 때문이다. 왜 나는 돈을 들여 옷을 세탁하는가? 대기오염 때문에 옷이 더러워지기 때문이다. 나는 혼

176

잡과 매연 때문에 상실된 것을 되찾기 위해 돈을 지불한다. 파급 부담은 교통비와 세탁비로 대가를 치러야 하는 서비스의 가치만큼 값비싸고 중요하다.

일부 경제학자는 그들이 외부효과라고 칭하는 파급효과가 시장체제의 비효율성을 의미한다는 사실을 부인한다. 그 대신에, 그 파급효과는 시장체제가 충분히 확대되지 않았다는 증거라고 한다. 만일 녹지대와 깨끗한 공기, 햇빛과 아름다운 경치에 대한 권리가 분할되어 사유재산으로 바뀔 수 있다면, 그런 것들은 희소하고 통제 가능하므로 가격이 정해질 것이다. 따라서 기업이나 개인은 전망을 가로막거나 공기를 오염시킨 것 때문에 나에게 돈을 지불해야 할 것이다. 만약 그러하다면, 각 기업과 개인은 시장 결정에서 무시되는 그 가치들을 중시하게 될 것이다.

기존의 시장체제에서 무시되는 많은 가치에 있어서, 그 '만약'은 매우 중요한 의미를 갖는다. 일반적으로 공기와 햇빛, 안전 등의 가치에는 재산권이 설정될 수 없다. 하지만 일부 주요 영역에서는 장차 그 권리가 설정될 수 있다. 예를 들면, 태국에서는 숲에 대한 재산권을 농부에게 할당한 결과 남벌이 줄었다. 반둥에서는 빈민가 주민에게 재산권을 인정해, 소유자가 자기 소유지를 쓰레기 처리장으로 사용하는 것을 거부하거나 비용을 청구할 수 있게 한 결과 위생이 크게 개선되었다. 뉴질랜드는 양도할 수 있는 어획권을 할당함으로써 물고기 남획을 줄였다. 이런 노선을 따른다면 파급효과의 비효율은 줄어들 여지가 있다.

물론, 소소한 파급효과들을 가지고 시장의 효율성을 평가하는 것은 부적절하다고 생각할 수 있다. 어떤 사회체제든 사회적 상호 의존성으로 인한 파급효과는 존재하기 마련이다. 나는 당신이 요란하게 껌을 씹는 것에 질색하고, 우리 집 개가 짖으면 이웃 주민들이 불안할 것이다. 이런 파급효과는 시장체제적 생활에만 있는 것이 아니다. 시장체제를 유토피아와 비교하지 않고 다른 체제와 비교한다면, 이런 불가피한 파급효과는 무시할 수 있다. 유토피아라고 하더라도 아마 상당한 파급효과를 허용하게 될 것이다. 무심코 서로 피해를 주는 일이 전혀 없을 만큼 서로 고립된 인간들의 사회를 우리가 바랄 리 없기 때문이다.

타인에게 상당한 부담을 안겨 줄 수 있는 몇몇 선택들도 개인적인 자유로서 중요하게 평가되어야 할 것이다. 나의 자유 때문에 간혹 내가 당신에게 큰 상처를 준다 해도 나에게는 자유롭게 말할 수 있는 자유가 폭넓게 허용되어야 한다. 비록 노숙인들이 길거리에서 자고 있더라도 다른 침입자를 방지하기 위해 문단속을 할 수 있다. 시장체제가 타인에게 파급효과를 미치는 자유의 영역을 허용하고 있다는 이유만으로 시장체제를 비효율적이라고 단정 짓기는 어렵다.

물론, 정부는 보호 구역을 설정하거나, 다양한 방법으로 토지 사용을 제한하거나, 폐기물 방출을 규제하거나, 피고용인의 건강과 안전을 보장하기 위한 정책을 시행하거나, 해고를 규제하는 방법 등을 통해 파급효과를 통제하고자 지속적으로 노력한다. 정부가 파급효과를 제어하려는 노력의 정도는, 파급효과가 얼마나 보편적이고 위협적인가를 나타낸다. 또한 효율적인 시장체제에 대한 기대가 현실에서 가능하려면 비록 많은 사람이 반대하더라도 정부가 대부분의 기업 거래를 규제해야 한다는 것을 암시한다. 반면에, 정부의 규제가 정말로 비효율적이고 앞으로도 그런 문제를 해결할 수 없다면, 심각한 비효율을 초래하는 시장체제의 파급효과를 피할 길이 없다. 오히려 정부는 기업의 영향력 때문에, 파급효과를 제어하지 못하거나, 개인이 법인 기업을 상대로 하는 소송을 제한하거나, 기업에 대한 여론의 비판을 제한하는 등 오히려 파급효과를 만들어 내는 기업의 특권을 보호하는 경우가 종종 있다.

예상과는 달리, 오히려 공산주의 체제가 공기와 물을 오염시키는 등 시장 사회보다 자원을 더 낭비하고 남용했다는 사실에 놀랄 수도 있다. 이론적으로는, 중앙집권적 권위가 생산을 결정하는 사회에서는 그 권위를 통해 기업에 의한 환경 파괴와 오염과 같은 부작용을 감독할 수 있다. 그럼에도 불구하고, 경험적으로는 시장 사회가 공산주의 체제보다 환경과 사회의 쾌적성을 더 잘 보존하는 것으로 나타난다. 하지만 시장체제가 그 모든 비효율적인 파급효과에도 불구하고 중앙집권적 체제보다 파급효과 문제에 더 관심이 많다고 주장하는 것은 부정확한 추론이다. 좀 더 명확하게 말하면 시장체제가 정부 규제와 결합될 때, 시장체제 없는 중앙집권적 통제보다 더 효율적으로 그런 문제를 다룰 수 있다는 것이다. 비록 정부의 규제가 항상 그렇듯이 결함이 있더라도 말이다.

파급 부담이라는 동전의 다른 면은 파급 혜택이다. 예를 들어 한 기업이 종업원을 훈련한다고 하자. 몇 달 혹은 몇 년이 지난 후에 그 노동자가 자신이 받은 훈련으로 더 나은 혜택을 얻을 수 있는 다른 기업에 채용되어 떠난다. 혹은 당신이 정원을 아름답게 가꾸면 지나가는 사람이 모두 기쁨을 얻는다. 이런 우연한 혜택은 우연한 부담 못지않게 많을 것이다.

언뜻 보기에 파급 혜택은 특별 상여금 같다. 즉 우연히 얻어진 행운의 효율인 것 같다. 그러나 원칙적으로 파급 혜택 역시 파급 부담 못지않게 시장 효율의 단점을 드러낸다. 파급 혜택은 교환의 당사자가 이를 고려했다면 확대할 수 있었던 ─ 물론, 정의상 당사자들은 이를 고려하지 못했다 ─ 수익을 나타낸다. 따라서 파급 혜택은 기회의 낭비를 뜻한다. 효율적인 훈련 프로그램을 위해서는 기업 ─ 당연히 개별 기업들은 자신의 종업원들을 위한 훈련 과정만 생각하고, 그것이 미칠 파급 혜택은 고려하지 않는다 ─ 이 제공하는 프로그램보다 더 많은 것이 요구된다. 정부의 직업 훈련 사업은 이런 문제점을 보완한 것이다.

파급 혜택과 부담은 단순한 손익 계산으로는 상쇄되기 어렵다. 만일 시장이 파급 부담을 무시하여 지구가 숲이나 오존층을 잃게 된다거나 과학 분야의 연구소가 뜻하지 않게 치명적인 전염병을 유출한다면, 어떤 파급 혜택이 이런 재앙을 상쇄할 수 있겠는가? 이런 이유만으로도, 앞으로 몇 십 년 안에 시장체제에 대한 철저한 재검토가 점진적으로 이루어질 것이라고 나는 생각한다.

거래 중지

탱고를 추려면 두 사람이 필요한 것처럼 시장에서의 상호작용이 가능하려면 자발적으로 행동하는 두 사람 이상이 필요하다. 그러나 시장적 상호작용을 중단시키는 것은 한쪽 당사자만으로도 가능하며, 이는 다른 당사자에게 부담 혹은 비용을 부과하거나 강요한다. 이런 결과는 상호작용을 중단하기로 결정한 당사자가 고려하지 않는 부담이며 따라서 그의 결정은 비효율적인 결과를 낳는다. 이것은 구경꾼에게, 다시 말해 거래 당사자가 아닌 사람에게 부여한 파급효과가 아니라 한쪽 거래 당사자가 상대방에게 부여한 손실이다.

무엇보다 분명한 사례는 피고용인을 해고하는 것이다. 시장체제에서는 자신에게 닥칠지도 모르는 이런 걱정 때문에 수많은 사람이 두려움에 떨고 있다. 게다가 해고는 일생에 단 한 번만 있는 부담도 아니다. 그들은 노동 생활 전반에 걸쳐 거듭 해고를 당하는 고통을 겪을 수도 있다. 이것은 피고용자들에게 얼마나 혹독한 비용인가? 물론, 그것은 어떤 대안적 일자리를 구할 수 있느냐에 따라 다르다. 이상적인 시장체제 모형은 당연히 만족할 만한 대안적 일자리가 있다고 전제한다. 하지만 대안적인 일자리가 없다는 것이 오늘날 시장체제가 안고 있는 문제이며, 완전고용이라는 가설 자체가 문제일 수 있다. 그리고 그 부담의 심각성은 실업 급여와 같은 보호 장치가 있느냐에 따라 달라진다.

기업이 마을을 떠나는 것, 지주가 소작농을 쫓아내는 것이나 고용주가 유능한 피고용인을 잃는 것처럼, 시장 관계의 중단은 때로 가혹한 부담을 강요하기도 한다.

사람들은 전통적으로 시장체제를 서로에게 유리한 상호 교환이 이루어지는 경기장으로 본다. 그러나 사실상 시장체제는 사람들이 유리한 상호 거래에 참여하기도 하고 방출되기도 하는 경기장이다. 이상적인 시장 상황에 대한 수학적 모델과 같이, 시장의 효율성을 뒷받침하는 고전적인 논증은 특정 조건 아래서 모든 시장 참여자가 얻는 순혜택net benefits을 보여 준다. 그러나 그런 순혜택은 거래가 없는 상태와 비교한 거래 혜택이다. 그런 가상적인 특정 조건에서라면 시장체제는 없는 것보다 낫다. 그렇지만 그런 논증은 실제의 시장체제에서 거래 지속과 거래 중지를 통해 모든 사람이 혜택을 얻는다는 것을 입증하지는 못한다. 누구나 다 혜택을 얻는 것은 아니다.

사실, 거래 중지에 따른 부담이 매우 크기 때문에 많은 사회는 거래를 중지할 권리를 법으로 제한한다. 고용수는 법이 허용하는 범위를 넘어서 이유 없이 피고용인을 해고할 수 없다. 고용주는 해고를 사전에 공지하고 해고수당을 지급해야만 한다. 지주는 제한된 규정 안에서만 소작농을 내쫓을 수 있다. 어떤 조건에서는 변호사가 의뢰인을 포기할 수 없다. 전화, 가스 혹은 전기 회사가 요금을 내지 않는 소비자에게 서비스를 중지할 수 없도록 제한하기도 한다. 이런 사안들에 있어서 시장이 비효율적이라는 것은 누구나 인정할 수 있는 사실이기 때문이다.

시장체제가 러시아와 동유럽에 진입하는 데 어려움을 겪는 이유는 거래 중단, 피고용인의 해고, 소작인 퇴출에 대한 부담 때문이다. 그곳에 거주하는 수백만 명의 사람들은 공산주의 아래서 보장되었던 권리가 줄어든다는 것을 자각하고 있으며, 고용을 해지할 수 있는 고용주의 선택권이 현실화되는 것을 두려워한다.

임의 가격

우리는 앞에서 시장체제의 효율성은 효율 가격에 크게 의존하지만, 현실 세계의 시장체제는 임의적으로 가격을 설정하는 경우가 많다는 것을 살펴보았다. 그런 관행은 시장체제의 효율성을 상당히 축소시킬 만큼 만연해 있다.

임의 가격은 대체로 독점과 정부의 가격 통제로 말미암아 나타나는데, 그중에서 독점은 비록 중요성은 덜하지만 빈도는 더 많을 것이다.

여러 가지 문제점에도 불구하고, 시장 비효율을 낳는 독점이 일반적으로 생각하는 것보다 덜 중요한 것은 우리가 흔히 생각하는 극단적인 형태로는 나타나지 않기 때문이다. 모든 판매자는 다른 모든 판매자와 경쟁하며, 각 판매자는 다른 판매자가 가격을 조작하려는 의지를 제어한다. 충분히 경쟁적이어서 이상적인 가격이나 완벽에 가까운 효율 가격이 작동하는 시장은 거의 없지만, 그래도 많은 시장들이 어느 정도 거기에 근접해 있다. 최소한 인정할 만한 정도로 본다면 그런 시장들이 더 많다. 실제로 시장은 한 판매자가 가격을 통제하는 상황과는 거리가 멀며, 독점의 '독'자와도 거리가 멀다.

어떤 사회에 항공사가 하나뿐이라고 생각해 보자. 당신은 그 항공사를 이용할 수도 있고 전혀 이용하지 않을 수도 있다. 그 항공사는 운임을 높게 책정하는 것은 물론이고, 화물을 분실하기도 하고, 고객에게 불친절하기로 악명이 높다. 현실이 그렇더라도, 그 항공사가 운임을 인상할 수 있는 힘과 무책임성은 크게 제한된다. 만족할 만큼은 아니지만 제한되는 것은 분명하다. 당신은 운임이나 악습에 대한 불만을 참지 않을 것이다. 당신은 기차나 버스를 이용하거나, 차를 빌려서 직접 몰고 가거나, 어떤 경우에는 배로 가거나, 그냥 집에 머물 수도 있다. 생각 외로 당신의 이런 행동은 항공사를 제한하는 효율적인 방법이다. 항공사는 고객을 잃을 수 있다는 사실을 염려해야 하기 때문이다. 당신은 여건상 어쩔 수 없이 그 항공사를 이용할 수밖에 없을지도 모르지만, 다른 고객은 그렇지 않을 수 있다.

판매자의 가격 통제 역량은 구매자가 그 판매자를 외면할 수 있는 대안이나 대체물을 얻을 가능성에 의해 제한된다. 고객이 대안이나 대체물을 얻을 가능성, 이것이 독점을 이해하는 핵심이다. 고객은 자신이 지출할 수 있는 범위 안에서 가장 유사한 대체물을 찾을 것이다. 현대자동차 제품 구입에 대한 다른 대안에는 시빅이나 혼다자동차뿐만 아니라 집수리, 호사스러운 휴가 등 자동차를 사는 대신 절약한 돈으로 구입할 수 있는 여러 가지가 포함된다. 아침 식사용으로 지나치게 비싼 시리얼을 대체할 수 있는 대안에는 다른 업체의 시리얼이나 다른 음식 외에도 시리얼 값을 지불하는 대신에 눈길을 돌릴 수 있는 다른 모든 용역과 대상이 포함된다.

양을 키우는 목장 주인은 다른 목장 주인들과 마찬가지로, 구매자에게 동일한 생산물을 제공하는 수천 명의 기업가 가운데 한 사람일 수 있다. 그는 다른 목장 주인들과의 치열한 경쟁에서 오는 압박 때문에, 가격에 대한 영향력을 전혀 행사하지 못할 수 있다. 반면에 대부분의 기업가는 다른 기업가와 어떤 면에서든지 차별화된 용역과 대상을 제공하거나 제공하려고 한다. 게이샤 사의 파인애플 통조림은 다른 파인애플과 약간 다르기는 하지만 실제보다 더 다르다고 과장된 홍보를 하기도 한다. 그렇기 때문에 대부분의 기업은 가격에 어느 정도 영향을 미칠 수 있다. 소비자가 다른 공급처에서는 완전히 똑같은 용역이나 대상을 찾을 수 없기 때문이다.

기업들은 카르텔 —가격이나 다른 정책에 관해 명시적 혹은 암묵적인 협정을 함으로써, 효율 가격을 유지시키는 경쟁을 억제하는 체제 —을 결성하거나 가입한다. 사전 허가제처럼 법으로 거래를 제한하는 다양한 규제와 마찬가지로, 특허권도 가격을 조작하는 데 영향력을 행사한다. 이런 여러 요인들로 인해 판매자가 어느 정도 임의로 가격을 결정하는 행태가 시장체제에서 공공연하게 이루어진다.

경쟁으로부터 기업을 보호하며, 또 더 높은 수익을 보장하는 가격

독점력이 때로 기술혁신을 자극하기도 한다. 따라서 독점을 단순히 비효율적인 것으로 규정하면 안 된다. 다른 한편으로, 기업가들이 재화를 생산하는 2차 산업에서 점차 서비스를 제공하는 3차 산업 쪽으로 전환하고 있기 때문에, 독점은 점점 착취적인 성격으로 변할 가능성도 있다. 소비자는 대체로 텔레비전을 수리하는 서비스센터나 의사의 처분에 휘둘리면서도, 서비스센터나 의사가 정확히 무엇을 할 것인지 혹은 다른 서비스센터나 다른 의사가 제공할 서비스와는 어떻게 다른지 모른다. 서비스센터가 속이거나 부당한 요금을 청구할 가능성은 대단히 크다. 이것은 대기업이 재화에 대해서 지나치게 높은 가격을 설정하는 것보다 더 중요한 독점의 문제일 수 있다.

시장체제에서 독점으로 인한 비효율은, 환경오염이나 도시 빈민화 등 파급효과로 인한 비효율에 비할 바는 아니다. 게다가 독점이 가격을 임의로 설정한다고 해도 국가가 가격을 왜곡하는 정도로 심각하지는 않다. 비효율의 두 원천이 동시에 작용할 수도 있다. 예를 들어, 국가는 외국 경쟁자로부터 기업을 보호하기 위해 관세 장벽을 설치하며, 이에 따라 보호를 받는 기업은 국내시장에서 독점력을 누리게 된다. 또는 사업 허가제를 통해 경쟁 기업의 수를 제한함으로써 경쟁을 억제하기도 한다. 물이나 전기와 같은 공공재의 가격 조정은 시장 전반에 큰 영향을 주기 때문에 기업의 영향력이 침투하기 쉽고 이에 따라 부패가 발생하기도 한다. 국가는 부분적으로 독점을 제어하지만, 여러 면에서 독점과 아주 밀접한 관계에 있다.

대체로 독점은 통제된 가격으로 판매하는 것 말고 다른 방식으로 이루어지기도 하며, 그 결과 전통적인 독점의 비효율보다 더 큰 비효율을 초래할 수도 있다. 어떤 기업이 지방자치단체, 지역 권력자나 국민국가와 협상하면서 공장을 세우겠다고 제안했다고 하자. 세금 감면 혜택이나 다른 지원에 대한 보답으로 기업은 그 지역에 새로운 일자리를 창출하기로 약속한다. 대기업은 한 지방자치단체와 국가를 상대로, 또는 어떤 지방자치단체와 다른 지방자치단체를 상대로 기업 유치 경쟁을 유도할 수 있다. 유럽 디즈니랜드는 프랑스에서 지역 차원과 국가 차원의 보조금을 받았다. 프랑스가 이를 파리에 유치하려고 지불한 보조금은 10억 달러에 상당하는 것으로 추산된다. 작은 국가는 국제적인 대기업을 유치하려고 보조금을 제공할 뿐만 아니라, 그들을 설득하려고 법을 악용하거나 고치기도 한다. 사실상, 일자리를 제공하는 기업은 보조금이라는 형식의 가격으로 일자리 기회를 지방자치단체에 '판매'하는 것이다. 이런 유형의 협상에 관한 연구 결과는 일반화가 가능한 양상이 있음을 보여 준다. 그 양상이란, 지방자치단체는 약속한 일자리를 위해 고액—그중 한 연구에서 밝힌 것에 의하면, 일자리당 7만 달러—을 지불하지만, 비용이 지불된 일자리는 사실상 실현되지 않는 경우가 대부분이라는 것이다.

정부는 독점과는 별도로 다양한 목적을 위해 명시적으로 가격을 결정함으로써 크든 작든 가격을 임의적인 것으로 만든다. 앞에서 살펴본 것처럼, 때로 개발도상국은 도시 불안이 폭동으로 이어질 것을 우려해 식량 가격을 강제로 낮춘다. 어떤 정부는 인플레이션을 억제하려는 목적으로 가격에 상한선을 부과하기도 한다. [임의 가격은] 특정 목적을 이루기 위해 효율성의 손실을 감수한 만큼 더 큰 가치가 있을 수도 있고 없을 수도 있다.

　모든 보조금이 효과를 갖는 것은 아니지만 정부는 보조금을 통해서 임의 가격을 만들어 내기도 한다. 시장체제는 다양한 산업에 보조금을 지급하는 것을 허용한다. 보조금은 기업의 손실을 메워 주고, 그 결과 기업의 상품은 생산에 소요된 비용보다도 낮은 가격에 매매될 수 있게 된다. 보조금 지원을 둘러싼 정치적인 압력이 거세서 최악의 결정이 내려질 수도 있다. 세금 공제와 같은 직접적인 방식의 보조금은 주로 농업, 목재, 광업, 석유, 해운업, 어업, 가축과 전력 분야에 돌아간다. 그리고 보조금은 대체로 규모가 크다. 이탈리아에서는 전력 회사가 얻는 소득 총액의 5분의 1이 보조금으로 충당된다. 이는 경제 전반에 영향을 미치고 시장체제가 배분적 효율성을 달성하지 못하게 되는 주된 요인이다.

우리는 정부가 가격 결정에 개입하고 보조금을 지급하는 일이 시장체제를 타락시킬 수 있다는 것을 살펴보았다. 태국 등 여러 국가에서는 정부가 통제하는 은행에서 낮은 이자로 융자를 받거나, 다른 기업이 융자를 받지 못할 때도 융자를 받는 등, 특혜를 받기 위해 기업들이 정치적 영향력이 있는 인맥을 활용하거나 뇌물을 동원하는 일이 자주 있다.

물론, 보조금은 저소득층의 가난한 농민이나 유망 산업을 지원하고, 의료 서비스처럼 많은 소비자가 지불하기 어려운 서비스를 확대하는 등의 중요한 목적으로 사용될 수 있다. 흔히 정부가 발표하는 보조금 지원의 목적은 환영할 만하다. 그러나 실제로 보조금이 결정되는 과정은 정치적 영향력을 행사할 수 있는 집단이나 개인에게 유리하게 작용하기 마련이다. 예를 들자면, 농업 보조금은 저소득층 농민을 보호하기 위한 장치인 것처럼 이야기되지만, 실제로는 거의 대부분이 고소득층 농민이나 영농 기업에 지급된다.

무지와 불합리성

효율 가격과 비용 계산이 판매자와 구매자를 현명하게 만들지는 않는다. 비록 우리가 효율성에 필수적인 비용 계산을 수도 없이 많이 하지만 시장 참여자는 사회 구성원 전반에 미치는 일반적인 불합리성과 무지 때문에 어려움을 겪는다. 소비자는 대체로 제품의 복잡한 구조 때문에 자신이 선택하는 것이 정확히 어떤 것인지 잘 알지 못한다. 일반적으로 외형적인 특성을 제외하고, 한 세탁기가 다른 세탁기와 구체적으로 어떻게 다른지, 흰 가운을 걸친 의사의 진단이 정말 옳은지에 관해서 소비자는 잘 알지 못한다.

소비자가 합리적 계산보다는 대체로 불합리한 방식에 의존한다는 것은 광고와 같은 비합리적이고 불합리한 호소에 소비자가 크게 좌우되는 것을 봐도 알 수 있다. 오늘 아침 신문에서는 한 전화 회사가 마치 경쟁 회사에서는 하지 못하는 서비스를 제공하는 것처럼, "사랑하는 사람과의 통신망을 열어 놓는" 서비스를 제시한다. 소비자는 흔히 판단하기 어렵거나 잘못된 정보의 바다 속에서 허우적거린다. 모든 시장 참여자는 파급효과뿐만 아니라 본인의 무능력으로 인해, 혹은 이 둘이 결합함으로써 탈리도마이드[19]와 같은 우발적인 재앙이나 위험에 끊임없이 노출되어 있다.

---

19 탈리도마이드(thalidomide)는 1953년에 서독에서 개발된 임산부들의 입덧 예방약으로 제약회사인 그뤼네탈이 1957년 8월 1일부터 시판하기 시작했다. 각종 동물 실험에서 부작용이 거의 드러나지 않았기 때문에 '부작용 없는 기적의 약'으로 선전되었다. 처음에는 독일과 영국에서 주로 사용하다가 곧 50여 개 나라에서 사용하기 시작했다. 그러나 1960년부터 1961년 사이에 이 약을 복용한 임산부들이 기형아를 출산하면서, 위험성이 드러나 판매가 중지되었다.

어떤 사람은, 이런 문제들은 고려하지 않은 채, 소비자 본인이 원한다고 생각하는 것에 따라 효율성이 판단된다고 주장하기도 한다. 자신이 무엇을 원하는지, 무엇을 필요로 하는지 알지 못하는 소비자들의 무능력은 안중에도 없다. 누군가는 소비자가 정부 관료보다 훌륭한 선택을 한다고 말할지도 모른다. 그러나 정작 소비자는 자신이 무능력하다고 생각한다. 그래서 사람들은 시장체제에서 자신들의 선택을 국가가 규제하도록 도움을 청한다. 이런 규제 덕분에 가족의 생계를 책임진 사람들은 예컨대 자녀를 먹이고 입히거나, 누군가를 고용해 쓰레기를 치우는 등의 일에 정부 예산이 지급되도록 할 수 있다. 대부분의 사람들이 소비자가 가장 잘 안다고 생각하지는 않는 것 같다.

물론 모든 사회체제는 비효율성을 갖는다. 사람들이 가족 구성원, 소비자, 기업가 혹은 내각 구성원으로서 비용에 관한 정보를 갖고 있을 때조차도 종종 나쁜 결정을 하기 때문이다. 심하게 말하면 우리의 사적인 작은 결정조차도 의도한 대로 이루어지지 않는다. 예를 들어, 우리는 물을 너무 많이 주어서 화분의 식물을 죽이거나, 엄마의 꾸중을 듣기보다는 적당히 잘 둘러대라고 아이들에게 무심코 가르친다. 정부의 결정과 기업의 결정은 으레 원하지 않는 결과를 사회에 초래하며, 이런 의미에서 항상 어느 정도는 비효율적이라 할 수 있다. 거의 모든 사람이 체르노빌에 원자력발전소를 세운 것은 실수였다고 평가한다. 많은 사람들이 계속해서 가치 평가를 유보한다면, 유로화가 실수인 것으로 드러날지도 모른다.

잘못된 시장 선택은 단순히 실수 ― 예컨대, 소비자는 소형차를 선호하는데 대형차를 생산하는 것과 같은 ― 때문에 발생하는 것은 아니다. 아주 멀리 떨어진 곳에서 내려진 선택이나 먼 과거에 내린 선택을 통해서도 심각한 낭비가 발생할 수 있다. 구매 여부를 둘러싼 부정적인 의견이 많아지면 불황을 초래할 수 있으며, 그 결과 수백만 명의 사람들이 직장을 잃고, 생산이 급격히 감소할 수 있다. 뉴욕이나 홍콩 등지에서 내려진 금융 결정으로 말미암아 인도네시아에서 대규모의 자본이 빠른 속도로 빠져나갔으며, 그 결과 고용과 생산이 급격히 하락했다. 농부가 땅에 물을 대기 위해 내린 결정이 여러 해에 걸쳐 땅에 염분이 스며들게 하고 결국은 생산성을 무너뜨리기도 한다. 시장체제에서 이루어진 선택이 결과적으로 잘못될 가능성은 끝이 없는 것 같다.

따라서 시장체제가 매우 비효율적이라고 비판하는 이들의 지적은 맞는 말이다. 사회의 거대한 복잡성에 대처하는 데 있어, 참여자들은 보잘 것 없는 능력만을 가지고 있을 뿐이며, 지배자들 역시 마찬가지다. 비록 그들의 능력이 컴퓨터와 같은 다양한 도구를 통해 확장된다고 해도 말이다. 문제는 무한하지만 두뇌는 유한할 뿐이다. 그나마 우리가 이야기할 수 있는 것은, 다른 대안적 체제에 비해 시장체제만의 강점이라 할 수 있는 효율 가격과 같은 몇몇 특성들뿐이다.

불평등

끝내 해소되지 않는 중요한 문제는 소득과 부의 분배는 물론 지위와 기회의 분배에 있어서의 불평등이다. 응분 보상 원칙과 함께 시장체제는 엄청난 불평등을 초래했다. 유엔의 한 평가에 따르면, 세계 인구의 5분의 1이 세계 재화와 서비스의 86퍼센트를 소비하고 하위 5분의 1

은 3퍼센트 미만을 소비한다. 세계보건기구의 추산에 따르면 전 세계적으로 건강에 관한 연구에 매년 560억 달러가 소용된다고 한다. 하지만 세계 인구의 90퍼센트에 달하는 가난한 사람들을 괴롭히는 질병에 관한 연구 조사에는 그 금액의 10퍼센트 미만이 투입된다. 산업화된 국가들에서 부의 불평등이 줄어들기는 한다(사회경제적 계급 내부에서는 축소되지만 계급 간 불평등은 별로 축소되지 않는다). 그러나 부의 불평등이 복지국가의 재분배를 통해서조차 제거되지는 않는 것은 물론이다. 이런 재분배를 고려하더라도, 1989년에는 영국에서 가장 부유한 1퍼센트가 영국 부의 13퍼센트를 소유했으며, 미국에서는 가장 부유한 1퍼센트가 부의 22퍼센트를 소유했다.

그러나 평등을 청사진으로 내건 가상 사회가 아닌 한, 불평등은 모든 대규모 사회체제의 특징이다. 과거와 현재의 시장체제는 대규모 사회체제의 특징인 불평등을 제거하지 못했으며 때로는 악화시키기도 한다. 하지만 사람들이나 지배자들이 하려고 한다면, 기존의 시장 사회는 세금이나 정부 지출 등 여러 방법을 통해서 불평등을 축소하거나 변화시킬 수 있다. 그러므로 기존의 시장 사회에서 불평등이 나타난다고 해서 그것이 시장체제를 포기할 만한 이유는 되지 못한다.

불평등은 비효율적인가? 혹은 많은 경제학자가 주장하는 것처럼 불평등은 형평성 혹은 정의의 문제일 뿐, 효율성의 문제와는 무관한가? 효율성은 투입 가치에 대한 산출 가치에 따라 달라진다는 점을 기억해야 한다. '좋은 사회'와 같은 공동의 가치로 생각한다면 불평등은 분명 효율성의 문제를 제기한다. 시장체제를 인류의 혜택을 위해 지구와 사회의 자원을 배분하는 방법으로 간주한다 해도, 과연 첨예한 불평등을 가져오는 배분이 효율적인지 질문할 수 있다. 세계의 많은 사람이 빈곤에 빠져 있고 일부만 풍요를 누린다는 점을 고려한다면, 시장체제가 그렇게 많은 사람을 비참하게 내버려 두는 것이 효율적인지 의문을 갖는 것은 당연하다.

불평등을 형평성의 문제로 간주하든 아니면 효율성의 문제로 간주하든, 일부 사람들은 불평등에 대해 아예 신경도 쓰지 않는다. 점진적이나마 불평등을 제거하려는 사회의 움직임을 두려워하는 사람들도 있다. 그들은 불평등을 유지하는 쪽을 오히려 선호한다. 다른 사람들은 불평등에 대해 유감으로 생각하지만, 유인 체계를 유지하기 위해 불평등은 불가피하며 적어도 그 때문에 효율적이라고 믿는다. 다른 한편, 연구 조사에 따르면 많은 사회에서 대다수는 지속적으로 불평등을 줄여 나가기를 원한다. 그들 대부분은 추상적으로 분배 형태의 문제를 제기하는 것이 아니라, 교육을 가로막는 장애 요인, 불합리한 의료 서비스나 노년의 수입 불안전성과 같은 불평등의 구체적인 폐해가 줄어들기를 원한다.

불평등을 추상적으로 생각하든 아니면 구체적으로 사회적 폐해와 연관시켜 생각하든, 시장체제는 불평등을 도외시할 만큼 효율적이지 못하다. 협력을 통해 생산한 서비스와 재화를 분배함에 있어서, 시장체제는 일부 사람의 필요나 요구를 다른 이들에 비해 상대적으로 더 많이 충족시키기도 하고, 극단적인 경우에는 수백만 명의 사람들을 하수 처리 시설 같은 기본적인 생활 조건조차 없는 상태로 방치하기도 한다. 그러므로 사회적 선을 어떻게 정의하든, 시장체제가 사회적 선을 추구하기 위해 자원을 배분함에 있어서 비효율적인 양상을 보인다는 주장에 대해 어떤 식으로든 — 받아들이거나, 수정하거나, 거부하거나 — 대처해야 한다.

기업가의 동기부여

끝으로 살펴볼 문제는 시장체제의 효율에 크게 기여하는 동기부여의 장점이 그로 인해 시장체제를 비효율에 빠뜨릴 수 있다는 점이다. 그런 비효율은 작은 문제가 아니다. 나는 미국 담배 산업이나 스위스 금융업의 무절제가 경영자들의 유별난 도덕적 결함 때문에 생긴 것이라고 믿지 않는다. 그런 기업가들이 다른 이들에 비해 도덕성이 덜 하지도 더 하지도 않다고 가정한다면, 그들의 행동은 결국 시장 유인력이 낳은 결과다. 기업가는 과장된 홍보를 할 때조차 결단력과 창의력을 발휘할 것이다. 마찬가지로, 정부가 그들이 제조한 식품이나 의약품의 내수 시장 판매를 승인하지 않는다면, 그들은 그 제품을 해외로 선적하고 그곳에서 그 제품의 효과나 가치를 홍보할 것이다. 물론 모든 파급 손실을, 예컨대 산업폐기물이 환경에 미치는 영향의 경우처럼 기업가의 무지 탓으로 돌릴 수만은 없다. 그들에게 주어지는 시장의 유인력은 어떤 방식으로든 앞으로 돌진할 것을 요구한다.

시장이 기업가에게 부여하는 동기의 위력은 그들이 창의적으로 싸우고 또 끊임없이 규제를 피할 수 있도록 에너지를 불어넣는다는 데 있다. 또한 그런 동기부여는 대체로 기업가를 '탐욕과 조작의 너저분한 소문'으로 내몬다. 예컨대, 1991년 일본에서는 노무라연구소의 소장, 스미모토 은행의 은행장과 니코 증권의 사장이 복잡한 스캔들에 휘말려 모두 해임되었다. 영국에서 기네스 주가 조작 사건[20]이 막 마무리될

---

20 영국의 금융회사 모건 그렌펠(Morgan, Grenfell & Co)이 인수 합병을 추진하면서 1986년 기네스 맥주의 주가를 조작하고 내부자 거래를 벌인 사건이다.

즈음, 프랑스에서는 불법 내부자거래 문제가 터졌으며, 독일에서는 기업가를 상대로 한 형사소송이 급증했다.

요컨대, 기업가가 부여받는 동기는 너무나 강력해서, 시장에서 잘 팔리는 제품을 만들어 내기도 하지만 황폐한 도시 공동체나 절도와 같은 '제품'을 만들어 내기도 한다. 또한 기업가의 동기부여는 판매 촉진 활동을 통해 시장체제를 비효율적으로 만드는 비합리성과 무지를 초래하기도 한다. 이런 동기부여의 힘은 사회에 혜택과 손해를 모두 안겨 주기 때문에, 어떤 수준까지 용인되는 것이 바람직한지는 분명하지 않다. 나는 기존의 어떤 시장 사회에서도 동기부여의 효율적인 수준을 유지하지 못했다는 사실을 분명히 알고 있다. 그렇기 때문에 시장 사회에서 기업가에게 어느 정도까지 동기를 부여하는 것이 효율적인지에 대한 그 어떤 판단도 대체로 성급할 수밖에 없고, 분명 사실도 아닐 것이며 심지어는 사실일 개연성조차 없을 것이다.

너무 적은, 너무 늦은

: 선행 결정과 시장체제의 비효율성

파급효과, 강제적인 거래 중지, 독점, 가격 담합, 무지와 불합리성 그리고 동기부여의 결함 등이 모두 없다고 가정하자. 그럴 경우, 시장체제는 고도의 배분적 효율성을 달성할 수 있는가? 혹자는 그렇다고 생각할 수 있겠지만, 대답은 '아니오'다. 물론 '예'라는 대답이 나오도록 효율성의 의미를 다르게 정의하지 않는다면 말이다. 효율성이 실현되지 못하도록 하는 장벽은 아직 남아 있다. 그것은 시장체제가 오직 제한적인 영역 안에서만 작동할 수 있다는 것이다. 배분적 효율성은 시장체제의 힘만으로 달성할 수 없는 경우가 여전히 많다.

시장체제의 범위를 제한하는 주요한 원인은 시장체제가 자발적인 배분만 조율할 수 있다는 데 있다. 우리는 이미 이 문제를 살펴보았다. 시장 참여자는 오직 판매자와 구매자가 모두 자발적으로 행동하는 가운데 혜택을 제공할 경우에만 대상과 용역을 취득할 수 있다. 시장체제는 고층건물의 건설을 조율하거나, 1만 명이나 되는 노동자들의 연금을 투자자에게 제공할 수 있게 한다. 그러나 시장체제는 고속도로를 건설하기 위해 토지를 취득하는 일을 조율할 수 없다. 매입만으로는 필요한 토지를 모두 취득할 수 없기 때문이다. 적어도 일부 소유자에게는 땅을 팔도록 강제해야 한다. 뿐만 아니라, 시장체제는 화폐소득이나 부를 한 집단에서 또 다른 집단으로 이전할 수도 없다. 또한 시장체제에서는 지불 능력이 없는 부모 밑에서 자라는 어린이들이 교육의 혜택을 받을 수도 없다. 이렇듯 시장체제는 많은 문제를 효율적으로 해결할 수 없다. 시장체제는 본래 그런 것을 할 수 없기 때문이다.

그런 문제를 해결하기 위해 시장체제는 대체로 국가의 도움을 필요로 한다. 예컨대, 가난한 사람에게 산출을 더 많이 배분하고자 소득재분배를 목적으로 세금을 부과하는 것을 들 수 있다. 어떤 사안에 대해 시장체제는 완전히 무기력하다. 시장체제는 일군의 대표들을 모아 헌법을 제정할 수도 없고, 이를 집행할 수도 없다.

혹자는 이런 한계가 효율의 문제가 아니라고 말할지 모른다. 아기를 목욕시킬 수 없고 전화 메시지도 전달할 수 없다고 망치를 비효율적인 도구라고 말하지는 않기 때문이다. 따라서 일부 조율 과제가 시장체제의 영역 밖에서 이뤄진다고 시장체제가 비효율적이라고 할 수는 없다. 그러나 강제를 통한 조율을 달성하지 못하는 시장체제의 무능력은 다시 시장체제의 효율성에 대한 쟁점들을 제기한다. 많은 사람들은 공통적으로 시장체제가 자원을 효율적으로 배분한다고 주장한다. 하지만 시장체제의 효율성에 관한 주장을 자세히 검토해 보면 그 주장은 거짓임을 알게 된다. 기껏해야 시장체제는 자발적인 교환을 통해 성취할 수 있는 자원 배분에서만 효율적이라는 정도다. 다시 말해, 시장체제가 효율적이라는 판단은 시장이라는 제한된 영역에서만 유효하고, 따라서 시장체제가 효율적이라는 주장도 시장의 제한된 영역에서만 성립한다.

시장체제의 효율을 과장하는 또 다른 주장은, 시장체제는 사람들이 욕망을 강제적으로가 아니라 자발적(마치 사람들이 선택만 하면, 그 욕망이 무엇이든 자발적으로 달성될 수 있는 것처럼)으로 추구하도록 한다는 것이다. 이런 주장은 전혀 사실이 아니다. 진실은 다음과 같다. 즉 시장체제는 자발적인 경로로만 제한되는데, 욕망 실현은 대개 자발성만으로 불충분하며, 따라서 시장체제만으로는 욕망을 달성할 수 없다. 이런 시장체제의 무능력은 다시 효율성 논쟁으로 귀결되는데, 이는 무엇보다도 시장체제의 효율성을 지나치게 과장한 데서 비롯된 것이다.

시장체제는 대중의 선호에 따라 배분을 하기 때문에 효율적이라는 주장 또한 과장이다. 사실은 다음과 같다. 시장체제는 기껏해야 기술과 자산의 자발적 제공을 통해 표현될 수 있는 선호에만 반응할 뿐이다. 기술과 자산의 배분 상태를 변화시켜 보라. 그러면 시장의 반응을 이끌어 내는 사람들의 선호 역시 변화함을 알 수 있을 것이다. 시장체제에서 교육 서비스에 대한 평가가 새롭게 높아진 것은, 참여자들이 교육의 가치를 재평가했기 때문이 아니라 단지 더 많은 자산이 교육 분야에 강제적으로 재분배되었음을 의미하는 것일 수도 있다. 다시 한 번 말하지만, 시장체제의 제한적인 역량은 시장체제의 효율성을 지나치게 주장하는 것이 틀렸음을 보여 준다.

어떤 경우에도 강제적인 배분은 바람직하지 않으며, 시장체제는 강제할 능력이 없기 때문에 실제로 효율적이라는 이념이 널리 퍼져 있다. 그러나 6장에서 살펴보았듯이, 사회는 전반적으로 강제가 없으면 유지되고 번영할 수 없다. 사회에는 당연히 조세가 필요하다. 승자의 결정을 패배한 소수가 받아들여야만 하는 선거처럼 절차 속에 내재된 강제도 필요하다.

시장체제는 효율성을 달성하기 위해 필요한 강제적 배분을 하지 못할 뿐만 아니라, 시장체제의 존재는 국가와 같은 다른 메커니즘의 효과적 활용을 방해한다. 예컨대, 교육이나 공중 보건에 자원을 효율적으로 배분하기 위해 세금을 부과하는 것은 세금을 내는 기업의 의욕을 떨어뜨리기도 한다. 환경 관련법을 제정하는 것은 새로운 투자를 가로막거나 심지어는 일부 기업을 파산으로 몰고 갈 것이라고 기업가들은 강변한다. 역사적으로 그들은 미성년 노동, 근로 시간, 작업장 안전에 관한 규제처럼 국가의 개입을 확대하려는 다양한 시도들에 대해 이와 같은 반론을 제기했다. 그런 불만은 타당할 때도 있지만 타당하지 못할 때도 있다. 어느 쪽이든, 사회는 시장 부문의 원활한 활동을 유지하기 위해서, 교육이나 건강과 같은 비시장적인 영역 — 이 부분을 효율적으로 만들기 위해서는 강제적인 세금 징수가 필요하다 — 에 대해서는 소극적으로 대처한다. 그렇다면 결국 시장체제 내에서 나타나는 효율성은 다른 영역의 비효율을 대가로 이루어지는 것일 뿐이다.

국가의 '간섭'에 대해 빈번하게 제기되는 반론, 즉 국가의 간섭이 시장 효율을 방해한다는 주장은 불완전하고 그래서 설득력이 떨어진다는 점에 잠시 주목할 필요가 있다. 높은 소득세 때문에 가수가 공연 횟수를 줄임으로써, 청중들이 공연에 참석(공연에 대한 청중의 평가는, 청중이 기꺼이 지불하는 가격에 의해 표시된다)할 수 없게 되었다고 가정해 보자. 그 세금이 비효율적인가의 여부는, 결국 그 세금이 가수의 선택에 어떤 영향을 미쳤는지와 자원 배분에 있어서의 비효율성 — 예컨대, 일부 주민에게 불충분하게 지원되던 의료 혜택 — 을 줄이는 데 사용되었는지 여부에 달려 있다.

선행 결정

효율성을 달성하는 데 필요한 강제는 단순히 과세나 복지국가에서 이루어지는 강제만 있는 것이 아니다. 여기에는 내가 선행 결정prior determinations이라고 부르는, 과거의 결정이 현재의 시장 교환을 제약하는 것과 같은 더 중요한 범주의 강제도 있다. 선행 결정은 시장체제가 해결할 수 있는 것이 아니며 시장의 효율성에 관한 주장을 유지할 수 없게 만들거나 약화시킨다.

시장체제는 두 범주의 결정을 필요로 한다. 한 범주는 시장 교환으로 이루어진다. 다른 범주는 '선행' 결정이다. 그것은 사람들 사이에서 자산과 기술의 분배가 미리 결정되는 것을 말하는데, 시장 교환은 선행 결정이 있고 나서야 이루어진다. 이런 선행 결정은 관습과 법, 역사적 사건으로 말미암아 이루어지며 대체로 강제적이다. 이 두 범주의 결정은 모두 현재에도 진행되고 있는 것으로, 양자 간의 차이를 현재와 과거의 결정으로 이해해서는 안 된다. 물론 일신의 자유와 재산권은 2백 년이나 3백 년 전에 최초로 확립된 것이겠지만, 시장체제에서 중요한 것은 그것과 관련한 현행 혹은 현재의 관습이나 법이다. 이런 결정 가운데 일부는 최근에 개정되기도 했고 앞으로도 계속 개정될 것이다.

시장 교환은 이런 선행 결정이 이루어지고 난 다음에야 비로소 이루어질 수 있다. 시장 교환은 무의 상태에서 시작하는 것이 아니다. 당신은 특정 자산이 당신의 소유라는 사실을 관습이나 법을 통해 어떤 방식으로든 인정받고 나서야 비로소 그 자산을 시장에 내놓을 수 있다. 그뿐만 아니라, 자신의 노동을 제공함으로써 어떤 혜택을 누릴 수 있는지를 자유에 관한 관습과 법을 통해 인정받고 나서야, 당신의 노동을 제공할 수 있다.

　비록 관습과 법을 통해 어떤 자산은 국가의 소유로 남을 수 있지만, 시장 사회에서 대부분의 자산은 사람들에게 배분된다. 배분되는 자산이 얼마 안 되는 옷에 불과할 때도 있지만, 극단적인 경우에는 토지, 건물, 유가증권 그리고 회수 가능한 대부금일 수도 있다. 자유에 관한 우리 시대의 관습과 법은 자기가 아닌 타인의 노동을 제공하는 것을 일반적으로 금지 ─ 예외적으로 부모가 자녀의 노동을 시장에 내놓는 것을 허용하는 사회도 있지만 ─ 한다. 노예제도 금지한다. 살인 청부업자나 마약상과 같은 일부 직업도 금지한다. 법 이상으로 관습 또한 어떤 직종에 대해서는 특정 인종 집단이나 민족 집단 구성원의 진입을 차단한다. 예컨대 대학 입학과 관련한 관습과 법은 일부 젊은이에게는 사회적 이동의 기회를 열어 놓지만 다른 젊은이들은 배제하기도 한다.

　역사와 전통으로부터 이어 내려오는 자산과 기술의 할당 방식은 사회마다 달라서, 어떤 사회는 어떤 특정 집단에 호의적이고 다른 사회는 다른 집단에 호의적이다. 그 방식이 완전히 고정된 것은 아니지만, 시장 사회는 여러 면에서 공통적 특징을 지닌다. 시장 사회는 토지에 대한 권리를 모든 집단에게 할당하기보다는 개인에게 할당한다. 법인 기업이 보유한 자산의 몫에 대한 권리에도 동일한 방식이 적용된다. 그리고 사회는 모두 자산을 불평등하게 할당한다.

　따라서 첫 번째 결론은, 시장체제에서 나타나는 산출 혹은 결과의 양상은 시장 교환과 선행 결정이 함께 작용한 결과이기 때문에, 시장 교환만으로는 그 양상을 설명할 수 없다는 것이다. 예컨대, 시장 교환에서 사람들이 주로 사치품을 구매하는 데 지출을 하는지, 또는 필수품을 구매하는 데 지출하는지는 대체로 선행 결정의 양상에 의해 결정된다.

현 세대는 모두 그 이전 세대가 남긴 것을 토대로 자산을 축적한다. 산업사회와 후기 산업사회에서는, 그 축적량이 매우 크다. 그 자산은 대체로, 상속에 관한 관습과 법을 통해 분배한다. 그 분배 방식은 공공의 이익이나 공공선과 같은 목적을 달성하기 위해 고안된 것이 아니며, 그렇다고 어떤 심오한 사상을 담고 있는 것도 아니다. 유전인자를 제외하면 우리 각자가 물려받는 것은 대부분 아주 오랜 전쟁, 정복, 약탈, 기만과 위협의 역사에 의해 그리고 재산과 유산에 관한 법에 의해 형성된다. 나는 스웨덴 소작농의 고손자다. 오랜 약탈과 정복의 역사를 겪으면서 나의 조상들은 소작농의 길로 내몰려야만 했고, 그 때문에 그들이 축적한 자산은 매우 보잘것없었다. 따라서 그들이 나의 증조부에게 물려 준 것도 극히 작았고, 간신히 미국으로 이주할 수 있는 정도였다. 마침내 법에 따라 얼마 안 되는 증조부의 자산은 나의 조부모가 물려받고 조부모의 자산을 다시 그 아들인 나의 아버지가 물려받았는데, 나의 아버지는 대공황 시기에 얼마 안 되는 유산마저 날려 버리고 말았다.

따라서 두 번째 결론은, 어떤 시기든 선행 결정은 효율적이지 않다는 것이다. 선행 결정은 대체로 역사적 사건에 의해 그리고 상속법에 의해 현재의 모습을 갖게 되었는데, 그 법 자체는 손익계산과는 전혀 상관없다.

이런 두 결론으로부터 시장 효율에 관한 중요한 추론을 이끌어 낼 수 있다. 이미 존재하는 일군의 선행 결정이 있다면 시장에서 나타나는 상호작용은, 기껏해야 배분된 기술과 자산을 어떻게 사용할 것인지에 관해 효율적으로 결정할 수 있는 기회를 참여자에게 줄 수 있을 뿐이다. 시장에서의 상호작용을 통해 선행 결정의 비효율성을 없애거나 피하기는 매우 어렵다. 이런 의미에서 시장 효율은 너무 적기도 하고 너무 늦기도 하다. 애초에 효율의 관점에서 만들어지지 않은 선행 결정에 따라 어떤 결과가 대부분 결정되고 나서야, 시장 효율성이 끼어든다. 선행 결정에 의존한다는 측면에서 시장체제는, 성능 좋은 엔진을 가졌지만 질이 좋지 않은 연료를 사용해 엔진이 원래의 성능만큼 제 기능을 발휘하지 못하는 자동차를 끌고 다니는 형국이다.

체육관에서 교환을 하는 사람들을 다시 한 번 생각해 보자. 여기서 어느 한 기부자가 그들에게 어떤 대상물과 숙련 기술을 나눠 준다고 하자. 그리고 그 대상물과 기술은 그들이 직접 사용할 수도 있고, 더 나은 것을 얻기 위해 교환할 수도 있다고 하자. 기부자는 선물을 받는 사람들이 꼭 필요로 하는 선물을 주지는 않았다. 기부자는 효율적인 선택을 하려고 애쓰지 않았다. 이제 사람들은 자신에게 필요한 것을 얻기 위해 교환에 들어간다. 참여자들이 교환을 끝냈을 때, 참여자는 좀 더 부유해졌거나, 적어도 손해는 보지 않았을 것이다. 따라서 우리는 그 교환이 결과적으로 효율적이었다고 말하고 싶어 할 수도 있다. 그럼에도 불구하고, 그 결과는, 기증자로부터 받은 선물의 특성 때문에, 참여자가 원하는 것이거나 필요로 하는 것과 전반적으로 어긋나 있을 수 있다. 애초의 배분은 효율적인 것이 아니라, 임의적인 것이었으며, 교환은 이를 어느 정도 개선시켰을 뿐이다.

혹자는 체육관에서의 가상 게임과 실제 시장 사이에는 다음과 같은 중요한 차이가 있다고 주장할 수 있다. 즉 게임에서 원초적 배분은 임의적이며 게임을 시작하게 하는 것 말고는 별다른 의미가 없다. 반면, 시장체제에서의 원초적 배분은 임의적인 것이 아니라 주어진 것이다. 다시 말해 그것은 사람들이 자신의 노동으로 할 수 있는 것에 어떤 자유와 제한이 있는지에 관해 사람들이 서로 '인정'한 것이다. 하지만 이는 잘못된 비교다. 사람들이 '인정'한 것은 역사적 사회과정과 현재적 사회과정의 결과이다. 그런 배분 과정은 소유권 혹은 재산권이라고 불리는 권리를 만들어 내고 또 수시로 변형시킨다. 그 배분은 히말라야처럼 그냥 '그곳에' 있는 것이 아니다. 그것은 시장 교환이 성취한 배분 못지않은 인간 활동의 산물이다. 자유라고 칭하는 권리에도 동일하게 적용될 수 있다. 사람들이 자신의 노동에 대한 보상을 향유할 수 있는 것은 오직 사람들이 서로에게 자유를 배분하기로 사전에 결정했기 때문이다.

또 다른 방법으로 이 문제를 설명하겠다. 자산과 기술의 배분에 관해서는 물론이고 그 자산과 기술을 통해 생산할 생산물과 서비스를 효율적으로 선택하는 두 가지 방법을 상상해 보자. 하나는 국가가 땅이나 자본 같은 생산적인 자산을 개인이나 사적인 조직체에 배분하지 않는 방법이다. 이 경우 국가 관료들이 계획에 따라 다양한 분야의 생산에 자산을 배분한다. 물론 그 목적은 효율적인 자산 사용을 통해 시민을 만족시키는 것이다. 관료들은 계획한 대로 매우 효율적인 배분과 생산을 달성할 수도 있다. 혹은 그들이 맡은 과업이 워낙 어려운 일이라 실패할 수도 있다. 어떤 경우든, 그들은 효율적인 선택을 위해 사회적 자원을 사용하는 것과 배분하는 것을 통합적인 문제로 보고 접근했을 것이다.

다른 하나는 관료들이 효율적인 배분이나 생산 계획과 같은 과제는 자신들의 권한 밖의 업무라고 판단하고 그런 시도를 하지 않는 것이다. 대신에 관료들은 단순히 생산적인 자산을 사회 구성원에게 배분하고, 자기 몫을 최대한 활용하는 문제는 수령자의 재량에 맡긴다. 관료들은 각 시민에게 배당할 몫의 크기를 어떻게 결정하는가? 관료들은 역사적 선례, 다른 사회의 사례, 정치적으로 실행 가능한 방식 등을 참고한다. 그들은 효율을 따지지 않는다. 그들은 경과를 지켜보면서, 수령자들이 체육관의 게임에서처럼 교환을 통해 각자의 입장을 효율적으로 개선하는 과정 속에서 시장체제를 만들어 가는 것을 보게 될 것이다.

첫 번째 계획에 따른 효율적 배분의 경우, 달성된 효율의 수준은 주로 관료들의 역량에 따라 달라질 것이다. 최상의 효율적 배분이 이루어질 수도 있다. 인간 두뇌의 한계와 과제의 복잡성으로 그렇게 되기는 어렵겠지만 말이다. 두 번째 경우와 관련해서 말할 수 있는 것은, 효율성의 가능성이 전혀 없다는 것이다. 바랄 수 있는 것이라고는 오직 자발적인 교환으로 할 수 있는 범위 안에서 사회가 원초적 분배를 제한적이나마 개선하는 것뿐이다. 장기적인 관점에서 볼 때 그것은 아주 미미한 것에 불과하다.

세 번째 마지막 결론은 간단히 말하면 이렇다. 지혜로운 것인지 어리석은 것인지는 모르겠으나, 시장체제는 효율적인 자원 배분과 생산 유형을 만들 수 있는 가능성을 사실상 포기한다. 그 대신에 시장체제는 자발적인 교환을 통해 개선 가능한 범위 내에서 비효율적인 배분의 문제를 다룰 뿐이다. 이런 방식으로 시장체제에서 선택이 이루어진다는 사실은 별로 주목되지 않았다. 그러나 러시아 사례를 통해 이런 선택 과정은 분명하고 극단적으로 표출되었다. 시장체제로 전환해 가는 과정에서, 한때 국가 소유였던 자산을 누가 가져야 하는가에 관한 선행 결정을 두고 보기 드문 거친 투쟁이 벌어졌다. 권력, 탐욕과 부패로 말미암아 자산은 극도로 불평등하게 배분되었는데, 이로 인해 앞으로 어떤 시장체제가 형성될지는 미지수다.

시장체제가 우리의 과거에 뿌리를 두고 있다는 것 외에 그 이상 내가 주장하는 것이 있는가? 그렇다. 내가 말하고자 하는 요점은 제한된 시장체제 영역만으로는 그 체계가 효율적으로 배분할 수 있는 역량을 발휘할 수 없다는 것이다.

또한 내가 덧붙여 강조하고자 한 것은, 시장체제는 재산권 관련 법과 같은 일련의 조건들을 필요로 하고 그런 것들 없이는 존립할 수 없지만, 그러나 바로 그런 조건들이 시장체제가 달성할 수 있는 효율성을 심각하게 제한한다는 사실이다. 시장체제가 갖는 효율성의 특징은 자발적 선택에 따르는 효율성이지만, 각각의 자발적 선택은 대체로 광범위한 차원에서 강제적인 '선택'이 사전에 먼저 선행될 것을 요구한다. 시장체제의 효율을 달성하는 데에는 사회가 선행 결정의 비효율을 감당하는 것이 전제되어야 한다.

한 가지 더 덧붙이자면, 시장 사회는 재분배적인 성격의 조세나 실업 급여와 같은 이전 지출transfer payment을 통해 선행 결정을 크게 개선할 수 있다. 선행 결정과의 절충을 통해서, 시장체제를 지금보다 훨씬 더 효과적인 효율성 실현의 도구로 만들 수 있을 것이다. 여기서 다시 우리는 다른 어떤 체제보다 시장체제가 더 나을 수 있다고 믿을 만한 이유를 발견하게 된다.

하지만 시장체제의 결과를 더 효율적으로 만들 수 있는, 즉 선행 결정에 대한 부분적인 개선조차 시장체제 스스로가 방해한다는 것도 이미 살펴보았다. 그런 의미에서 시장체제는 독특한 제도다. 시장체제는 관습과 법에 따라 그 자체의 근거를 제한하고 있기 때문에, 결과를 더 효율적으로 만들 수 있을 많은 기본적인 변화를 가로막는다.

선행 결정의 지속성

사전에 배분된 몫 자체가 법과 관습에 의한 배분이라기보다는 앞서 이루어진 시장 거래의 결과일 가능성은 없는가? 예컨대, 내가 자산을 보유하는 것이 관습과 법에 따라 배분받은 것이 아니라 시장에서 획득한 소득으로 매입했기 때문일 수 있는가? 그렇다. 적어도 나는 그럴 수 있었다. 그러나 그렇다 할지라도, 나의 소득은 그 전에 앞선 선행 결정에 의해 형성된 것이다. 관습과 법은 어떤 유형의 선행 거래는 금지한 반면에 다른 것은 허용했다. 또한 관습과 법은 과세를 통해 소득 가운데 얼마를 내가 보유할 수 있는가도 결정했다. 더 근본적으로는, 관습과 법이 내가 부모의 자산을 갖고 시장 생활로 들어가야 하는가 아닌가를 결정했다는 것이다. 상속에 관한 법과 관습은 시장 교환의 결과에 관련해 거대한 선행 결정을 의미한다. 각 시장 참여자가 죽음이나 상속에 관한 관습과 법의 영향을 피할 길은 없다. 각 세대는 상속에 관한 관습과 법이 규정하는 대로 일정한 자산을 가지고 시장 생활을 시작한다. 그 자산이 많든 적든 말이다.

한 사람이 시장체제에서 생산하거나 가져갈 수 있는 것은 지금까지 논의한 것보다 훨씬 더 폭넓은 일련의 선행 결정을 토대로 이루어진 결과다. 포드가 수백만 명에게 저렴한 자동차를 공급할 수 있었던 것은 대규모 도로 건설 작업이 사전에 있었기 때문이다. 그렇지 않았다면 시장의 자동차 수요가 그 정도로 성장하지 못했을 것이다. 빌 게이츠가 속한 사회가 문맹 사회였다면, 그는 마이크로소프트의 상품과 서비스를 공급할 수 없었고, 또 그렇게 억만장자가 될 만큼 팔지도 못했을 것이다. 한 사회가 문맹 사회가 아니라는 것은 일정하게 관습과 법을 통해 이루어지는 비시장적 결정, 그중에서도 특히 교육에 관한 선행 결정이 낳은 결과다. 시장체제가 만들어 낸 성과나, 심지어 천재 실업가의 업적조차 선행 결정에 부분적으로 의존하며, 이런 선행 결정은 결코 무시되거나 소멸되지 않는다.

효율적인 사회 조율이 극장에서 1막의 주인공은 국가다. 그 1막에서 국가는 거의 무조건적이고 또 효율적이지도 않게 다음 막의 진행에 영향을 미치는 선행 결정을 한다. 2막의 주인공은 시장체제의 교환이다. 관객의 참여가 많은 긴 2막은 효율적인 결말이 보장된 것이 아니라, 단지 효율적인 방향으로 움직인다. 효율적인 결과에 도달하지 못하는 이유는 2막이 1막의 결과 안에서 전개되도록 제한되어 있기 때문이다. 3막에서는 다시 국가가 등장한다. 국가는 서투르긴 하지만 대체로는 복지국가의 재분배를 통해 효율적인 결말로 나아가는 가능한 방법을 모든 사람에게 제시하려고 노력한다. 국가는 이런 자신의 노력을 가로막는 장애물이 2막에서의 실패뿐만 아니라 1막에서 자신이 한 공연의 결과이기도 하다는 것을 제대로 인식하지 못한다. 사회 조율은 장기 공연하는 연극이며 이 연극에서 3막은 언제나 다음 공연의 1막이 되며 다음 공연을 위해서는 새로운 3막이 집필된다.

THE MARKET SYSTEM 13 자유

: 시장체제는 사회를 더 자유롭게 하는가

학술적인 출판물이나 논쟁을 통해 사람들이 시장체제의 장점에 관해 열정적으로 거론하는 주장의 핵심은 시장체제를 통해 효율뿐만 아니라 자유가 부여된다는 것이다.

시장체제가 자유를 가져온다고 주장하려면, 우선 이 단어들의 의미부터 생각해 보는 게 좋겠다. 어쩌면 가장 전제적인 사회에서조차 사람들이 생각했던 것보다 많은 자유를 누린다. 우리는 모두 혼자 노래를 하거나 팔굽혀펴기를 하는 것처럼 타인에게 거의 영향을 주지 않는 무수한 일을 자유롭게 할 수 있다. 그러나 단순히 할 수 있는 일이 많다는 것만으로는 어떤 사람이 자유롭다고 하기에 충분치 않다. 무엇보다도 언론의 자유나 직업 선택의 자유와 같은 일부 중요한 자유가 충족되어야 한다. 반면, 선택을 하는 것이 부분적으로 심각하게 제한된다 하더라도 대부분의 사람은 자유가 박탈당했다고 여기지 않는 경우도 있다. 대부분의 사람들은 어떤 사람이 법에 따라 납세를 강요당하더라도 그가 자유롭다고 믿으며, 군대에 징집되더라도 자유롭다고 믿는다. 우리는 모두 가족, 시장, 국가나 다른 상호작용에 의해 통제되고 있다는 사실을 인정하기 때문에 분별력 있게 문제를 본다. 그래서 어떤 통제는 자유와 양립할 수 있으나 다른 통제는 그렇지 않다고 판단한다.

어떤 사람이 자유롭다고 할 때, 그것은 분명 키나 모발 색 같은 단순한 사실만 얘기하는 것이 아니다. 비록 다양한 방식으로 통제받더라도, 중요하거나 가치 있다고 판단하는 선택이 차단되지 않았을 때 자유롭다고 할 수 있다. 그러면 어떤 선택이 가치 있거나 중요한가? 이에 대한 견해는 사람마다 서로 다르다. 그리고 그런 차이 때문에 자유에 대한 분석은 아무리 엄밀하게 추론하고 설명한다 하더라도 결론짓기 어려운 공허한 논증의 세계 속에 남게 된다.

이 장에서 자유가 무엇이고 어떻게 가능한지에 관한 수많은 논쟁을 다 거론할 수는 없다. 그러나 시장체제와 자유의 연관성과 단절성을 이해하는 데 중요한 몇 가지 요점은 확인할 수 있다. 여기서는 정치적 자유에 관한 논의, 구체적으로는 시장체제가 정치적 민주주의를 촉진하고 정치적 민주주의가 자유를 보장할 가능성은 논외로 하고, 시장적 자유 그 자체만을 살펴보려고 한다. 즉 정치적 민주주의의 존재 여부와 상관없이, 시장 교환의 어떤 특성들이 시장 참여자들의 선택의 자유를 확대하거나 축소하는가?

이 물음에 대한 일반적인 답변은 시장체제에 대한 정의에 잘 나타나 있다. 시장체제는 자발적인 교환을 통해 사회를 조율하는 한 방법이다. 시장체제를 화폐와 가격이 없는 가상적인 물리적 계획체제와 비교해보자. 어떤 재화와 서비스를 생산해야 하고, 누구에게 어떤 몫으로 분배해야 하며, 사람들을 어떤 일자리에 배분해야 하는가 하는 문제를 물리적 계획체제에서 결정하는 것은 자유로운 선택이 아니라 바로 명령이다. 그와 같은 가상적 계획체제에서, 책을 출판해야 할 것인지, 당신이 한 권을 가질 수 있을 것인지 하는 문제는 자유롭게 선택하는 구매자가 있느냐에 달린 것이 아니라 행정적 결정에 달려 있다. 예컨대, 당신이 방콕에서 버스를 타고 교외에 있는 아파트로 갈 수 있을 것인지 아니면 집에 가는 길에 몇 가지 잡화를 사서 갈 수 있을 것인가의 문제는 당신의 지출에 좌우되는 것이 아니라, 그런 쇼핑이 당국에 의해 승인될 것인지에 따라 달라질 것이다.

'자유'와 '명령'이라는 용어를 아무리 이리저리 바꿔 본다 해도(이는 이 단어들의 의미가 사람에 따라 조금씩 다르다는 사실을 보여 준다), 명령과 시장에서의 선택은 확실히 다르다. 또한 그 차이는 명령과 유인을 구별하는 것이기도 하다. 일반적인 자유 개념에 따르면, 주로 유인 체계로 이루어지는 시장적 관계는 명령의 관계보다 상대적으로 더 자유롭다.

하지만 이 명제는 다른 관점에서 살펴볼 필요가 있으며, 다소 완화시킬 필요가 있다.

시장체제 없는 시장적 자유

첫 번째 생각해 볼 문제는 결코 사소한 것이 아니다. 상당수의 시장적 자유 ─ 우리가 만일 시장적 자유를 헤아릴 수 있다면, 아마 대부분 ─ 는 시장체제를 필요로 하지 않는다. 시장적 자유는 시장체제가 없어도 누릴 수 있다. 아마 화폐를 사용하지 않는 물리적 계획체제는 자유로운 선택을 허용하지 않겠지만, 화폐를 사용하며 자유롭게 선택할 수 있는 가상적 비시장체제는 쉽게 상상할 수 있다.

대부분의 사람들이 실행할 수 있는 시장적 자유의 두 유형은 직업 선택의 자유와 소비 선택의 자유다. 시장체제가 없는 중앙집권적 계획 수립에서도 이 두 가지 선택은 크든 작든 모두 허용할 수 있고, 또 그렇게 할 충분한 이유도 찾을 수 있을 것이다.

비시장체제에서 직업 선택의 자유. 계획 수립자가 다양한 생산 공정 계획을 결정한 후에는, 계획한 생산 공정에 노동자를 나눠서 배치해야 한다. 계획 수립자는 계획에 맞춰서 각 직종, 산업, 회사와 지역으로 노동을 할당할 수 있을 것이다. 그러나 할 수만 있다면 자발적 고용을 통하거나 능력이 있는 노동자를 고용하는 것이 노동 담당자가 각각의 일에 합당한 사람을 찾아서 분배하도록 지시하는 것보다 훨씬 쉬운 일이다. 군대를 징집하는 것이 매우 어렵듯이, 노동 전체를 다 징발하는 것은 거의 상상할 수 없다. 그 대신, 임금을 제공함으로써 징발에 따르는 강압이나 저항 없이 필요한 노동자를 끌어 모을 수 있을 것이다. 충원하기 어려운 어떤 일자리에 노동자를 채용하기 위해서는 초과 임금을 제공할 수도 있다. 시장체제에서와 마찬가지로, 제공되는 조건에 따라서 노동자는 여러 일자리 가운데 자유롭게 선택할 수 있다.

중앙집권적 계획에서 직업 선택의 자유가 갖는 몇 가지 이점은 가상 현실에서만 가능한 것이 아니다. 권위주의 체제였던 구소련과 중국의 계획자는 주로 징발을 통해 일자리를 배분했지만 공식적·비공식적 강제를 통한 다른 방법도 많이 활용했다. 노동자를 강제로 도시에서 시골로 이주시키는 것도 여기에 포함되는데, 이런 강제 이주는 마오쩌둥 치하의 문화대혁명에서 대대적으로 이루어졌다. 그러나 그들도 직업 선택의 자유를 선별적으로 활용했다. 그들의 직업 배분 방법은 복합적인 것이었다. 이 점에 관해서는 비중은 전혀 다르지만 시장 사회도 복합적인 방법을 사용하고 있다. 예컨대, 시장 사회도 군대를 징집하거나 국가가 교육 비용을 부담한 젊은 의사를 시골로 배치할 경우, 직업 선택의 자유를 제한한다.

비시장체제에서 소비 선택의 자유. 계획한 대로 생산하고 나면, 중앙집권적 계획 수립자는 계획대로 산출을 분배할 방법을 궁리해야 한다. 모든 사람에게 각각의 상품과 서비스를 동일하게 나누는 것은 엄청난 낭비일 것이다. 어떤 사람은 유아용 옷과 장난감이 필요하고, 어떤 사람은 학교 교사의 서비스가 필요하며, 어떤 사람은 노인 질환 전문의가 필요하다. 교환권을 분배해서 배급하는 것은 불편하고 소모적이며 귀찮은 일일 뿐만 아니라 암시장을 등장시키기도 한다. 중앙 계획 체계에서, 산출을 배분하는 가장 간단하고 쉬운 방법은 (평등하게 분배하든 불평등하게 분배하든 사람들이나 그들의 통치자들이 원하는 형태로) 화폐 소득을 모든 사람에게 분배하고, 각각의 산출물을 시장에서 모두 소비될 만한 가격으로 판매하는 것이다. 이것은 시장체제에서와 동일한 유형의 자유로운 선택을 소비자에게 허용한다.

다시 말하지만, 이것은 단순히 가정적인 상황을 가리키는 것이 아니다. 실제로 공산주의 체제에서도 소비자가 선택할 수 있는 자유가 있었기 때문이다. 그러나 공산주의 체제는 시장 사회에서 하는 만큼 폭넓게 선택의 자유를 제공하지는 않았다. 예컨대 공산주의 체제는 주택을 할당했으며, 과잉 소비를 유발할 만큼 다양한 재화와 서비스에 표준 이하의 임의 가격을 설정했다. 그 결과, 소비자가 쉽게 시장에서 구매하지 못하는 것들을 구하기 위해서는 공급자와 합법이건 불법이건 특별한 관계를 맺어야 했다. 하지만 사람들은 폭넓은 시장적 선택을 통해 재화와 서비스를 손에 넣었다. 공산주의 체제의 국민이 자유롭지 못한 것은 소비자에게 선택의 자유가 없기 때문이 아니라 정치가 전제적이기 때문이다.

다소 지나친 가정일지도 모르지만, 권위주의적인 공산주의 체제가 소비 선택의 자유와 직업 선택의 자유를 허용했다면, 민주적인 계획체제에서도 그럴 수 있을 것이며, 그것두 훨씬 더 폭넓게 허용할 수 있을 것이다. 이런 말을 하는 것은 단순히 민주적 계획체제를 옹호하려는 것이 아니라, 시장적 자유가 시장을 필요로 하지만 반드시 시장체제를 필요로 하지는 않는다는 점을 분명히 하려는 것이다. 물론, 민주적인 중앙집권적 계획은 완전히 가상만은 아니다. 오늘날 시장 사회는 '중앙집권적인' 생산 계획을 특징으로 한다. 자원을 배분하고 산출을 결정하는 데 있어서, 쇼핑몰에서부터 의료에 이르기까지 다양한 보조금이나 규제 조치, 금지 사항 등을 통해 국가는 막강한 중앙집권적 권력을 발휘하면서도, 소비자에게 선택할 수 있는 자유를 남겨 둔다.

소비 선택을 할 수 있는 자유와 직업을 선택할 수 있는 자유는 시장 체제에 속하는 것만이 아니라 중앙집권적 계획 수립의 권위주의적 형태와 민주주의적 형태 모두에서 나타난다고 결론지을 수 있다.

이제 흔히 나타나는 혼동을 피할 수 있을 것이다. 계획 수립자가 중앙집권적인 결정을 통해 생산하기로 한 재화와 서비스 가운데 소비자가 어떤 것을 구매할지 자유롭게 선택한다고 해서, 이것이 경제학자가 말하는 소비자주권은 아니다. 정의상, 중앙집권적 계획 수립은 소비자주권을 부정한다. 계획 수립자가 생산하기로 선택한 대상 중에서 소비자가 선택하는(소비자가 선택할 수 있는 자유) 체제와, 생산할 것을 소비자가 직접 결정하는(소비자주권) 체제는 서로 다르다. 비록 두 체제 모두 소비자가 선택할 수 있는 자유를 실천하고 소비재 시장을 이용하지만, 소비자주권을 실천하는 것은 오직 시장체제뿐이다.

만일 소비자들의 선택에 따라 생산이 통제되지 않는다면, 중앙집권자가 계획한 많은 서비스와 생산물 가운데 아무리 자유롭게 선택할 수 있다 해도, 실제로는 자유로운 것이 아니라고 생각하는 이들도 있다. 내 생각에는, 통상적인 자유 개념에 따른다면, 이런 입장은 유지하기 어렵다. 시장 사회에서 당신은 구매나 그와 유사한 방법을 통해서도 동네에 쓰레기 수거 서비스를 만들거나 국가가 우주 탐사나 도로 건설에 투자하는 것을 통제할 수 없다. 그러나 이로 말미암아 당신이 자유롭지 못한 것은 아니다. 만약 정부 관료의 정책 결정에 어떤 통제도 할 수 없다면, 정치적으로 자유롭지 못하다고 불만을 토로하겠지만 말이다. 프랑스와 영국의 소비자 대부분은 자국에서 생산되는 우유나 어떤 농축산물의 산출이, 소비자가 구매하는 총량에 따라 조절되는지 아니면 정부가 지출하는 보조금의 규모에 따라 조절되는지 알지 못할 것이다. 어떻든 간에 , 그들은 제공된 상품 중에서 자유롭게 선택하기 때문에 자신의 자유가 위협받는다고 생각하지 않는다. 실제로 민주주의 사회의 시민은 대체로 정부가 산출과 투입을 결정해 주기를 요구해 왔다. 예컨대 정부는 재정지출과 세금을 통해서, 관개용수 공급이나 항공운송, 혹은 다른 어떤 제품의 산출과 투입을 소비자 대신 결정했다. 민주 정부에서 관료가 어떤 분야의 산출을 계획할 가능성이 있거나 산출을 실제로 계획했다고 해서, 자유롭지 못하게 되었다고 비난하지는 않는다. 그 용어의 일반적인 용법에 따르면 말이다. 우리는 산출과 투입에 관한 결정을 전적으로 국가에 맡기면서도 소비 선택의 자유가 널리 시행되는, 고도로 민주적인 사회를 상상할 수도 있다.

권위주의적인 기업

시장체제와 자유의 연관성과 관련해 고려해야 할 두 번째 사항은 대다수의 피고용인은 근무가 끝나야만 자유롭다고 여긴다는 것이다. 시장체제가 자유를 지탱한다는 주장은 작업장에서 나타나는 부자유를 참작해야 한다. 이미 살펴본 것처럼, 작업장은 그 자체가 하나의 명령 체계이며 시장이라는 바다에 떠있는 권위의 섬이다.

작업장의 권위가 피고용인의 자유를 구속한다는 비판에 대한 상투적인 변명은 피고용인이 임금에 대한 보답으로 권위를 인정하겠다고 자유롭게 동의했다는 것이다. 그리고 이런 변명에 대한 틀에 박힌 반응은, 시장체제가 사람들에게 근무일에는 일부의 자유를 포기하는 데 동의하도록 요구한다는 것이다. 거래는 자유롭게 이루어지지만, 그 거래는 자신의 자유 가운데 일부를 판매하는 교환이다. 이 두 입장은 모두 몇 가지 단서를 단다면, 대체로 일리가 있는 주장들이다.

물론 비시장 사회의 작업장도 명령 체계다. 작업장에서 행사되는 권위는 시장체제만의 고유한 특징이 아니다. 시장체제든 아니든, 적어도 일부 생산 라인에서 위계적인 조직화가 필요하다면 그 조직 안에서는 권위 대 복종 관계를 피할 수 없다. 몇몇 관찰자들은 달갑지 않은 삶의 현실인 이런 사실을 일축해 버리며, 그것은 자유와 별 상관이 없다고 생각한다. 반면 다른 관찰자는 위계나 권위, 복종이 아무리 필요하더라도 그것은 명백하게 자유를 제한하는 것이며, 시장체제에서조차 피할 수 없다는 점에서 비극적인 것으로 본다. 두 입장 모두 나름대로 일리가 있는 주장들이다. 그러나 한쪽은 이런 상황을 분석하는 데 있어 자유 개념을 사용하지 않는 반면, 다른 쪽은 자유 개념을 사용해 분석한다.

어떻게 보든 간에 기업이, 제어할 수 없는 폭압 체제인 것은 아니다. 일반적으로 기업에서의 관리는 생산을 조직화하는 데 필요한 선에서 명령을 근무시간 내로 한정하고자 하기 때문이다. 경영자들은 근무 외 시간에는 피고용인에게 명령할 수 없고, 보통은 명령하려고 하지도 않는다. 하지만 산업사회에서 나타나는 작업장 밖에서의 자유 침해의 증거는, 관리자가 원하는 대로 투표하도록 피고용인에게 강요하려는 시도에서부터 기업 임원의 복장, 거처, 교제 상대, 정책 결정에 간섭하는 법인 기업의 미묘한 통제에 이르기까지 다양하다. 여전히 세계 곳곳에 존재하는 경영 관리 상의 권위주의는 마치 회사 매점과 사택만으로 이루어진 고립된 광산촌의 권위주의와 매우 유사하다.

피고용인이 임금을 받는 대신 복종하기로 동의했다 하더라도 관리자들의 권위를 제어할 수 없는 것은 아니다. 대표적으로 피고용인은 사표를 낼 수 있다. 이런 수단이 관리에 대한 통제력을 갖는가의 여부는, 피고용인이 어떤 종류의 대안적 일자리를 발견할 수 있는가에 따라 달라진다. 정부가 작업장을 규제하는 일은 그런 제어가 충분히 효과적이지 못하기 때문에 발생한다. 모든 시장체제에서 피고용인의 경영 참여 요구가 비록 미약하지만 끊임없이 제기되는 이유는 작업장에서 권위에 대한 불만이 지속되고 있기 때문이다. 독일 기업에서 피고용인이 이 사회에 참여하는 것과 같은 방식으로 '산업민주주의'에 대한 강력한 요구가 나타나기도 한다.

노동자 구인 경쟁이 매우 치열하다면 강압적인 압력을 행사하는 고용주는 피고용인을 붙잡아 두지 못할 것이다. 그러나 이것이 고용주와 피고용인의 상호작용에서 통상적으로 강제가 있을 수 있다는 사실을 부정하는 것은 아니다. 고용주가 선택적으로 강제할 수 있기 때문이다.

고용주가 일반적인 정책으로는 강제할 수 없다 하더라도 특정한 피고용인을 대상으로 선택적으로 강제를 행사할 수는 있다는 말이다. 예컨대 고용주는 '선동가' 혹은 노조 활동가를 해고할 수 있다.

시장 거래에서 나타나는 강제

시장체제와 자유의 연관성에서 세 번째로 고려해야 할 사항은, 작업장에 존재하는 권위와는 별개로, 많은 유형의 시장 교환은 자유롭지 못한 선택의 부담, 즉 자유롭게 선택할 수 있다면 거부했겠지만 그럴 수 없는 부담을 준다는 것이다. 앞에서 많이 이야기했으므로 이 문제는 지금쯤 대부분 익숙해져 있는 것이다.

파급효과. 파급효과는 비효율을 낳기도 하지만 강제적이기도 하다. 한 아침 신문에 따르면 맨해튼 아파트 주민의 걱정거리는 새로 생긴 아파트들 때문에 허드슨 강 전망과 햇빛이 가로막혔다는 것이다. 시장체제는 전체적으로 자유로운 선택으로만 이루어지지 않는다. 시장체제에는 타인의 선택 때문에 발생한 유해한 결과를 받아들이도록 강요당하는 사람들이 존재한다.

거래 중지. 시장적 거래를 일방적으로 중지하는 강제 때문에도 시장적 자유는 제한된다. 소비자의 외면으로 기업이 파산하는 사례를 두고 그런 파산을 해당 기업가의 자유로운 선택의 결과라고 말하기는 어렵다. 해고 또한 피고용인에게는 자유로운 선택이 아닌 기업가의 선택이다. 고용주가 일자리를 지속적으로 보장해야 할 의무는 없다는 논리에 따라 우리는 이런 강제를 무시할 수 있는가? 물론 고용주는 그럴 의무가 없다. 그렇지만 해고는 강요당하는 것이다. 해고도 나쁘지만 더 나쁜 것은, 해고하겠다는 위협이 노동조합을 결성하려는 피고용인의 자유를 방해하는 식의 다른 강요의 도구로 흔히 이용된다는 점이다.

일하지 않을 수 없다는 것? 또한 시장은 사람들에게 일을 강제하기도 한다. 절대 강제하지 않는다! 라고 반박하는 사람이 있을 것이다. 일은 삶의 현실이며, 누구나 생존하려면 일해야 한다는 것이다. 이는 자유와 강제 같은 개념을 쉽게 정의하기 어렵다는 것을 보여 주는 한 사례다. 응분 보상 원칙은 시장체제에서 생존하려면 시장에 기여를 해야 한다고 우리에게 말한다. 다른 대안은 없다. 선택의 여지가 없는 것이다. 따라서 시장체제에서 대부분의 성인은 일하지 않으면 생존할 수 없다. 만일 시장이든 아니든, 어떤 체제에서나 대부분의 사람이 일을 강요당할 수밖에 없는 것이 삶의 현실이라 할지라도, 시장체제 역시 일을 강요하는 한 가지 방법이다. 시장체제가 성공적으로 작동할 수 있는 것은 사람들을 자유롭게 놓아두기 때문이 아니라 그렇지 않기 때문이다. 고전 경제학자들이 시장체제를 찬양한 것은 일반 사람들에게 일을 하도록 강요하기 때문이다. 일에 대한 강요 가운데 하나는 윌리엄 타운센드가 지적한 굶주림이라는 '끝없고 조용한 압력'이다.

소득과 부의 불평등. 누구나 아는 것처럼, 불평등은 일부 시장 참여자가 타인을 강요하거나 억제하게 한다. 사람들은 소득이 없기 때문에 어쩔 수 없이 자신이나 자녀를 매춘이나 노예로 팔 수밖에 없다고 느낄 수 있다. 예컨대, 빈곤의 불평등이 극에 달해 필요한 것을 손에 넣을 수 없거나, 일자리를 찾을 수 없거나, 가족을 부양할 수 없을 때, 대다수의 사람은 자유롭지 않다고 확신할 것이다. 아마도 불평등이 그보다 덜할

218

경우에는, 모든 사람이 자유가 손상되었다고 표현하지는 않을지 모른다. 다만 소득이 낮아서 다른 사람보다 혜택이 적을 뿐이라고 말할 수도 있다. 하지만 많은 사람들이 비록 빈곤하지는 않지만 소득이 부족해서 자유롭게 대학에 갈 수 없거나, 자유롭게 거주 지역을 선택할 수 없거나, 원하는 일자리가 생기더라도 즉시 이사할 비용을 감당해야만 하는 문제 때문에 그 일자리를 자유롭게 얻지 못한다고 주장할 수도 있다

시장 지위의 불평등. 각 참여자가 시장적 상호 교환에서 갖게 된 영향력이나 권력의 불평등은 소득과 부의 불평등과는 구별된다. 이런 종류의 권력과 영향력의 불평등은 고용주와 피고용인의 상호작용에서 주로 나타난다. 이런 불평등은 작업장에서의 부자유를 넘어서 권위로 인한 부자유로 나타난다. 수백 명이나 수천 명의 피고용인을 거느린 고용주는 어떤 구직자의 고용을 거절하거나, 구직자에게 고용주가 제시한 고용 조건을 받아들이도록 강요할 수 있다. 고용주가 다른 대안을 찾을 수 없을 만큼 특별한 재능이나 서비스를 제공할 수 있는 구직자가 아니라면, 대부분은 고용주와 대적할 만한 힘이 없다. 그러므로 고용주의 권력은 개별 공장 노동자의 시장 권력을 압도한다. 세계 곳곳에서 구직자들은 건강과 안전상의 위험에 크게 노출되는 것을 포함해, 그들이 강제적이라고 생각하는 노동조건을 받아들이도록 강요당해 왔다.

시장이 자유를 촉진한다는 주장은 모든 구매자와 모든 판매자가 대안을 가질 수 있다는 전제 위에서 가능하다. 구매자가 필요로 하는 것을 여러 판매자에게서 구할 수 있을 때, 그는 특정한 판매자에게 예속되지 않고 그 강요로부터 자유로울 것이다. 마찬가지로 판매자는 다수의 소비자나 고용주가 있어서 단 한 명의 소비자나 고용주에게 예속되지 않을 경우에만 자유로울 것이다. 그러나 대안은 제한적이기 마련이

다. 독점은 강제의 한 형태다. 지위상의 불평등 때문에 형성되는 위협, 강요와 강압은 시장 관계에서 일상석으로 나타난다. 우리는 소비자가 제시하는 불평에 무관심한 기업을 상대하면서 적어도 그런 일을 한두 번씩 경험한다. 만일 어떤 기업이 자신이 소유한 자산과 소득을 방패삼아 아무런 양심의 가책도 없이 우리를 무시하려 한다면, 대개 우리는 패배를 받아들일 수밖에 없다.

무지와 조작. 잘못된 선택으로 말미암아 자신이 원하는 것을 손에 넣지 못했을 때, 그 선택은 비효율적인 선택인가, 아니면 자유롭지 못한 선택인가? 구입한 지 일주일도 지나지 않아 밑창이 떨어진 새 신발을 생각해 보자. 또는 꼼꼼히 생각했다면 선택했을 것을 무지로 인해 간과했다면 어떻게 되는가? 어떤 사람들은 이를 부자유로 보기에는 애매하다고 말할 것이다. 그들은 판촉 행위에서 흔히 나타나듯이, 기업과 같은 시장 참여자가 다른 참여자의 행동을 통제하려는 목적에서 의도적으로 정보를 차단하고 잘못된 정보를 제공하거나 소비자를 교란하는 경우라면 당연히 강제성을 인정할 것이다. 그러나 여기에서조차, 그들은 선택은 원래 완전한 자유가 아니라고 주장할 가능성이 크다. 즉 우리가 통상적으로 자유와 결부시키는 가치가 누락된 선택 — 일종의 퇴락한 선택의 자유 — 이라는 것이다. 거듭 이야기하지만, 자유에 대한 정의는 하나만 있는 게 아니다.

만일 조작적인 판촉으로 말미암아 진정한 선택의 자유가 방해받는다고 할 수 있다면, 국민투표나 선거와 같은 정치적 선택도 변질된 것이라고 인정해야 할 것이다. 당과 입후보자가 원하는 것 역시 유권자를 계몽시키는 것이 아니라 통제하는 것이다. 그들은 상호 소통을 통해서 그들, 즉 커뮤니케이션의 주체가 바라는 대로 사람들이 투표하게 하려고 한다. 이런 면에서 본다면 그들도 사람들을 통제하려는 판매자, 즉 자기가 팔려는 것을 구입하도록 사람들을 유도하는 판매자와 조금도 다르지 않다. 양쪽 모두 사회적 통념과 그릇된 설명(허위 진술)과 거짓말을 대량으로 유포한다. 그들은 충분한 정보나 판단을 통해 자유롭게 선택하는 것을 방해하려고 주의를 딴 데로 돌리고 판단을 흐리게 한다. 징지직 조작도 길수록 관측과 동일한 기법을 많이 활용하고 있다. 그렇다고 해서, 시장체제에서 자유로운 선택을 약화시키는 대중 조작에 대한 비판이 희석되는 것은 아니다. 중요한 것은 시장, 정치, 교육, 종교, 심지어는 과학이나 그 어디에서 발견되든 간에, 엘리트들에 의한 대중 조작은 자유로운 선택과는 양립할 수 없다는 사실이다.

이런 다양한 문제 제기가 시장체제에서 허용되거나 또는 시장체제가 촉진시켜 온 자유를 과소평가하고 있는가? 서유럽과 북미의 시장체제에서 자유는 사실상 크게 축소되지 않았다고 당신은 분명하게 말할 것이다. 맞다. 자유는 축소되지 않았다. 그런데 그것은 시장 자체가 보호하지 못한 자유를 보호하기 위해 국가가 다양한 방법으로 개입해 왔기 때문이다. 대부분의 국가는, 사람들을 노예로 팔도록 허용하지 않으며, 피고용인에 대한 해고는 사전 통고 및 해고수당과 같은 조건을 통해 억제한다. 노동조합이나 사적인 다른 집단도 종종 개입한다. 이렇게 국가와 사회집단이 빈번하게 개입한다는 사실은 역설적으로 시장이 얼마나 자유를 침해하는가를 입증하는 것이다.

남아 있는 두 가지 주의 사항

빈민가를 청소하거나, 가난한 노인에게 양로원을 제공하려면, 그에 필요한 세금을 누군가에게 강제적으로 부담시켜야 한다. 사람들이 자유롭게 선택해서 그런 공동 기획을 추구할 수 있어야 한다고 생각할 수도 있다. 그들이 그럴 수 없다면, 그들은 자유롭지 않은 것이다. 말장난처럼 보일 수 있다는 데에 유의하자. 앞의 세 문장에서, 나는 개인적 선택의 자유에서 공동 선택의 자유로 초점을 옮겼다. 그러면서 사람들이 필요하다고 생각하는 중요한 공동 선택들을 내릴 기회를 갖지 못한다면, 사람들은 자유롭지 않다는 것을 말했다. 즉 적절한 조건을 갖춰서 공동 선택을 강제할 수 있을 때에만, 예를 들어 다수의 결정을 소수가 따르도록 강제할 수 있을 때에만 사람들은 시민으로서 자유롭다.

우리가 살펴본 바에 따르면, 시장체제에는 집단에 의해 부과되는 강제가 들어설 자리가 없다. 시장적 자유에 관한 주장들은 시장체제와 개인적 선택을 연결시키지만, 집단이 내리는 선택의 자유에 관해서는 침묵하고 있다. 이런 주장들은 개인적으로 자유로운 사람들의 사회와 '집합적으로 자유로운 사람들의 사회'(이 둘 모두 바람직한 것으로 여겨진다) 사이의 차이를 구분하지 못하는 것이다. 비록 당신과 내가 개인적으로 시장체제에서 자유롭게 선택할 수 있다 하더라도, 그렇다고 해서 우리가 '시민으로서' 선택의 자유를 누리는 것은 아니다. 예를 들어 시장체제는 고속도로를 건설하기 위해 어떤 가족의 땅을 사용하거나 모든 어린이에게 초등교육을 실시할 수 있는 자유를 우리에게 주지는 않는다. 민주주의가 제도로 시행되는 민주주의 국가만이 시민에게 그런 유형의 집단적 선택의 자유를 준다.

이미 앞에서 내가 강조했듯이, 우리 모두의 주된 관심사는 단순히 다양한 측면에서 주어진 자유가 얼마나 큰가의 문제가 아니라 자유의 종류와 형태에 대한 것이다. 끝으로 한 가지 더 강조하자면, 우리가 일반적으로 잘 알고 있는 개인의 자유와, 그렇지 않은 제도institution의 자유를 혼동하지 말아야 한다. 사회는 경찰력이나 의회와 같은 제도에 폭넓은 자유를 허용한다는 점에서 돌이킬 수 없는 잘못을 범하곤 한다. 이들 제도의 자유가 확대되는 상황은 택시 회사나 항공 회사의 자유가 확대된 상황 못지않은 악몽이다. 정부에 속했든 사적 차원이든, 제도나 기관은 통제 — 책임을 부여할 수 있거나, 또는 그렇게 하지 않으면 무책임하고 위험하게 행사될 수 있는 권력을 제한하기 위해 — 아래에 있어야 한다. 이것은 정부 기관, 노동조합, 자선 기관 등 모든 유형의 조직체에 해당한다.

이것은 기업 조직체에도 해당된다. 그런 조직체는 통제 감독이 필요하며 조직체에는 일반적인 자유를 누릴 자격이 부여되지 않는다. 정상적인 사람이라면 누구라도 기업과 그 경영자가 통제로부터 벗어나 자유롭게 되기를 원하지 않을 것이다. 시장체제가 작동하는 것은 기업이 정부의 통제는 물론이고, 시장체제의 상호작용을 통해 소비자와 피고용인, 공급자로부터 통제받기 때문이다. 자유로운 기업, 즉 시장의 통제를 받지 않고 사람들이 원하는 것과는 상관없이 자유롭게 생산하는 기업 조직체란 우리가 거의 상상할 수도 없고 가능하지도 않은 전망이다. 사회가 필요로 하는 기업은 자유로운 기업이 아니라 파산할 위험을 감수하더라도 사람들의 욕구에 반응하도록 강제 받는 기업이다.

이 장의 명제들은 시장체제가 시장의 자유에 미치는 영향에 관해 완벽한 분석을 제공하지 않는다. '자유'라는 용어에 담긴 수많은 의미 때문에, 그리고 다른 여러 이유 때문에 확고한 결론을 내리지는 못했다. 하지만 우리는 시장체제와 자유의 기본적인 연결성과 단절성을 파악했으며, 그런 점에서 결론에 좀 더 가까이 다가갔다고는 할 수 있다.

시장체제가 인성과 문화에 미치는 영향을 우려하는 목소리는 시장체제가 우리를 번성하고 자유롭게 만든다고 선언하는 소리만큼 크지 않다. 하지만 시장체제 연구자들 중에는 인성과 문화에 관심을 기울이는 이들도 있다.

시장 참여자는 최선의 정보를 갖고 있을 때 다양한 직업과 생활양식 중에서 최선의 선택을 할 수 있다. 그는 자신의 선택에 따라 져야 할 부담이 무엇인지 판단하고 자유롭게 선택한다. 그럴 수만 있다면 정말 좋은 일이다. 그러나 과연 그가 최선의 상태로 있어 본 적이 있는가? 150년 동안 수많은 비판론자들이 그렇지 않다고 주장했다. 마르크스뿐만 아니라 존 러스킨 같은 예술 비평가들, 에리히 프롬 같은 심리학자와 헤르베르트 마르쿠제 같은 사회철학자들도 모두 그렇게 말했다. 애덤 스미스도 비판에 가담했다. 그들은 시장체제가 산출 면에서 효율적이라는 점에 대해서는 거의 문제 삼지 않지만, 시장체제가 일상적인 과정에서 미치는 영향에 대해서는 개탄한다. 그들의 비판에 귀를 기울이거나 지나친 탐욕에 대한 아리스토텔레스의 경고로 돌아가 보면, 시장적 인간의 매우 혼란스러운 모습을 발견하게 된다. 역사적으로 볼 때, 여성의 인성이 남성보다 상대적으로 덜 타락한 것처럼 보인다면, 그것은 남성이 시장체제에 더 관여한 반면에 여성은 오랫동안 가정이라는 울타리 안에서 임무를 수행했기 때문일 것이다.

비판론자들은 시장 참여자의 모습을 어떻게 표현하는가? 그들은 시장 참여자들이 삶의 고상한 가치는 제쳐 놓고 오로지 저급한 가치만 추구한다고 단언한다. 그들은 시장 참여자가 음식과 거처를 추구하는 것은 받아들이지만, 정신과 영혼의 문제를 거의 배제한 채 돈과 더 많은 재화와 서비스를 탐욕스럽게 추구하는 모습에는 동의하지 않는다. 진·선·미라는 고전적인 그리스적 가치에서 보면, 시장 참여자는 오로지 저급하고 타락한 물질적인 가치에만 몰두하고 있다.

시장 참여자는 속이 좁고 이해타산에 급급하다. 사려 깊거나 지혜롭기보다는 교활하다. 그의 생각은 비위에 거슬린다. 만약 그가 어떤 도덕이나 원칙을 가졌다면, 아마도 그 원칙은 그리스, 로마, 기독교 전통이나 동양 전통에서 유래된 것이라기보다는 자기 이익만 추구하는 공격적인 게임의 규칙일 것이다.

그는 이기적이지만 노련하지는 못하다. 편협하게 시장 이익을 추구하기 때문에 아둔하고 천박하다. 자신이 선택하거나 빠져든 생활양식 때문에 자신과 자기 가족이 감당해야 할 비용에 대해서는 둔감하다. 자신의 외로움을 알지 못하며, '나' 대신 '우리'를 생각하는 것이 얼마나 어려운 것인지도 모른다. 시장체제에 참여하는 모든 구성원 중에서 기업가들이 그 체제에 가장 충실하며, 따라서 그 속성을 가장 완벽하게 체득한다. 그들의 업적이 칭송받을지는 모르지만, 누가 그들의 인격을 흠모하겠는가?

나는 이러한 모습을 인정할 수 있다. 그러나 비록 이런 모습과 자주 대면한다고 해서 그것이 과연 시장 참여자의 전형적인 모습인가? 어떤 것의 전형인가? 그런 모습이 반드시 시장체제의 전형인 것은 아니다. 시장체제든 아니든, 아마도 산업사회에 살고 있는 도시인의 전형일 것이다. 그런 모습은 현대 생활이 안고 있는 추한 단면에 대한 경멸이 표현이지, 그들의 근본까지 세심하게 파고든 것은 아닐 것이다.

통찰력 있는 비판론자들조차도 그들이 표현한 모습과 시장체제의 연관성이 있는지 제대로 알지 못한다. 아마 누구라도 그럴 것이다. 따라서 나는 이 장에서 말하고 싶었던 나의 목적을 제한할 수밖에 없다. 우리는 시장체제가 인성이나 문화를 타락시킨다거나 타락시키지 않는다고 결론지을 만큼 충분히 알지 못한다. 그러나 비판론자들의 주장에 몇 가지 잘못된 오해가 뒤섞여 있다는 것을 설명할 수는 있다. 이 장의 마지막에 가서도 우리는 여전히 시장체제가 인성과 문화에 미치는 영향을 충분히 알지 못할 것이다. 그러나 그런 비난이 얼마나 진지한 지적인지 평가할 수는 있다는 점에서, 우리가 얼마나 많이 모르는가를 깨닫게 된다는 점에서, 일부 사람들이 안다고 주장하는 것 가운데 대부분이 근거가 없거나 거짓이라는 점을 발견한다는 점에서, 그리고 어떤 가설이 좀 더 생각해 볼만한지를 판단할 수 있다는 점에서 일정한 성과를 얻을 수 있을 것이다.

퇴니에스가 공동사회와 이익사회를 비교한 것처럼, 플라톤 이래로 마르크스, 헨리 메인, 허버트 스펜서와 에밀 뒤르켐 등과 같은 일련의 철학자들과 이론가들도 그와 유사한 구분을 했다. 대체로, 그들은 평화롭고 협력적인 인간 결사를 두 가지 형태로 구분한다. 하나는 혈족, 공동의 가치, 그리고 애정을 지닌 다면적 관계를 통해 형성된 인간 결사다. 다른 하나는 조율을 위해 계획적으로 노력하는, 공식적인 조직처럼 매우 일방적인 관계를 통해 형성되는 것이다. 첫 번째는 공동생활 자체를 목적으로 하는 공동체의 형태를 취한다. 두 번째는 국가나 관료제, 기업 등 공식적인 조직체의 형태를 갖는데, 이들 조직체는 공동체나 조직체에서의 생활 자체를 목적으로 삼는 것이 아니라 다른 목적을 추구한다. 서유럽과 북아메리카는 지난 3백 년에 걸쳐 — 세계의 일부 다른 지역에서는 더 짧은 기간에 — 첫 번째의 인간 결사 형태에서 벗어나 두 번째의 결사 형태로 사회가 움직이고 있다고 그들은 믿었다.

비록 이런 변화가 시장체제가 등장한 시기와 대체로 비슷한 때에 나타났고 인성과 문화의 변화를 동반한 것은 분명하지만, 그 변화가 시장체제 때문이라고 단정해서는 안 된다. 인성과 문화의 변화가 나타나는 때는 산업화와 기술혁신이 이루어진 시기와도 겹친다. 도시화와 관료제의 등장 시기와도 겹친다. 그리고 어느 정도 시간의 격차는 있지만, 정치적 민주주의가 발생한 시기와도 일치한다. 만일 이런 움직임이 서로 상승작용을 일으켰다는 점이 인정된다면, 인과관계를 어떻게 가려낼 것인가? 분명히 구소련에서는 시장체제와는 대체로 무관한 경로로 산업화, 도시화, 기술혁신과 관료주의적인 조직체들이 발생했다. 그러므로 시장체제가 이런 변화의 지원자라거나 방해자라고 단정할 수는 없다. 이런 사실은 인성과 문화에서 나타나는 현대적 양상을 시장체제와 결부시키는 가설에 대한 확신을 뒤흔든다. 그리하여 우리에게 남겨진 것은 분명한 연계성이 아니라 두통이다.

만일 대다수의 사람들이 공동체와 관습의 통제보다는 감독과 권위

아래서 근무하며 하루하루를 보낸다면, 아마 그런 특정 변화가 나타나게 된 것은 시장체제의 발흥 때문이 아니라 대규모의 상업적·산업적 조직체의 등장 때문일 것이다. 비시장체제에도 시장체제 못지않게 거대한 기업 조직이 존재한다. 생산에서 나타나는 관료화는 범세계적 현상이어서 공산주의 체제에서도 나타나고 시장체제에서도 나타난다. 관리자는 시장체제에만 존재하는 별난 동물이 아니다.

　방금 지적한 3백 년 동안의 변화에 대해서 의문을 제기할 수도 있다. 공동체가 지배적이던 세계에서 목적 지향적인 조직이 지배적인 세계로 옮겨 가는 변화 속에서, 시장체제는 일반적으로 전자가 아니라 후자에 속하는 것으로 간주된다. 무엇인가 잘못되었다. 시장적 관계는 대부분의 성인들 간에 널리 확산된 다자간 상호 교환의 형태를 취한다. 시장적 관계를, 공식적인 조직체에 참여하는 사람들 사이에서 이루어지는 매우 일면적인 관계로만 국한해 보면 안 된다. 물론 시장적 관계가 전통에 얽매인 공동체의 특징을 그대로 갖는 것은 분명 아니다. 그러나 그런 공동체와 마찬가지로, 시장체제는 무수한 관계로 사람들을 서로 연결하는 다자간 조정망의 형태를 띤다.

　만일 지난 3백 년 사이에 우리가 그 과정 모두를 경험했다면, 공동체와 목적 지향적 조직체라는 두 사회의 차이점은 훨씬 분명해질 것이다. 그랬다면 우리는 전통적인 공동체와, 국가의 목적 지향적 권위에 의해 조율된 사회의 비극적 종점이 어떻게 다른지 뚜렷하게 대조할 수 있었을 것이다. 그러나 파시즘이나 공산주의 세계를 제외하면, 그 변화는 그렇게 크지 않았다. 시장체제라는 제3의 대안이 등장했기 때문이다. 시장체제는 공동체에서는 불가능한 대규모의 사회적 조율을 제공하지만, 인류에게 목적 지향적 조직체에 복종할 것을 요구하지는 않는다.

대규모 조율 방식인 목적 지향적인 권위적 국가를 모면할 수 있게 한 것이 바로 시장체제라는 제3의 대안이었다. 현대 세계에서 사람과 조직을 조율하는 범사회적 조율자로서 시장체제는 이전 사회가 가지고 있던 몇몇 중요한 특성을 유지한다. 시장체제는 특히 사회적인 상호 교환의 다면적 성격을 유지함으로써, 목적 지향적인 조직체에서 나타나는 일방적 권위를 최소화한다.

가설

이상의 몇 가지 주의 사항을 바탕으로, 시장체제가 문화와 인성에 미치는 영향에 관한 몇 가지 가설을 검토할 수 있다. 이런 주의 사항들은 시장체제의 책임을 부정하지 않으면서도, 시장체제에 일방적으로 책임을 돌리는 것에 신중할 필요가 있음을 알게 해준다.

물질주의와 상업주의

시장체제가 참여자들에게 물질적인 목적을 추구하도록 강요한다는 첫번째 일반적인 주장을 문자 그대로 받아들이는 것은 불합리한 일이다. 6장에서 언급했듯이 목적은 물질적인 것이 아니다. 다시 말해, 물리적인 대상물이 아니다. 목적이란 안전감이나 만족감과 같은 정신 상태를 추구하는 것이며, 여기에는 우정이나 모험과 같은 즐거움도 포함된다. 음식은 물질적인 것이 아닌가? 물질적이다. 그러나 무게나 부피, 견고

성 같은 물질적 속성을 우리가 원하는 것은 아니다. 우리는 포만감, 맛, 색다름과 같은 비물질적인 무형의 것을 기대한다. 옷은 어떤가? 우리가 옷을 입는 것은 사회에 순응함을 보여 주고, 남에게 과시하기 위해서다. 그렇지만 우리의 욕망은 물리적인 대상을 필요로 하지 않는가? 맞다. 삶의 모든 것이 그렇다. 그러나 우리의 마음은 물질적인 대상을 넘어서 그 이상의 서비스를 요구한다. 욕심 많은 시장 참여자라면 물리적인 대상보다는 의료 서비스, 법률 서비스, 금융 서비스, 은행 계좌, 그리고 주식과 채권의 형태로 된 부와 소득에 대한 권리를 더 열심히 추구할 것이다. 목적을 추구하면서 우리는 어떤 물건들과 서비스, 아이디어와 결정을 필요로 한다. 물질적인 대상은 그중 한 범주일 뿐이다.

물론, 시장체제가 참여자를 물질주의로 내몬다는 표현은, 참여자가 돈을 쫓도록 압력을 가한다던가, 돈으로 구입할 수 있는 용역과 사물을 획득하는 데 몰두하도록 한다는 말의 서투른 표현이다. 이는 부정하기 어려운 주장이다. 그리고 그것은 지나치게 상업적인 문화를 시사하며 따라서 부패한 문화를 암시한다.

시장 사회의 상호작용을 위한 위대한 도구는 화폐다. 시장체제에서는 누구나 화폐를 중심으로 움직인다는 것을 부인할 사람은 없다. 문제는 우리가 화폐소득을 집중적으로 추구한다는 것을 어떻게 볼 것이냐다. 화폐는 어떤 이유에서든 광범위한 선택을 가능하게 하는 위대한 해방자이며, 소비는 엄청나게 다양한 목표를 성취하기 위한 경로다. 사람들이 돈으로 친구를 얻고, 내적인 평화를 발견하거나, 영생을 얻는 데에는 물론 한계가 있다. 하지만 이런 목적을 이루기 위해 사람들은 돈을 지불한다. 건물에 자신의 이름을 남기는 대가로 대학에 기부를 하기도 하고, 심지어 일부에서는 냉동되었다가 1천 년이 지난 후에 다시 깨어나려고 노력하기도 한다. 시장체제에서 대부분의 욕망은 돈으로 충족시킬 수 있기 때문에 사람들은 돈을 사용할 계획을 세우기에 앞서 열심히 돈을 벌고 저축을 한다. 하지만 지금까지의 이런 설명은 시장체제에서 나타나는 폭넓은 범위의 선택과 합리성에 관한 설명이지, 시장체제로 말미암은 인성과 문화의 타락에 관한 설명이 아니다.

그러나 아마도 그것은 다양한 삶의 방식을 염두에 두지 않은 채, 마치 어떤 목적지에 도달하기 위해 긴 터널을 통과하는 것처럼, 오직 돈만을 쫓아 삶을 살아가는 것이라고도 할 수 있다. 하지만 터널 속의 삶이란 실제 현실에서는 보편적이기보다는 드물다. 시장 사회에서 사람들이 추구하는 일자리, 우정, 자녀와 가족생활이 주는 즐거움에 대한 소망이, 돈이나 시장 생산물에 대한 욕망보다 우위에 있다는 것을 보여주는 훌륭한 실태 조사들도 있다. 그런 연구 조사는 시장체제가 우리의 욕망을 타락시킨다는 상식적 견해에 대한 중요한 도전이다.

아마 사람들이 돈이나 돈으로 구매할 수 있는 것을 얻고자 많은 시간을 들이는 것은 그들의 욕망의 폭이 협소해졌기 때문이 아니라, 국가나 시민사회를 통해서 욕망을 추구하는 것보다 시장체제를 통해 그렇게 하는 것이 더 쉽기 때문이다. 만일 어떤 사람이 공터를 공원으로 조성하도록 지방자치단체에 요청한다면, 여러 조건이 아주 좋더라도 그 사람은 자기 시간을 들여야 할 만만찮은 부담에 직면할 것이다. 그는 동조자를 모아야 하고, 아마도 분명 적이 생길 것이며, 실패할 가능성도 높다. 어떤 사람이 가족 간의 유대가 돈독해지거나 이웃과 좀 더 친해지기를 원한다고 치자. 하지만 그는 그것을 이루려면 어떻게 해야 하는지 모를 수 있다. 이와는 대조적으로, 시장체제에서 사람들은 자기가 원하는 것을 구입하거나, 돈이 부족할 경우 자신의 욕구를 포기하면 그만이다. 사람들이 이런 방식으로 행동하는 것은 신중하고 지혜롭기 때문이지, 그들의 욕망이 시장체제에 의해 왜곡되었기 때문이 아니다.

지금까지 살펴본 대안적인 해석은 시장체제의 영향을 평가하는 데 따르는 어려움을 보여 준다. 시장 거래를 통하는 것이 욕망을 성취하기 쉬운 길이라는 사실 자체는 사람들에게 매력적이며, 사회적 관행으로 깊이 뿌리를 내리고 있다. 현실은 점점 시장에서 쉽게 얻을 수 있는 것에 민감하게 반응하는 반면, 불확실한 결과를 낳을 뿐인 공동 선택에는 무관심한 사회로 가고 있다. 공동체나 집단에 참여하는 사람은 줄어들고 아리스토텔레스가 말한 '소인배'less human가 늘어나고 있다. 우리가 아는 것은 이 정도인가? 우리는 공동체에 참여하는 사람의 비율과 유형은 사회마다 다르고 시간에 따라 변한다는 사실을 알고 있다. 그러나 시장체제가 그 차이를 만든다거나, 그 차이가 우리를 소인배로 만드는 것이 사실인지는 정확히 알지 못한다.

도구주의

우리는 기차표를 파는 사람을 대할 때 그가 마치 기차표 자동발매기인 것처럼, 개인적인 관심이나 애정을 보이지 않는다. 그뿐만 아니라, 우리는 배관공에게 예의 바르게 대하면서도 보통은 배관공을 친구로 삼지는 않는다. 시장 참여자들은 서로를 도구로 여긴다고 보는 경우가 종종 있다. 시장 교환에서 당신은 단순히 내 목적을 이루기 위한 수단일 뿐이다. 즉 내가 당신에게 관심을 보인다면 그것은 내가 원하는 무언가를 당신이 내게 제공하는 경우다. 반대로 비시장적인 관계는 좀 더 따뜻하고 덜 도구적이라고들 말한다. 비시장적인 상호작용의 당사자들은 서로에게서 흥미로운 점들을 발견하며, 서로 구속하는 관계를 용인하기도 하고 때로는 우정을 맺기도 한다.

이런 비교에서 우리는 응분 보상 원칙의 이면을 볼 수 있다. 만일 응분 보상 원칙이 "투자한 만큼 가져가라"라고 말한다면, 그 말은 반대로 "오직 얻기 위해서만 투자하라"고 하는 것과 같다. 나는 당신에게서 무언가를 얻는 경우가 아니면 당신을 위해 아무것도 하지 않는다. 당신에 대한 내 관심은 자동발매기에 대한 그것과 다르지 않거나 더 크지 않다. 당신과 그 기계는 모두 내 목적을 이루기 위한 도구다. 그럴듯하게 들리지만, 이런 도구주의적인 주장은 함정으로 가득 차 있다.

시장체제나 응분 보상 원칙은 거래 이외의, 혹은 거래를 넘어선 자발적인 상호작용을 금지하지 않는다. 사교라든가 우정이나 사랑, 그 어떤 것도 금지하지 않는다. 시장 참여자들은 매매하는 데 너무 바빠서 다른 상호관계를 맺을 시간이 없는가? 연구 조사에 따르면 시장체제에 참여하는 사람들은 이전 사회보다 더 광범위한 상호작용을 하고 또 그 상호작용을 즐긴다. 현대사회에서도 가족 간의 유대가 약해지긴 했지만, 통상적인 상호작용에서는 그렇지 않다.

시장 사회와 시장 이전 사회를 비교해 보자. 현대 시장체제에서 매매라는 상호작용과 시장 이전 사회에서 여가를 즐기는 상호작용 — 여러 가지가 있지만 그중에서도 특히, 마시고 춤추는 것 — 을 비교하기는 쉽다. 그러나 시장체제의 조율적인 상호작용과 시장 이전 사회의 조율적인 상호작용을 비교해 보자. 예컨대, 시장체제가 없다면 농산물을 조율하는 데에는 권위와 명령이 필요하다. 과거에는 군주와 성직자가 그 역할을 담당했으며, 자신들에게 유리하게 그것을 행사했다. 그들이 현대의 시장적 상호작용에서 이루어지는 사람 사이의 관계보다 덜 도구적으로 그리고 더 따뜻하게 아랫사람을 대했다고 보기는 어렵다.

도구주의적인 논증은 지나치게 확대되어서 문제가 되기도 한다. 시장적 상호관계에는 많은 종류가 있다. 중고차를 파는 전설적인 세일즈맨이나 사업가를 떠올리면서 시장적 관계는 도구적일 뿐만 아니라 약탈적이기까지 하다고 일반화하려는 사람도 있을 것이다. 물론 그런 경우가 종종 있다. 그러나 낙농업자들 사이에서 이루어지는 시장적 관계와 그들이 우유를 판매하는 치즈 생산자와 맺는 관계는 종류가 다르다. 낙농업자들 사이의 관계는 멀리 떨어져 있다. 농부들은 자신이 다른 농부와 어떤 관계도 맺고 있지 않다고 생각한다. 그는 다른 농부들에 대해 알지 못하거나 그들에 관해 생각할 이유도 없을 것이다. 그는 그들을 도구로 보지도 않고 그들을 착취할 수도 없다. 반면에 일부 시장적 관계는 매우 따뜻하다. 반복되는 상호 관계에서 때로는 우정이 생기기도 한다. 쇼핑하는 사람들은 판매자들과 나누는 흥정 자체를 쇼핑하는 즐거움의 하나로 보기도 한다. 상호 관계의 다양성은 시장체제가, 코끼리를 처음 만난 맹인들의 우화[21]보다 훨씬 그 실체를 찾기가 복잡하다는 것을 말해 준다.

대부분의 시장 관계가 소원하고 비인격적이라면, 적어도 그런 관계가 많은 비시장적인 교제와 우정의 관계처럼 따뜻하지는 않을 것이다. 인터넷 쇼핑은 따뜻한 관계가 덜할 수도 있다. 여러 조사들이 보여 주는 바와 같이, 이렇듯 분명하고 계산적인 상호관계는 시장 사회에서 따

---

21 여러 명의 맹인이 코끼리의 일부를 만져 보고, 코를 만진 사람은 밧줄 같다고, 귀를 만진 사람은 보자기 같다고, 다리를 만진 사람은 기둥이라고, 몸통을 만진 사람은 벽이라고, 각각 자신의 경험만으로 편협한 주장을 할 뿐 본질과는 거리가 먼 주장으로 서로 다투는 것을 비유한 우화.

뜻한 비시장적 관계가 번성할 여지를 남겨 놓는다. 다른 한편, 비시장적인 상호작용이 모두 따뜻한 것은 아니다. 상품 홍보 책자와 군대 징집의 소환장을 비교해 보라.

도시화와 산업화의 조건이 같다면, 시장 사회보다 비시장 사회의 상호작용이 더 따뜻한가? 서유럽의 시장 사회보다 구소련과 공산주의 체제의 중국에서 상호작용이 더 따뜻했는가? 그런 것 같지는 않다. 구소련의 소매점 점원과 웨이터의 그 유명한 무관심이나 무례함, 혹은 구소련에서 생필품 품귀 현상 때 소비자들이 보여 준 비인간적인 술수들을 상기해 보라. 상호 교환의 구조에서 나타나는 커다란 차이를 간과해서는 안 된다. 근대에서건 현대에서건 비시장 사회에서는, 통치자나 관리자인 비교적 소수의 엘리트와 기간요원이 성인 인구 전체를, 목적을 달성하기 위한 도구로 취급한다. 따라서 시장체제든 아니든 우리는 모두 다른 사람들을 위한 도구일 수 있다. 그러나 그 다른 사람들이 누구냐 하는 것은 체제마다 다르다. 누가 그 도구를 사용하는가? 시장체제에서는 거의 모든 사람이다. 다른 체제에서는 극소수다.

그렇지만 시장체제에서 널리 사용되는 비인간적인 도구주의 가운데 한 가지는 주목해야 한다. 바로 판촉 활동이다. 판촉은 공산 사회에서 지배자들이 화려한 구경거리와 선전을 이용하여 주민들을 복종시키려고 하는 도구주의와 비교할 만하다. 그러나 민주주의 체제에서 판촉은 통치 관료들이 행하는 것보다 훨씬 더 비인간적으로 도구주의를 밀어붙인다. 민주주의 체제의 지배자들도 계속 자신의 자리를 유지할 수 있게 해달라고 유권자들을 설득하고자 비인간적이고 도구적인 관점에서 많은 노력을 기울이지만, 판촉 산업만큼 홍보 문구를 홍수처럼 쏟아 부으면서 집요하게 추진하지는 않는다. 정치 엘리트의 정보가 한 주나 하루에 한 번꼴로 나를 조작하려고 한다면, 판매자들이 전달하는 정보는 매일 몇 번씩 그렇게 한다.

노동의 타락

시장체제에서 노동이 타락하는 것은 노동이 고상한 목적이 실종되거나 소득 획득에만 예속되기 때문이라고 일부 비판론자들은 주장한다. 더 직접적으로 말하면 노동이 고용주의 목적에 종속된다. 당신이 임금 소득자라면, 최고의 가치를 추구하려는 노동에 대한 당신의 열정은, 고용주의 목적에 이바지하는 것으로 바뀌어야 한다. 당신은 어떤 제품을 생산하는 과정에서 결코 만족을 얻을 수 없다. 당신의 노력은 다른 수천 명의 노력과 익명으로 섞여 있으며, 어쩌면 당신이 만든 냉장고를 보지도 못할 수 있기 때문이다. 감독자는 생산 속도를 높이고 비용을 낮추라고 당신에게 거듭 강조할지는 모르지만, 노동의 즐거움과 존엄성에 관해 돌아보라고 권고하지는 않을 것이다.

비판의 요점은 분명하다. 그렇지만 그 요점을 잘 정리하고 압축할 필요가 있다. 비판의 요점은 가족 구성원이 고안하고 제작한 도구로 자급자족하는 가족들로 이루어진 사회에 대한 기억으로부터 나온다. 불평의 대상은 대규모 사회 협력이 낳은 결과이지 시장체제가 아니다. 다시 공산주의 체제와 비교해 보자. 노동은 감독자나 관리자의 목적에 종속되는가? 물론이다. 높든 낮든 일정한 품질과 비용의 기준에 따라야 하는가? 물론이다. 완제품을 보지 못하고, 그에 대한 소유권을 주장하지도 못하는 것은 어떤가? 시장체제에서와 마찬가지다. 노동과 생활의 의미에 관해 돌아볼 기회와 자극은 어떤가? 아마 유토피아에서는 가능하겠지만, 우리가 아는 근대적이거나 현대적인 비시장체제에서는 없다.

다른 것은 다 제쳐 놓더라도 노동의 타락이라는 주장에 있어서 가장 결정적인 논박은 모든 고려 사항을 제쳐 놓고 단순히 시장 이전 사회에서 지배적이었던 노동에 대한 태도에서 볼 수 있다. 아리스토텔레스에게 노동은 품위를 타락시키는 것이었다. 그리고 이 판단은 영국 상류계급이 노동과 무역을 경멸했던 것에서도 알 수 있듯이 19세기까지 지배적이었다. 오히려 이런 경멸이 사라지기 시작한 것은 시장체제가 발흥하면서부터다.

시장 윤리

중국과 러시아가 시장체제로 탈바꿈하면서, 이들 사회에서는 부패, 엘리트의 탐욕, 갱들의 약탈 행위와 다를 바 없는 기업 관행 등의 폐해가 나타나고 있다. 그 폐해가 기존 시장체제에서 나타나는 폐해를 능가하는 것처럼 보이는 것에 대해, 혹자는 그런 폐해를 일시적인 것으로 보고 무시하려고 할 수 있다. 그리고 그 원인 가운데 일부를 시장체제의 부당성이 아니라 법의 부당성에서 찾기도 한다. 또한 이들 국가에서 나타나는 현상이 그런 폐해를 조용하게 저질렀던 과거 엘리트의 자리를, 새로이 등장한 엘리트가 대체하면서 나타난 약간의 소란에 지나지 않을 뿐이라고 생각할 수도 있다. 이런 유감스러운 상황에 대한 다양한 해석에도 불구하고, 현재 드러난 현실은 시장 생활이 인성과 문화에 끼치는 최악의 영향을 보여 주고 있는지도 모른다. 나아가 기존 시장체제에도 그에 못지않은 파괴적인 현상이 감춰져 있을지 모른다. 우리는 잘 모르지만, 그 가능성을 무시할 수는 없다.

기존 시장체제에서 오히려 부패가 요란하게 드러나지 않는 것은 부패를 보호하는 도덕률과 그 타락을 정당화하는 윤리 때문이라고 일부 비판론자들은 말한다. 시장체제는 인도적인 문명사회에 필요한 신념과 태도를 끊임없이 공격하고 침식하는 방식으로 통제된다는 것이 그들의 주장이다. 고대 그리스 시대의 다양한 문화적 전통을 통해서는 물론이고, 특히 유대교와 기독교 전통을 통해 최고의 지성들이 동정심, 자비, 양심, 사랑과 사회적 책임이라는 덕목을 가르쳐 왔다. 시장 윤리는 그 대신 이익과 자기 가족과 자신만을 위한 이기적인 배려와, 경쟁과 승리를 찬양하도록 가르치며 사회적인 책임과 자비는 필요할 때에만 찬양한다. 위대한 전통들에서, 선한 사회란 공동체를 말한다. 경쟁 윤리에서 선한 사회란 서로 경합하는 사회다. 위대한 전통은 "네 이웃을 사랑하라"고 요청한다. 그러나 경쟁 윤리에는 이웃이 없으며, 심지어는 같은 층의 옆집에 사는 가족조차 안중에 없다.

비판론자들은 시장 윤리가 단순히 다른 사람의 복지에 대한 무관심을 정당화하기만 하는 게 아니라고 말한다. 시장 지지자들 가운데 일부는 아인 랜드의 소설[22]에서처럼 적극적인 탐욕의 덕목을 찬양한다. 시장 윤리는 대폭적인 구조조정을 통해서 피고용인을 해고하거나, 다른 기업을 파산으로 몰고 가는 경영자만 정당화하는 것이 아니다. 경쟁 윤

---

22 아인 랜드의 소설 『아틀라스』(*Atlas Shrugged*)에서는 평등주의의 위선과 파탄을 고발하고, 정부가 경제를 통제하고 부를 재분배해야 한다는 혼합경제를 비판한다. 철저한 시장경제의 구현을 바람직한 사회상으로 제시하고 있다.

리는 시장 덕목과 사회적 효율을 위해서 그렇게 하도록 요구한다. 시장 윤리는 무자비한 응분 보상 원칙을 도덕적인 덕목으로 바꾼다.

시장 윤리는 다른 기업의 복지와, (피고용인을 모으고 산출을 얻는 데 필요한 경우를 제외하고는) 피고용인의 복지와, (고객을 모아 붙잡아 두는 데 필요한 경우를 제외하고는) 소비자의 복지를 무시하는 것을 묵인하거나 격려한다. 기업의 경영자가 자기 기업의 상품을 거짓으로 설명하거나, 소비자의 감정을 무시하거나, 다른 기업의 상품을 비방하거나, 상품과 무관하게 소비자를 현혹하는 행위로 소비자의 마음을 휘젓는 것은 현명한 것이지 비윤리적인 것이 아니다. 시장 윤리는 기업이 세금과 법적 규제를 피함으로써 광범위한 사회 이익을 손상하는 것을 허용하고 고무시킨다. 시장 윤리는 기업 경영진에게 (동료 경영진을 제외한) 그 누구에게도 솔직함과, 이성적인 토론, 소통, 연민, 동정이나 책임감을 가져야 할 의무를 부여하지 않는다. 간단하고 명확한 사례를 들자면, 시장 윤리는 해고된 노동자가 겪을 어려움 때문에 잉여노동을 계속 유지해야 하는 부담을 기업에 지우지 않는다. 이런 사례는 시장 윤리의 이면에 있는 힘을 선명하게 보여 준다. 시장 윤리의 바탕에는 더 많은 부를 향한, 만족할 줄 모르는 끝없는 질주를 편의적인 것으로 인정하는 능란한 기업 생존 윤리 — 잉여 노동자를 해고하라. 그렇지 않으면 파멸할 것이다 — 가 있다.

이 모든 것이 추하게 들리겠지만, 이야기를 다르게 해볼 수도 있다. 시장 윤리는 사회의 특정 영역을 담당하는 전문가들이 직업 활동의 지침으로 삼기에 적합한 규칙을 모아 놓은 역할 윤리role ethics 가운데 하나라고 할 수 있다. 역할 윤리는 모든 사람에게 동일한 행동을 요구하는 보편적인 강령인 위대한 윤리적 전통과 비교된다. 역할 윤리는 구분을 필요로 한다. 재판관의 역할 윤리는 공평하고 감정에 치우치지 말 것을 요구한다. 아마도 우리는 어떤 엄정해야 할 결정이 인간적인 호의 때문에 희석되는 것은 용납할 수 있지만, 판사석에 앉아 있는 재판관이 혈족 관계나 우정, 혹은 사랑과 용서에 대한 호소 때문에 판단을 바꾸는 것은 원치 않는다. 판사에게는 보편적인 윤리적 규칙 가운데 많은 것이 금지된다. 마찬가지로, 변호사이 역할 윤리는 죄를 범힌 고객을 용호하도록 허용한다. 대중이 정부 관료를 지속적으로 통제하기가 어려운 이유는 그들이 잘 정의된 역할 규범을 갖고 있지 않아서 그들의 행동을 예측하고 통제하기 어렵기 때문이다.

특별한 시장 윤리를 만들어 냈다는 이유로 시장체제가 비난받아야 할 이유는 없다. 위대한 윤리적 전통이 기업가에게 어떤 결정을 내리는 데 적절한 지침이 아닌 것처럼, "악한 것은 보지도 말고 듣지도 말라"는 보편적인 규칙은 재판관에게 적절한 지침이 아니다. 사회 협력이 가져올 유익을 누리기 위해 사회는 더 이상 유용하지 않은 기술이나 기업을 가려내고, 비용을 통제하고 혁신하는 일에 관여한다. 적절한 조건을 갖춘다면 더 이상 필요 없는 노동자들의 해고는 응당 인정해야 한다. 단순히 시장의 역할 윤리가 기업을 유지하고 성장하게 하는 노력을 인정한다는 이유만으로 사회에서 시장의 역할 윤리를 거부해서는 안된다. 금융가인 조지 소로스는 그 두 윤리의 차이를 분명하게 인정하면서, 그 차이를 구분하고 경우에 맞게 각각의 윤리에 따라야 할 도덕적 책무를 주장했다.

시장의 역할 윤리가 필요하다는 것을 옹호하는 김에 덧붙이고 싶은 것이 있다. 즉 기존에 시장에서 강요되었던 행동 강령은 시장 윤리로서는 필요하지만, 나를 포함한 많은 관찰자에게는 커다란 결함이 있는 것으로 보인다. 그리고 이것은 시장 생활이 사회 윤리를 부패시킨다고 주장해 온 사람들의 확신을 뒷받침한다. 물론 나는 기업가들에게 응분 보상 원칙을 따르도록 요구하는 시장 윤리와, 그로 인해 상처 받는 사람들을 보호할 국가적인 차원의 대책을 세우도록 하는 보편적인 윤리를 결합한다고 해서 큰 문제가 발생한다고는 보지 않는다. 내가 제기하는 문제는, 시장 윤리 — 앞서 내가 이야기했던 유형의 시장 윤리가 아니라 현실에서 기능하고 있는 잘못된 해석의 시장 윤리 강령을 말한다 — 가 문제의 여지가 있는 관행을 합리화하는 측면이 있다는 것이다. 예컨대 의사들은 동료의 무능력을 드러내서는 안 된다는 윤리적 책무를 감수한다. 마찬가지로 기업가들은 서로 덤핑해서는 안 된다는 책무를 갖지만 실제로는 다른 방법을 통해서 독점을 윤리적으로 정당화하려고 한다. 지난 2백 년 동안 애덤 스미스는 우리에게 이런 관행을 경고해왔다. 혹자는 시장 사회에서 기업가가 매우 중심적인 역할을 담당하기 때문에 시장 윤리가 보편 윤리를 압도할 가능성 — 시장 윤리의 영역이 보편적 윤리 협약으로 확대될 가능성 — 혹은 시장 윤리와 보편적인 윤리가 지속적으로 충돌하여 사회를 윤리적으로 통제하는 것을 어렵게할 수 있는 가능성을 문제 삼을지도 모른다.

결국 우리는 시장체제가 사회윤리에 미치는 효과와 같은 간단한 문제 정도가 아니라, 현재까지의 우리 능력으로는 해결하기 어려운 좀 더 근본적인 문제에 봉착하게 되었다.

상식적인 변호

시장체제가 인성과 문화에 긍정적인 영향을 미친다는 주장도 가끔 있다. 일부 주장은 효율성의 문화적 가치를 강조한다. 시장은 다른 어떤 조율 방법으로도 만들어 낼 수 없었던 부를 효율적으로 만들어 내며, 그 부는 다시 인성과 문화의 발전에 긍정적인 유익함을 안겨 준다는 것이다. 부는 ― 일단 여기서는 서유럽과 라틴아메리카의 여러 나라를 근거로 삼자 ― 교육 수준을 높이고, 사람들이 누릴 수 있는 경험의 범위를 넓히고, 그들이 선택할 수 있는 다양한 생활양식을 접할 수 있게 하며, 불공평함에서 벗어나게 하기도 한다.

부자들의 어떤 행태는 무례해 보일 수 있다. 어쩌면 그런 행위가 부자들 개개인의 인성에 관한 실상을 드러내 주는 것일지도 모른다. 그러나 연구 조사에 따르면, 서유럽과 북아메리카에서처럼 사회 전체가 비교적 부유해질 때, 그 사회는 구성원들로 하여금 서구 사상이 오랫동안 소중히 여겨 온 인격적 특성이라 할 수 있는 도덕적 추론, 책임감, 복잡한 것들을 다룰 수 있는 인지 능력을 향상시키는 경향이 있다.

일부 연구 조사는 훨씬 더 강한 주장을 한다. 즉 단지 부 때문만이 아니라 시장 참여 자체도 이런저런 인성적 특성을 낳는 경향이 있다는 것이다. 시장 참여자들은 끝없는 선택 속에서 스스로를 자기 자신과 자신의 삶을 통제하는 존재로 간주한다. 그들은 자신의 결정이 가까운 미래와 삶의 궁극적 목표에 중요한 영향을 준다고 생각한다. 시장체제에서 그들은 ― 비록 자기기만이 어느 정도 있겠지만 ― 책임과 함께 권력, 자율성 혹은 독립성을 갖는다고 생각한다. 이런 인성적인 특성은 그 자체로 주목할 만하고, 자존감을 높이는 것이자, 대체로 기본적인 인간의 이상이라 할 수 있다. 돈과 시장이 없으면, 이런 상황은 달라질 것이다. 그럴 경우 중앙집권적인 결정이 개개인의 결정을 대부분 대신 조율할 것이다.

시장 참여자들은 선택과 자기 신뢰에 수반되는 부담을 얼마나 감당할 수 있을까? 60년 전, 정신분석가인 에리히 프롬은 독일인들이 파시즘으로 도피한 것은, 부분적으로 의사 결정에 따르는 감당할 수 없는 부담과, 시장체제가 그들에게 안겨 준 불안을 피하기 위해서였다고 주장했다. 그리고 최근에 공산주의 체제가 시장체제로 바뀌면서, 러시아나 동유럽인들은 시장체제의 불안정성뿐만 아니라 자율적 선택이 그들에게 안겨 줄 새로운 부담도 두려워한다. 그들은 일자리, 주택과 의료 문제와 관련해 새로운 책임을 떠맡아야 한다. 공산주의 체제에서도 이런 필수품을 획득하기 위해서는 언제나 능동적인 선택과 행동이 필요했지만, 한때 모든 책임을 담당했던 국가가 완전히 물러남으로써 스스로 알아서 해야 할 압박이 훨씬 커진 것이다.

연구 조사는 이런 결과와 더불어, 일정한 자극은 복잡성에 대처할 수 있는 정신적 역량을 높이기는 하지만 과부하가 걸릴 경우 오히려 그 역량을 감소시키고 인지적인 퇴행을 유발시킬 가능성이 크다고 주장한다. 시장체제가 가져온 변화의 속도와 폭은 실질적인 자극을 준다. 일자리를 구하는 것이나 가족의 미래를 대비해야 하는 문제도 자극이 된다. 그러나 그간의 연구는 이런 자극이 감당하기 어려운 과부하가 되는지의 여부를 우리에게 밝혀 줄 만큼 진척되지는 않았다.

마지막으로, 시장체제를 지지하는 매우 확신에 찬 주장이 있다. 우리는 앞에서도 그 주장을 접했었다. 시장체제는 사람들이 원하는 것을 제공한다는 것이다. 물론 사람들이 가진 돈을 그들이 필요로 하는 것에 지출하는 만큼만 그들에게 제공한다는 것이 좀 더 정확한 표현이다. 시장 체제는 시장이 제공할 수 있는 유형의 혜택만을 사람들에게 준다. 어떤 유형의 혜택은 구입할 수 없기 때문이다. 우리가 이미 살펴본 이런 제한을 일단 전제로 하고, 과연 시장체제가 사람들에게 원하는 것을 제공한다는 것은 사실인가?

원하는 것을 제공한다는 것은 터무니없는 주장이다. 왜냐하면, 사람들은 자기가 무엇을 원하는지를 모르기 때문이다. 인간들이 원하는 것이 무엇인가 하는 것은 적어도 2천 5백 년 동안이나 성찰의 근원적 주제였다. 비록 우리는 우리가 무엇을 원하는지 여전히 모르지만, 인간이 실제로 자기를 기만하고, 말과 행동이 일치하지 않으며, 상충하는 욕구 사이에서 갈등하고, 신화를 만들어 내고, 그리고는 그 신화를 부정하는 통찰력을 갈구하며, 대체로 사람들이 실제로 자신을 움직이는 동기보다 더 그럴싸한 동기를 내세운다는 것을 많은 연구자들이 확인해 준다. 이는 인간이 자기가 정말 원하는 것을 잘 알지 못한다거나, 정말 원하는 것을 가질 수 있다고 해도 그 말에 다양한 의미가 혼재해서, 사람들이 그것을 원할 것인지는 알 수 없다는 걸 설명하기에는 충분할 것이다.

심지어 우리는 시장체제가 사람들이 원한다고 생각하는 것을 제공해 주는지조차 말할 수 없다. 사람들마다 생각과 행동이 대체로 다르기 때문이다. 사람들이 선택하는 것과 시장체제가 사람들에게 제공하는 것 사이에 거리가 있다는 것은 분명하다. 그것은 앞에서 설명한 시장 선택이 지닌 결함 때문이다. 시장체제는 파급효과의 경우처럼 자신이 선택하지 않은 부담을 떠안게 한다. 혹은 노동자들이 선택할 일자리를 찾을 수 없는 경우처럼 선택하기보다는 받아들이도록 강요한다.

이 모든 것은 내가 씨름하고 싶지 않은 더 큰 문제와 관련이 있다. 시장체제는 인간을 행복하게 만드는가? 이것은 누군가가 또 다른 책으로 다루어야 할 문제다. 아마 책에서 다루기에는 너무 큰 문제일지도 모른다. 그러나 생각해 봐야 할 놀라운 사실이 있다. 조사에 따르면 전 세계가 점점 더 시장화되어 감에 따라, 사람들은 행복이 줄어들고 있다고 대답한다는 사실이다. 또 많은 나라에서 우울증 발생률이 높아지고 있다는 조사 결과도 있다. 무엇인가 잘못되고 있다. 우리는 시장의 책임에 관해 더 깊이 생각해야 할 것이다.

15 대중 설득
: 대중은 과연 자유롭게 선택할 수 있는가

우리가 별로 관심을 기울이지 않는 동안, 시장체제에서는 효율, 자유, 인성, 문화의 문제들과 관련이 있는 주목해야 할 중대한 상호작용이 발전해 왔다. 대체로 기업가들 — 이들을 다시 시장 엘리트로 생각하자 — 은 대중에게 영향을 미치기 위해 일방적으로 커뮤니케이션을 한다. 일방적인 커뮤니케이션은 민주주의 이론에서 이야기하듯 '아이디어의 경쟁'competition of ideas을 통해 대중이 판단을 얻게 되는 상황과는 거리가 멀다. 시장 엘리트의 소통 방식은 대중을 계몽하려는 시도가 아니라, 판매자의 입장에서 대중으로 하여금 소비하도록 하려는 시도다.

그런데 만일 소비자가 구입하는 것이 실제로 필요해서가 아니라 판매자가 그들에게 구입하도록 설득한 결과라면, 그것은 [전도된] 순환적인 것일 뿐, 효율적이라고 할 수는 없을 것이다. 만일 참여자들이 그토록 완벽하게 조종당할 수 있다면, 그들을 온전히 자유로운 참여자라고 볼 수는 없을 것이다. 혹자는 대다수의 사람을 엘리트가 조작해 내는 문화 속에서 인성이 만들어진 종속적 존재로 간주할 것이다.

"그것이 사실인가?" 이제부터 이 문제를 살펴보자.

시장 엘리트와 대중의 커뮤니케이션에 관한 기본적인 사실 몇 가지를 먼저 따져 보자. 가족이나 친구 사이에서 이루어지는 쌍방향의 커뮤니케이션과는 달리, 시장체제에서 이루어지는 커뮤니케이션은 대체로 일방적이다. 소수의 기업가와 그의 대리인들은 수많은 사람들에게 메시지를 보낸다. 이것은 읽고 쓰는 능력의 증대와 함께 발전했다. 사람들이 글을 읽을 수 있기 전에는, 한 사람의 목소리가 수백만 명에게 전달될 수 없었다. 방송의 등장과 함께, 일방적인 메시지를 전달받는 빈도와 청중의 규모는 한 차원 더 확대되었다. 일방적 커뮤니케이션으로 가득 찬 신세계가 탄생한 것이다. 대중은 제품 홍보와 다양한 판촉 활동 — 광고 회사들은 기업 활동과 정치적인 메시지를 칭송하거나 옹호한다 — 의 홍수 속에 휩쓸리게 되었다.

논리적으로는 평범한 시민인 당신과 나도 인쇄물과 방송을 통해 수많은 사람들에게 다가갈 수 있다. 하지만 그렇게 하려면 비용이 너무 많이 든다. 연설은 자유로운 것이 아니라 비용이 많이 드는 일이다. 신문사와 방송국은 시장 엘리트가 소유하고 운영한다. 대체로 각 분야의 엘리트들만이 지면과 방송 시간을 살 수 있다. 당신과 나는 매일 우리에게 이야기하는 기업가들에게 응답할 기회가 거의 없다. 우리는 그들의 제품에 관해서 그들과 거의 논의하지 않는다. 단지 우리는 아침, 점심, 저녁으로 그들이 전달하고자 의도한 메시지를 읽고 들을 뿐이다.

시장 엘리트의 의도는 대중을 통제하려는 데 있다. 그 의도는 사람들로 하여금 자사 제품을 구입하게 하거나 그 기업을 좋게 생각하고 그 기업의 적을 좋지 않게 생각하도록 만드는 것인데, 기업가의 적은 대체로 정치인들이다. 또한 그 의도는 사람들이 정치에 미칠 수 있는 영향력 ― 적어도 투표를 ― 을 기업에 유리한 내용의 정책에 행사하도록 설득하려는 것이다. 우리는 모두 커뮤니케이션이 정보를 전달하는 한 방법이자 교양을 높인다고 배워 왔다. 그렇지만 이런 식의 커뮤니케이션은 사실상 오락에 지나지 않는다 ― 우리는 대개 코미디언을 보면서 웃지만 그 사람에 대해서 주목하지는 않는다. 오락적인 정보든 교육적인 정보든 그 목적은 인간 행동을 통제하고자 하는 데 있다.

심지어는 다자간 커뮤니케이션조차 통제를 목적으로 하는 경우가 많다. "시금치를 먹어라!"라는 말은 교양을 높이지 않는다. 단지 통제일 뿐이다. "우리는 모두 그 일에 동참해야 한다"라고 하면서 정치가가 의도하는 것은 분명히 교양을 높이려는 것이 아니라 통제하려는 것이다. 그 제품은 "여섯 가지 측면에서 더 낫다"를 반복하면서 소비자의 교양을 늘리는 정보를 제공하는 것처럼 굴지만 사실은 한 가지도 제대로 말해 주지 않는 광고도 마찬가지로 우리를 통제하려고 한다. 어떤 후보가 "나는 세금을 올리지 않을 것입니다"라고 말하는 의도는 당신의 표를 잡으려는 것이다. "새롭게 바꿨습니다!"라는 말은 단지 정보를 제공하는 척할 뿐이다.

다른 방식의 권력 행사와 마찬가지로 설득력 있는 커뮤니케이션은, 항상 성공하는 것은 아니지만 매우 강력한 통제 방식임이 틀림없다. 그 위력을 입증하는 한 가지 지표는 기업가들이 서비스와 상품을 판매하려고 경이적인 액수의 돈을 쓴다는 데 있다. 미국은 고등교육에 쓰는 돈보다 더 많은 돈을 판촉에 쏟아 붓는다. 설득의 위력을 보여 주는 또 다른 지표는 야망에 찬 정치가들 ― 히틀러, 레닌, 스탈린과 마오쩌둥 ― 이 사회 전체를 통제하려는 목적으로 선전전을 사용했다는 사실이다. 그들은 자신의 권력에 도전하는 커뮤니케이션을 금지하는 조치를 취했는데, 여기서도 정보의 위력에 대한 그들의 이해를 알 수 있다. 20세기 초 민주적인 열망이 부상하면서, 독재자들은 직접적인 명령만으로는 강제하기가 점차 어렵다는 사실을 깨닫고, 시민의 마음을 설득력 있게 통제할 수 있는 선전에 의존하기 시작했다. 설득은 명령과는 달리 권력의 합법적 표현 양식이라고 대부분 이해한다. 따라서 설득은 어디서나 쓰인다. 대다수 사람들이 설득에 따르는 이유는 설득이 권력의 한 형태라는 것조차 인식하지 못하기 때문이다.

시장에서의 순환성

이상에서 살펴본 기본적인 전제를 염두에 두고 이제 질문해 보자. 시장 체제 내에서 고도의 순환성[23]을 만들어 냄으로써 시장 엘리트가 대중의 마음을 조종하는 것은 과연 가능한가? 소비자가 원하는 것이 아니라, 기업가가 원하는 것을 소비자가 구입하도록 하는 것은 가능한가? 이와 같은 순환성의 문제를 둘러싼 쟁점은 적어도 지난 1백 년 동안 끊임없이 제기되었다.

---

23 일반적으로 논리학에서 순환성(circularity)은 "성서는 모두 사실이다. 왜냐하면 신은 거짓말을 하지 않기 때문이다"와 같이, 가정과 결론이 인과적으로 분리되지 않은 채 돌고 돌아 의미의 비약 내지 왜곡을 가져오는 경우를 가리킨다. 이 책에서는 엘리트들이 제공하고자 하는 것만을 대중이 원하게 되는 전도된 현상 내지 권력 효과를 의미한다. 예컨대 소비자의 요구와 선호가 기업의 선택을 결정하는 것이 아니라 거꾸로 기업이 제공하는 정보에 의해 소비자의 요구나 선호가 결정되는 경우를 시장에서의 순환성 혹은 시장 엘리트에 의한 대중 통제라고 한다. 정치에서의 순환성 혹은 정치 엘리트에 의한 대중 통제는 정당들이 시민들의 선호나 요구에 의해 정책을 결정하는 것이 아니라 거꾸로 정당들이 추구하는 이념과 강령의 범위 안에서만 선택하는 것을 시민이 수용하게 되는 경우를 뜻한다.

그러나 그렇다고 말한다면 지나친 과장이다. 엄청난 광고의 영향에도 불구하고, 소비자들이 먹고, 입고, 밤에 침대에서 자는 일을 끊임없이 반복하는 것은, 홍보자가 설득해서가 아니라 다른 이유 때문임이 분명하다. 그뿐만 아니라, 홍보하지 않는 제품도 소비자들은 구매한다. 의료나 전자 제품을 필요로 하는 것 또한 홍보의 성과만은 아니다. 홍보자는 소비자가 특정 상표를 선택하는 것조치 제대로 통제하지 못한다. 왜냐하면, 소비자들은 선택을 부추기는 다양한 정보를 접하기 때문이다. 파나소닉이 내게 설득력 있는 정보를 보내지만 소니도 그렇게 한다. 혼란스럽거나 정확히 알지 못한다 해도 어쨌든 나는 선택한다. 소비자들이 통제력을 잃어버린 것은 분명히 아니다.

판촉이 갖는 문제점을 제기하더라도, 판촉 홍보 때문에 소비자의 통제력이 완전히 훼손된다고 말하기는 어렵다. 그보다는 판촉의 과정에서 소비자의 통제가 강화되기도 하고 약화되기도 한다는 것이 설득력 있는 주장일 것이다. 이 문제는 살펴볼 만한 가치가 있다.

판촉 산업에 종사하는 사람들은 종종 시장체제를 건강하게 유지하는 자신들의 공로를 내세운다. 홍보는 사람들이 더 많이 구매하고 덜 저축하도록 영향을 미친다고 말한다. 많은 소비는 더 많은 일자리와 번영을 의미한다. 이 주장을 반박하는 것은 간단하다. 대다수 사회는 더 많은 소비가 아니라 성장을 촉진시켜 줄 더 많은 저축이 필요하기 때문이다. 또 그런 주장을 인정한다 해도, 소비가 촉진되고 저축이 줄어드는 것이 판촉에서 비롯되었을 개연성은 증거가 충분치 않다. 개연성이 있다 해도 그 인과성은 취약하다. 얼마나 저축하느냐 하는 것은 문화와 생활 여건에 달려 있기 때문이다. 일본인은 저축을 많이 하고 미국인은 소비를 많이 한다. 부유한 사람은 저축하고 빈곤한 사람은 저축하지 않는다.

때때로 판촉은 부자를 위한 수제 의류나 기능성 내의와 같은 사치스러운 서비스와 재화 쪽으로 구매를 이동시킨다. 그러나 이동은 이동일 뿐이지 맞춤 셔츠를 위해서 속옷을 포기하는 것은 아니다. 또한 사치품 소비가 증가하는 원인이나 유행과 맵시를 추구하는 원인 역시 다양하다. 경쟁적인 소비 욕구일 수도 있고, '명품 열풍' 때문이기도 하고, 부유하거나 화려함을 좇는 소비자들의 유행에 휩쓸려서일 수도 있다. 부유하거나 화려함을 좇는 소비자들이 홍보에 영향을 받는다 해도 그것과 소비 결정 사이의 인과성은 크지 않다.

5장에서 주목한 것처럼 시장 엘리트가 영업 활동에 열중하는 이유는 대중의 수요를 억제하거나 새롭게 변화시키려는 욕구에서 비롯된 것이 아니다. 판매 증진을 추구하는 시장 엘리트는 재산, 권력, 신분상의 이점을 보호하려는 정치 엘리트와는 다르다. 시장 엘리트가 원하는 것은 판매를 통해 이윤을 남기는 것이다. 그들은 소비자가 구매하는 한, 무엇을 판매하든 개의치 않는다. 소비자의 요구에 부응하려면 일반적으로 자본 투자와 생산을 조율할 준비 기간이 필요하다. 소비자가 원하는 것이 무엇이든 그것을 생산하는 데 자본을 투자하면서, 기업가는 잠재 소비자의 마음이 바뀌지 않기를 바란다. 당연히 기업가는 자본을 투자하면서 최대한의 수익을 올리고자 한다. 그리고 자신이 계획한 판매 목표를 달성하기 위해 대부분 막대한 지출을 할 것이다. 이것도 일종의 돌고 도는 순환 논리지만 소비자가 시장 엘리트를 통제하지 못하게 할 정도로 위협적이지는 않다. 어떻게 하든 간에 시장 엘리트는 소비자가 원하는 곳에 투자할 수밖에 없기 때문이다.

소비자의 마음을 공략하다

어떤 판촉은 소비자에게 무엇을, 어느 곳에서, 얼마에 판매하는지 등의 정보를 제공한다. 하지만 대개는 정보를 제공하지 않거나 잘못된 정보를 전한다는 데 문제가 있다. 우리에게 광고가 어떤 영향을 미치는지를 잘 생각해 보면, 대부분의 판촉은 감정적인 호소를 통해 소비자가 합리적으로 판단하지 못하도록 방해하거나 혼란을 준다는 것을 알 수 있다. 광고에 따르면 펩시콜라는 '위로 솟게 하는 것'an up thing이다. 즉 기분이나 남근 같은 것을 고조시키거나 흥분시킨다는 의미를 내포한다. 여하튼 이 광고는 그 음료수의 성분이 무엇인지, 코카콜라와 같거나 다른 점은 무엇인지 말해 주지 않는다. 그 광고 내용은 사려 깊게 선택할 수 있도록 도움을 주기보다는 소비자의 마음을 뒤흔든다. 따라서 시장 엘리트의 유혹적인 정보가 끊임없이 유입되는 것이 가져오는 문제는, 소비자가 사야 할 것을 소비자 대신 시장 엘리트가 결정하게 해준다는 데 있지 않다. 문제의 핵심은 소비자의 판단을 타락시킨다는 것, 좀 더 정확하게 말하면 판단할 수 있는 인간의 역량을 떨어뜨린다는 것이다.

이것을 증명할 수 있는가? 물론 증명할 수는 없다. 그러나 부정하기 어려운 결론이기도 하다. 시장 엘리트가 전하려는 메시지가 다음과 같은 두 가지 측면에서 소비자의 마음을 공략해 뒤흔들며, 정부 엘리트가 여기에 가세함으로써 그 영향력이 훨씬 더 커진다는 것은 충분히 합당한 문제 제기라 할 수 있다. 첫 번째 공략은 주의를 산만하게 하는 것dis-traction이다. 특히 시장 엘리트는 끊임없이 소비자의 관심을 불러일으키고 설득의 격랑 속으로 소비자를 몰아넣는다. 판촉과 홍보는 상업적인 것이든 정치적인 것이든 본질적으로 하나의 산업이 되었다. 그 정보는 모든 곳에서 우리의 눈과 귀를 사로잡는다. 시장 엘리트의 대중 설득은 매우 끈질기고 집요하고 광범위하고 독창적인 호소력을 갖기 때문에, 다른 것을 생각할 수 있는 — 혹은 단순한 반응이 아니라 생각 자체를 할 수 있게 하는 — 여지가 얼마나 있는지 반문하게 된다. 대화, 자기 성찰, 사색, 창조성의 여지를 얼마나 남겨 주는가? 구매 가능성 외에 다른 것을 생각할 수 있는 여지가 과연 있기는 한가?

두 번째 공략은 혼란스럽게^{obfuscation} 하는 것이다. 우리가 흔히 주변에서 보듯이, 판촉과 정치적 설득은 이미지와 구호를 많이 사용한다. 이런 홍보나 설득은 대부분 분명하게 하기보다는 모호하게 하는 것이며, 선택할 이유를 제시하기보다는 이성을 압도하는 충동을 불러일으키려는 것이다. 그것들은 우리의 마음을 향해 영향력을 화살처럼 쏘아 댐으로써 생각을 무기력하게 한다. 물론 그래서 유쾌해질 때가 많긴 하지만 최근에 발간된 어떤 책의 제목처럼, 아마도 우리는 '즐거워 죽을 지경'에 이를 정도다.

앞으로 24시간 동안 당신이 접하는 광고를 살펴보면서 내용을 비판적으로 점검한다면 이 두 가지 공략이 지닌 위력을 판단할 수 있을 것이다. 일반적으로 홍보가 의도하는 바는 합리적 근거에 따른 구매가 아니라 시각적·청각적 양식에 대한 반응으로 구매할 것을 자극한다는 데 있음을 알게 될 것이다. 그리고 당신이 종종 속아 넘어간다는 것도 알 수 있다. "오직 바이엘 사만이 …… 할 수 있다"는 말은 사실이 아니다.

홍보의 수신자 혹은 목표 대상인 소비자는 자기가 어떤 정보를 받고 있는지 오랫동안 깨닫지 못한다. 기업이 제공한 수업용 교육 자료는 대체로 어린이와 교사로 하여금 그 자료의 이념적인 내용을 의식하지 못하게 한다. 어린이는 다른 내용과 이념을 식별해 내지 못하고, 교사들 역시 멈춰서 깊이 생각하지 않는 게 일반적이다. 1970년대 '석유 파동' 때문에 미국에서 석유가 부족해 석유 산업과 관련된 정부 규제의 필요성이 새삼스럽게 제기된 적이 있었다. 그러나 당시 석유 광고는 필요한 석유를 전량 공급할 수 있는 석유 산업의 역량을 강조하는 내용으로 방송되었다. 폭풍우가 치는 근해의 유정 굴착 장비 위에 있는 영웅적 노동자가 등장하는 장면이 대표적인 예다. 이 점에 주목한 시청자는 거의 없었다. 그 광고 방송이 정책적 쟁점을 분명하게 언급하지는 않았지만, 석유 파동에도 불구하고 소비자에게 석유 산업에 대한 신뢰의 메시지를 억지로 전달한 것은 분명하다. 또한 최근 신문 사설에서 소송이 무절제하게 난무한다는 내용 — 미국을 걸핏하면 말다툼이나 하는 사람들의 나라로 묘사하는 — 을 자주 다루는 것이, 정부의 규제를 약화시키려는 기업 집단의 홍보 노력에서 비롯된 것이라는 점도 미국인들은 깨닫지 못하고 있다.

일찍이 1950년 미국에서는 가장 좋은 신문 기사의 절반에 가까운 내용과 그보다 못한 신문 기사 내용의 대부분이 홍보성 자료에 출처를 두었다. 이것은 유료 광고 지면을 제외한 것이다. 대중의 마음을 얻으려는 이런 공략은 점점 더 집중화되고 있는 것은 아닐까? 전 세계적으로 광고 산업은 인구 증가 속도보다 세 배나 빨리 성장했다. 많은 연구자들은 이런 현상을 담론의 지속적인 타락으로 간주하고 주의를 환기시킨다. 공적인 쟁점은 일관된 논증을 지속적으로 주고받는 형태가 아니라, 점점 단편적인 문답이나 짤막한 표어의 형태로 발표된다. 미국 대통령 후보자들의 텔레비전 연설이 자막이나 광고 등으로 중단되지 않는 채 방송된 평균 시간을 보면 1968년에 이미 유감스러운 수준인 42.3초였는데, 1988년에는 9.8초라는 절망적인 수준으로 짧아졌다.

전 세계적으로 보더라도 후보자나 시민 교육에 있어서 고전적인 지도자의 역할이 중시되는 시대는 지나간 듯하다. 오늘날 정치인들은 장사꾼과 다름없다는 말이 심심찮게 회자된다. 공허함과 혼동, 기만으로 뒤섞인 시장 엘리트의 커뮤니케이션 방식은 더 이상 추락할 여지가 없는 수준까지 떨어진 듯하다. 문자 해독 능력의 증대와 대중매체의 등장이 사회에 유익한 영향을 미친 것은 분명하지만, 그로 말미암아 현대사회가 값비싼 대가를 치르고 있는 것 또한 분명하다.

시장 엘리트와 소비자의 관계에서 나타나는 이런 흐름 가운데 일부는 어쩌면 인터넷을 통해서 이루어지는 다자간 커뮤니케이션의 성장으로 제어될지도 모른다. 한 기업 자문 회사는 전도유망한 기업에 다음과 같이 충고했다. "새로운 디지털 경제에서는, 잠재 고객이 잠깐 동안 마우스를 몇 번 만 클릭해도 당신의 제품에 관한 다양한 평가를 수십 개나 인쇄할 수 있다." 그리고 이렇게 덧붙였다. "지식은 힘이다. 고객들의 지식이 넘쳐 나고 있다."

사람들 사이에서 판촉 활동과 홍보 산업이 미치는 심리적 영향 — 꾸준히 소비자의 주의를 산만하게 하고 혼란을 일으키는 — 에 대한 비판이 고조되고 이에 따라 이들 산업에 대한 부정적 평가가 심화되고 있다. 홍보 산업을 비판하는 이들은 특히 판촉 활동이 공교육을 대신하는 것에 반대한다. 교육'산업'이 홍보 산업과 경쟁해야 한다고 생각하지도 않을 것이다. 판촉 활동은 사람의 마음을 뒤흔들려고 하는 반면, 공교육은 정보와 지식을 제공하고 이를 사용하도록 한다고 그들은 생각한다. 판촉 산업은 잘못된 설명, 허위와 혼돈을 진실과 별로 구별하지 않는다. 즉 법의 테두리 내에서 효과가 있다면 무엇이든 사용한다. 반면 교육산업은 진리 추구에 의미를 부여하고, 잘못된 설명과 허위,

혼돈은 부정한다.

　대중을 상대로 하는 시장 엘리트의 판촉 활동이나 정치적 호소를 잘 살펴보면, 특히 그중에서도 홍보 전문가들에 의해 만들어진 내용을 살펴보면, 우리는 그 내용이 오랜 세월 문명사회의 필요조건으로 강조되어 온 진리와 정직에 대한 존중을 체계적으로 훼손하고 있다는 두려움을 피할 수 없을 것이다. 이때 정직에 대한 전통적인 옹호는 단지 어린이들을 위한 진부한 속임수에 불과할 것이다. 어떤 경우든, 진리에 대한 존중은 매우 위태위태하다. 바로 이 지점에서 시장이 문화에 미치는 영향에 대한 문제가 제기된다.

　이미 오래전에 미국의 사법부는 상품에 관해 어느 정도 허위로 홍보하는 것을 합법적이라고 인정했다. 상거래에서는 '부풀리는 것'이 예측 가능한 일이므로 불법으로 보기 어렵다고 법원이 판결한 것이다. 법원은 허위 설명이 관행적으로 널리 확산될 것을 예상했다는 점에서 통찰력이 있었다. 그리고 그 결정은 시장 사회를 사실에 가깝게 해석한 것이라고 할 수 있다.

　오늘날 사회가 일반적으로 아동 노동을 규제하고, 노예제를 금지하며, 산업으로 인한 오염을 규제하기 시작한 것처럼, 판촉 산업과 홍보 산업도 제어할 수 있을지 모른다. 현재도 여러 나라에서 마약이나 주식 및 채권과 같은 일부 제품의 판촉을 통제하고 있다. 내가 여기서 분명히 하려는 것은 그와 같은 정책을 변호하기 위함이 아니라, 현재와 같은 형태의 판촉과 홍보 산업이 시장체제 고유의 필요 때문에 만들어진 것은 아니라는 점이다. 원리상 시장체제는 아동 노동이나 오늘날과 같은 광고 시장 없이도 광범위한 사회적 상호작용을 가동시킬 수 있다. 시장체제는 광범위한 정보의 분배를 필요로 하며, 그 결과 정보의 분배에 대한 국가의 감독을 제한하는 역할을 한다. 그렇다고 해서, 현재와 같은 홍보 산업이 시장체제에 꼭 필요하다고 주장하는 것은 아니다. 언론의 자유를 잠식하는 것이 아니라면, 판촉과 홍보 산업을 제어하는 데 있어 핵심은 개인들의 권리와 조직체의 특권을 구분하는 것이다. 이 점에 대해서는 13장에서 설명한 바 있다.

정치에서의 순환성

시장체제에서 대중의 마음을 공략하는 문제는 발견했으나 순환성을 발견할 수 없다면, 우리는 잘못된 곳에서 순환성을 찾고 있었는지도 모른다. 어쩌면 순환성은 시장 엘리트들이 서로 경합하는 시장체제에서 찾기보다는, 시장 엘리트와 정치 엘리트가 대중을 통제하기 위해 서로 동맹을 맺는 민주정치의 문제에서 찾아야 할지 모른다. 대중을 향한 엘리트의 커뮤니케이션에서 나타나는 명백한 특징은 일부 메시지에 대한 시장 엘리트와 정치 엘리트 간의 합의다. 그들은 주방 가구 판매를 촉진하는 일에서는 제휴하지 않으나, 기성의 사회질서를 방어하는 일에서는 제휴한다. 그리고 판촉을 통한 공격이 소비자를 납득시키기보다 오히려 혼란스럽게 만드는 것으로 끝났을 경우, 설득력을 갖는 것은 정치적 메시지를 통한 공략 — 물론 이 공략 역시 너무 산만하고 혼란스럽게 만들기는 하지만 — 이다. 민주주의에서조차 그 공략은, 엘리트가 대중에게 주려고 하는 것만 대중이 요구하도록 설득하는 정치적 순환 논리를 만들어 낸다.

이것은 새로운 주제가 아니다. 역사적으로 수많은 위대한 지성들은 사회조직과 엘리트에 의한 대중 조작이 초래한 사상적 왜곡에 관해 고뇌했다. 플라톤은 실재가 아닌 동굴에 비친 그림자를 말했으며, 프랜시스 베이컨은 '우상'을, 칸트는 '후견'을, 로크는 '암시'를, 루소는 '포획 의지'를, 그리고 마르크스는 '허위의식'을 이야기했다. 현대에는 슘페터가 '조작된 의지'를, 하버마스는 '왜곡된 의사소통'을, 샤츠슈니이디는 '상층계급의 악센트'로 노래하는 '천국의 합창'을 이야기했다.

엘리트들은 자신들의 정치 커뮤니케이션이 자유주의와 민주주의 사상들처럼 이념들 간의 경쟁에 공헌을 했다고 항변한다. 그러나 이념의 경쟁은 몇 가지 조건이 충족될 때에만 성립한다. 첫째, 메시지가 서로 경합해야 한다. 둘째, 그 경쟁에서 큰 목소리가 작은 목소리를 침묵시키지 않아야 한다. 셋째, 경쟁하는 각각의 주장은 경험적인 근거가 있어야 한다. 끝으로, 경쟁하는 사람들은 진리를 존중하는 태도를 가져야 한다. 정도의 차이는 있겠지만 여러 측면에서 엘리트의 정치적인 메시지들은 이 모든 조건을 위반하고 있다.

시장 엘리트와 정치 엘리트 사이에서 그리고 각각의 엘리트 내부에서는 다양한 갈등과 도전이 자주 일어나지만, 기본적인 사회질서를 둘러싸고는 그렇지 않다. 엘리트들은 위계 제도와 불평등이라는 '분명한' 특징, 엘리트의 능력, 사회적 결속의 필요성과 정치적인 선동의 위험에 관해서는 의견이 일치한다. 엘리트들의 역할, 특권에 대해서는 문제 삼지 않으며, 엘리트들의 잘못에 대해서도 서로 공격하지 않는다. 특히 미국에서는 주요 제도들에 관한 의견의 경합이 전개되지 못하고 있는데, 이는 큰 문제다. 미국 사회의 이런 이념적인 동질성은 '미국적인 방식'[근면과 공정성을 중시하는 전통], 헌법, 사기업 체제, 기업과 평등에 관한 문제에 부정적인 영향을 미치고 있다.

엘리트들의 발언권과 비교하면, 소비자와 환경 단체의 발언권은 미미하다고 말할 수 있다. 노동조합의 발언권이 강한 국가들도 일부 있지만, 기업 엘리트와 정부 엘리트의 발언권만큼은 되지 못한다. 결국, 시장과 정치 영역에서 엘리트들은, 다른 모든 참여자들을 압도하며 이에 따라 이념들 간의 경쟁이 발생하지 못하게 한다.

만일 엘리트들이 대중의 마음을 공략해서, 정치적 민주주의가 [전도된] 순환성을 갖게 되었다면, 그것은 오랜 기간에 걸친 엘리트의 대중 조작이 성공한 덕분이다. 엘리트가 대중을 통제하려 한 시도는 시장체제와 민주주의가 등장한 것보다 훨씬 이전부터 있어 왔다. 사실상, 역사는 대부분 대중에 대한 전제적 착취에 관한 기록이다. 플라톤의 『국가』는 엘리트가 대중을 겉보기에만 자비롭게 통제하기 위한 일종의 청사진이다. 중세 유럽의 역사는 항상 엘리트를 위협하는 존재인 대중을 통제하기 위해 세속 엘리트와 종교 엘리트가 협력해 온 역사다. 한 역사가는 르네상스에 관해 이렇게 쓰고 있다. "폭동에 대한 두려움은 권력이나 재산을 가진 사람들의 삶에서 언제나 사라지지 않는 자극제였다." 그리고 대중을 통제하기 위한 국가와 교회의 협력은 "16세기 중반부터 그 이전에 비해 훨씬 밀착되었다."[24] 미국 민주주의의 기초를 세우는 데 기여한 엘리트들 역시 대중에 대한 두려움과 싸웠으며, 새로운 입헌 질서 속에서도 대중의 영향력을 제어할 방법을 찾았다.

대중에 대한 엘리트의 통제라는 문제를 더 크게 확대하면 계급 갈

---

24 John Hale, *The Civilization of Europe in the Renaissance* (New York: Atheneum, 1944). p. 464, 471.

등의 그림이 된다. 이 그림에서, 우월적 위치에 있는 사회 구성원들과 그 지도자들은 재화와 서비스는 물론이고 신분이나, 영향력, 권력 등과 같은 모든 사회적 혜택에서 더 많은 몫을 요구하는 대중들로부터 자신의 우위를 보호하기 위해, 그리고 열등한 위치에 있는 사람들의 마음을 얻기 위해 투쟁한다. 제임스 매디슨은 재산을 평등하게 분할할 것을 요구하는 '다수파'의 요구를 제어할 수 있는 정부가 구성되어야 한다고 생각했다. 이런 싸움은 지금도 여전히 계속되고 있으며, 최근에는 복지국가를 축소시키려는 계급적 동기를 가진 여러 시도에서 분명하게 나타난다. 불리한 처지의 사람들에게 시장 사회가 부여한 혜택에 만족하라고 설득하는 것은 당연히 우월한 위치에 있는 사람들이다.

엘리트들은 — 한때는 주술사를 통해, 다음에는 족장을 통해, 다음에는 유목민 약탈자를 통해, 다음에는 군주와 주교를 통해, 그리고 지금은 현대적 엘리트를 통해 — 끊임없이 불평등, 위계 제도, 권위, 충성, 복종, 온순, 신뢰와 믿음이라는 덕목을 가르치려고 한다. 비록 이런 것들이 덕목이 될 수 있는 상황도 있겠지만, 이런 것들을 무차별적으로 긍정하는 것은 대중의 복종을 끌어내려는 엘리트의 처방에 지나지 않는다. 이런 덕목들은 언제나 당대의 문화와 밀접하게 연관된 내용을 통해 보완되며 뒷받침된다. 과거 엘리트들은 왕권신수설을 가르쳤다. 오늘날은 자본주의가 옳다고 교조적으로 가르친다. 엘리트들은 그들 자신과 자기 자녀마저 모두 설득한다. 그러므로 전 세계 엘리트의 주장은 거대한 일방적 소통의 흐름 속에서 매우 유사한 양상을 보인다.

시장체제에 대한 몇몇 급진적 비판자들은 엘리트들이 커뮤니케이션을 통해 대중에게 시장체제를 성공적으로 '판매'한다고 보았다. 비판자들은, 시장체제가 사실상 착취적인 사회과정임에도 불구하고, 대중들이 제한된 몫 — 응분 보상 원칙과 재산권이 허용하는 사회적 혜택 가운데 — 에 만족하도록 묶어 두는 데 엘리트들이 성공했다고 말할 것이다. 이것이 바로 일종의 순환성이다. 그리하여 비판자들은 3장의 주장, 즉 시장체제는 평화를 유지한다는 주장을 냉소적으로 볼 것이다. 고도로 불평등한 사회에서, 시장체제는 불우한 처지에 있는 사람들을 위협하고 억압함으로써 평화를 유지할 뿐이라고 말할 것이다. 엘리트들은 불우한 사람들이 엘리트에 도전하는 위험한 투쟁과 패배의 위험을 무릅쓰기보다는 시장체제가 그들에게 평화롭게 할당하는 작은 몫에 만족하고 이를 받아들이도록 설득해 왔다는 것이다. 이것이야 말로 강력한 순환성의 논리가 아닐 수 없다.

민주주의는
시장체제를 필요로 하는가

정치적 민주주의와 마찬가지로 시장체제 역시 논리적으로는 엘리트에 대한 대중의 통제에 기초를 두고 있는 체제다. 두 체제 모두 수많은 대중이 기업가나 정부 관료와 같이 최종적 결정을 주도하는 비교적 소수의 사람들을 통제한다는 점에서 유사한 대안이라 할 수 있다.

이 두 체제는 물론 서로 얽혀 있다. 시장체제가 뒷받침하지 않는 민주적 국민국가는 성립 불가능하다는 인식이 널리 통용되고 있기도 하다. 시장체제가 없으면 민주주의도 없다는 것이다. 이 장에서 우리는 그것이 사실인지 살펴보려 한다.

현재까지 시장체제와 결합되지 않은 민주주의 국가는 역사적으로 없었다. 세계 어느 나라도 아직까지 민주적인 중앙집권적 계획체제를 경험하지 못했다. 인도네시아와 사우디아라비아의 사례처럼 민주주의가 없는 시장체제는 흔하지만 시장체제가 없는 민주주의는 없다. 러시아가 민주주의를 지탱할 시장체제가 없음에도, 시장체제를 위한 개혁보다 민주주의를 위한 개혁을 앞세웠기 때문에 결국 민주주의도 안착시키기 어려웠다는 예측이 있었을 정도로 민주주의와 시장체제의 역사적 연관성은 매우 확고하다. 그들은 중국이 오히려 시장체제를 확립하는 정상적인 궤도에 올랐다고 말한다. 따라서 중국의 지배자들이 민주주의를 허용하기만 한다면, 머지않아 중국은 민주주의에 적합한 시장체제를 갖게 될 것이라고 말한다.

일찍이 어떤 유형의 민주적인 국민국가도 존재하지 않던 시대가 있었지만, 때가 되자 민주적인 국민국가가 가능하다는 것이 증명되었다. 마찬가지로 오늘날 세계가 민주적인 중앙집권적 계획 국가를 경험한 적이 없다는 사실 때문에 그런 국가의 등장 가능성을 부정할 수 있는 것은 아니다. 어쩌면 민주주의와 시장체제의 연관성은 역사적인 우연에 지나지 않을 수 있고 조만간 사라질지도 모른다. 정치체제와 경제체제 사이의 역사적인 연관성에 관해서 우리가 알고 있는 것은 빈약하다.

흔한 상투적 설명은 만일 한 국가가 중앙집권적인 계획체제를 통해 시장체제를 종식시킨다면, 국가는 강력해지고 민주주의는 위협받는다는 것이다. 중요한 것은 민주주의의 운명일 텐데, 시장체제가 제거되면 그 결과로 민주주의도 종식된다고 본다. 그러나 역사 속에서 민주적인 중앙집권적 계획 국가가 존재한 적이 없기 때문에, 그와 같은 결론 또한 역사에서 확인할 수가 없다. 우리가 알고 있는 것만으로는 역사적인 연관성을 설명할 수 없다.

역사적 경험 속에서 양자의 연관성을 설명할 수는 없지만, 만일 민주주의 국가가 시장체제를 붕괴시킨다면 어떤 일이 일어날 것인가 하는 물음은 흥미로운 질문이다. 일반적인 가설은 시장체제 없이 중앙집권적인 계획을 추진할 만큼 강력한 국가라면 그 권력 때문에 그 국가에 대한 민주적인 통제는 파괴되리라는 것이다. 이는 설득력 있는 논증이지만 지나치게 단순하다. 이 주장은 한 곳—정부—에 권력이 더 크게 집중된다면 다른 곳—시민들 사이—의 권력은 줄어든다는 것을 암시한다. 그러나 한 곳에 권력이 커지면 다른 곳에 권력이 줄어드는 것이 당연하다는 명제는 어떤 조건에서는 성립할 수도 있지만 일반적으로는 정확하지 않다. 일례로 만일 시민들이 인터넷에서 큰 권력을 행사한다면, 국내적이든 국제적이든, 규제 당국의 권력이 줄어드는 것이 아니라 오히려 이들은 더 큰 권력을 요구하게 될 것이다.

역사가들은 대체로 다음과 같은 점을 언급해 왔다. 즉 정부로 하여금 시민들이 원하는 계획을 수행하도록 강제하려는 시민들의 권력은 약한 정부가 아니라, 세금을 부과하고 관리를 할 수 있을 만큼 강력한 권위를 가진 정부를 요구했다는 것이다. 요컨대 시민 권력은 강한 정부 권력을 요구한다.

나아가 정부가 권위를 남용하는 문제는 각 국가에서 엘리트의 정치적인 행동을 통제할 수 있는 관습이나 법적 규칙이 어떠냐에 달려 있다. 민주주의가 안정적으로 확립된 국가라면 선거에서 패배한 대통령이 권력을 유지하려고 군대를 동원하지 않는다. 그리고 비록 군대를 동원한다고 해도 그것이 해결책이 아니라는 것을 알게 된다. 민주주의가 확립되지 못한 국가에서는, 정치가 작동하는 방식이 다르다. 쿠데타도 있을 수 있다. 마찬가지로 공무원과 사법부가 어떻게 행동하느냐는 관례에 좌우된다. 또한 대규모의 군대, 말하자면 '강력한 군대'라고 해서 작은 군대보다 더 민주주의를 위협하는 것은 아니다. 그 위협의 정도는 장교와 명령을 받는 병사가 따르는 관습적·법적 규칙이 어떠냐에 따라 다르다.

오늘날의 민주 정부는 세금을 부과하고, 통화와 신용을 관리하고,

기업을 규제하고, 사회적인 복지 지출을 통해서 소득을 이전하는 등 18세기 중엽 이전에 비해 훨씬 더 큰 권력을 행사한다. 그러나 민주주의는 이런 권력으로 인해 손상되지 않는다. 민주주의는 프리드리히 하이에크가 말하는 '예종에의 길'[25]에 들어서 본 적이 없다. 민주 정부의 권력 자체가 국가에 대한 민주적 통제가 커지는 증거라고 주장하는 이들도 있다. 군대 징집을 포함해, 국가는 전시에 막강한 권력을 계속해서 행사해 왔지만 민주주의를 손상시킨 것은 아니다.

설명이 필요한 것

두 번째 주목할 만한 사실은 — 아마 우리는 놀라운 사실이라고 말해야 할 것이다 — 어떤 민주적인 국민국가도 시장체제를 없애려 한 적이 없다는 점이다. 설명이 필요한 분명한 사실은 왜 민주주의가 시장체제를 필요로 하는가에 있는 것이 아니라, 왜 어떤 사회도 시장체제가 없는 민주주의를 시도한 적이 없는가 하는 것이다. 제2차 세계대전 직후 서유럽에서 발생한 기간산업의 사회화 물결은 시장체제를 포기하려 한 것이 아니라 사기업을 공기업으로 전환한 것이며, 여전히 그 기업들은 시장체제에 확고하게 자리 잡은 상태로 거래 활동을 해왔다. 물론 정부

---

25 하이에크는 1944년에 출간한 그의 저서 『예종에의 길』을 통해 서구의 복지국가가 채택하고 있던 케인스의 이론에 대항하여 자유 민주주의 이론과 자유 시장경제 체제를 주장했다. 1970년대 경기침체 현상과 맞물려 자유 시장 중시와 계획경제 비판을 요체로 한 그의 이론이 재조명되었고, 1980년대 레이거노믹스와 대처리즘을 필두로 하는 신자유주의 출현의 이념적 기반이 되었다.

가 조세 정책이나 사회보험과 기업 규제를 통해서 시장의 영역을 변화시키기는 했다. 몇 십 년 전 프랑스의 '유도 계획'[26]과 오늘날 이탈리아 정부의 기업 규제에 관한 세부 사항은 시장체제와는 거리가 있는 움직임을 보여 준다. 정부 투자에 초점을 맞춘 인도의 5개년 개발 계획이 성공한 것도 마찬가지 경우다. 그렇지만, 경우에 따라 시장체제를 부분적으로 전시 동원 경제로 대체하긴 했지만, 대대적으로 시장체제를 폐지하고 다른 체제로 대체하려는 모험을 감행한 민주주의 국가는 없다.

어떤 민주주의 국가도 시장체제를 없애려고 시도한 적이 없다는 — 혹은 시도하다가 실패한 적도 없다는 — 주장이 어떻게 가능한가? 혹자는 2백 년의 역사를 통해, 비록 실패로 끝났더라도 시장체제를 종결시키려는 민주적인 시도가 적어도 한 번은 있지 않았을까 하는 기대를 가질지도 모르겠다. 시장 비판론자들이 특히, 마르크스주의자뿐만 아니라 영국의 페이비언주의자[27]와 같은 민주사회주의자 등의 시장 비판론자들은 시장체제를 폐지해야 할 강력한 논거를 제시했으며, 불황의 반복은 시장체제를 넘어서는 대안을 둘러싸고 논쟁을 불러일으키기도 했다. 1930년대 대공황의 파국적인 혹독함을 겪으면서, 세계 어디엔가는 그 고통스러운 기간 동안 중앙집권적인 계획을 시도했던 민주 정부

26 유도 계획(indicative planning)은 1946년 프랑스가 처음 채택한 경제정책으로 정부의 일방적인 계획 수립이나 집행 방식을 지양하고 민과 관의 협력과 간접적인 영향력을 통하여 국가계획을 작성 및 운영함으로써, 그 과정에서 국민으로 하여금 경제 전망에 대해 신뢰를 갖게 하고 기업으로 하여금 이에 부합하는 투자 및 관리 계획을 수립하도록 유도하는 계획 수립 방식을 말한다.
27 1884년에 창설된 페이비언협회는 사회주의의 점진적 추구, 자본주의에 비해 사회주의가 도덕과 경제적으로 우수한 체제라는 것을 설득하기 위한 교육, 폭력이나 독재에 의해서가 아니라 민주주의와 의회 제도의 틀 속에서 점진적으로 개혁한다는 세 가지 원칙에 의거하고 있었다. 페이비언주의자들은 구체적으로 생산수단의 사회화, 국가 통제 그리고 가능한 한 많은 사회적 평등을 낳는 광범위한 복지 정책을 원했다. 1901년 페이비언주의자들과 영국 노동조합의 주요 지도자들이 연합하여 노동당을 결성했다.

가 있지 않았을까 기대했을지도 모르겠다.

실제로 시장체제를 폐기한 나라가 있다면 우리는 그것이 지나친 모험이거나 실수였다고 확신했을 터이지만, 정작 의문을 가져야 하는 것은 도대체 왜 어떤 민주주의 국가도 그와 같은 모험이나 실수를 하지 않았는가 하는 것이다. 국가는 — 심지어는 민주주의 국가조차 — 종종 커다란 모험을 강행하거나 엄청난 실수를 하기 때문이다. 민주주의 국가들은 자신들은 재무장하지 않은 채 나치 독일의 재무장을 허용함으로써, 유럽을 거의 잃을 뻔했다. 핵폭탄을 최초로 투하해서 지상의 생명을 종식시킬지도 모를 모험을 감행한 것도 바로 민주주의 국가였다. 어떤 민주주의 국가는 핵폭탄으로 위협하면서 쿠바에서 미사일을 철수시키도록 구소련에 요구하는 모험을 감행했다.

왜 민주적인 정치체제는 시장체제를 포기하는 가능성을 시험해 보지 않을까? 지혜로워서? 혹은 어리석어서? 그들이 그렇게 하지 않는 이유는 간단하다. 많은 사람들이 시장체제를 승인하거나 받아들이고 있기 때문이다. 시장체제에 반대하는 사람들은 지난 2백 년간 어느 곳에서도 광범위한 지지를 받아 본 적이 없다.

시민과 그 지도자가 시장체제를 유지하기로 선택한 것은 그들의 심리 상태에 달려 있는 것이지, 시장체제가 어떻게 작동하는가에 달려 있는 것이 아니다. 즉 시장체체와 민주주의 사이의 역사적인 연관성은 사람들의 생각에 따른 것이지 시장체제나 민주주의의 작동 메커니즘 때문은 아니다.

시장제체에 대한 한결같은 지지를 어떻게 설명해야 하는가

누군가는 시장체제에 대한 여론의 한결같은 지지를 통해, 민주주의와 시장체제 사이의 역사적 연관성을 충분히 설명할 수 있다고 생각할 수 있다. 물론, 호기심 때문에 이런 한결같은 지지가 왜 나타나는지 끈질기게 설명하려고 할 수도 있다. 하지만 지배적인 견해가 옳고 그렇지 않은 견해가 틀렸다는 사실은 증명할 수 없다. 두 세기에 걸친 지속적인 논쟁에서 고도로 세련된 논거들이 등장했지만, 시장 옹호자와 반대자 모두 자신이 옳았음을 입증할 수는 없었기 때문이다. 시장 옹호자들이 옳았다고 하더라도, 이를 통해 지난 2백 년간 시장체제에 대한 지지가 지배적이었다는 사실을 설명할 수는 없다. 많은 지배적 견해들이 역사적으로 오류였음이 밝혀졌으며, 상당수의 진리가 지배적인 견해가 되었던 것도 아니기 때문이다.

최근에는 공산주의가 실패함으로써 마침내 모든 국가의 시민과 엘리트가 시장체제의 필연성을 인정했다는 주장도 제기되었다. 그러나 20세기 말에 공산주의가 겪은 실패만으로는, 그런 실패를 경험한 적이 없던 민주주의 사회에서 시장체제를 지지하는 견해가 지배적이 된 이유를 설명할 수 없다. 여하튼, 공산국가의 권위주의가 실패한 경험만으로는 민주주의가 무엇을 할 수 있고 무엇을 할 수 없는지에 관해 말할 수 있는 것이 거의 없다. 그것만으로는 충분히 설명되지 않는다.

시장체제에서 만족스런 삶을 누리며 시장체제가 비시장체제보다 부유하다는 것을 목도한 수백만 명의 사람들이 시장체제의 폐기를 원하지 않으리라는 것은 쉽게 납득할 수 있다. 그러나 또 다른 수백만 시장 참여자들은 만족스런 삶을 누리지 못하며, 그들이 비시장체제에서보다 더 나은 삶을 산다고 장담할 수도 없다. 하지만 그들조차도 시장체제를 반대하지는 않는다. 심지어 1930년대 대공황의 고통 속에서도, 실업자 가운데 소수만이 시장체제의 종식을 외쳤다.

시장체제에 대해 그 장단점을 비교할 수 있는 대안 체제가 없다는 것으로도 친시장적인 견해가 왜 지배적인지를 설명할 수는 없다. 물론, 성공적으로 운용되는 선택 가능한 대안 체제가 없다면, 어떤 사람이나 정부도 미지의 세계로 뛰어들려고 하지 않을 것이 분명하다. 그렇다고 해서 그런 신중함이 어떤 시대, 어떤 정부도 비시장체제를 선택하지 않았던 이유가 되지는 못한다. 미국혁명, 프랑스혁명, 러시아혁명과 중국혁명은 모두 대중이나 엘리트들이 사회를 새롭게 재조직하려 했다는 것을 보여 준다.

또 다른 설명은 언론의 자유, 사상의 자유와 이주의 자유라는 민주적 자유를 즐기는 사람이라면 소비 선택의 자유와 직업 선택의 자유라는 시장적 자유도 누리고자 한다는 것이다. 이 설명은 설득력이 있어 보이지만 잘못된 것이다. 중앙집권적인 계획 아래에서도 소비 선택의 자유와 직업 선택의 자유가 제한적이나마 허용된다는 것을, 앞서 우리는 구소련과 마오쩌둥 치하의 중국의 사례에서 확인한 바 있다. 사람들에게 이런 정도의 시장적 자유를 주기 위해 시장체제가 반드시 필요한 것은 아니다.

시장체제에 대한 한결같은 여론의 지지와 관련해 앞에서 나는 한 가지 가능성만을 찾을 수 있었다. 그 가능성은 이 책의 범위를 넘어선 것이지만 적어도 어디서 설명의 단초를 발견할 수 있는지는 암시한다. 그것은 앞 장에서 말한 대중의 마음을 공략해 뒤흔드는 것, 즉 시장 엘리트와 그들과 결탁한 정부 엘리트들이 대중의 여론에 끼친 영향이다. 그들이 시장체제를 강요하는 것은 시장체제가 아닌 다른 대안 체제에서 그들의 권력과 이익이 지속되지 못할 것이라는 점 때문이다. 시장체제는 국가의 권력을 제한하는 일련의 규칙과 관습을 통해 움직이는데, 그와 같은 규칙과 관습은 부의 이전을 차단한다. 또한 그런 관습과 규칙이 요구하는 것은 기업가들이 권력이 확산이지 그들을 중앙집권적인 계획 수립자로 대체하는 것이 아니다. 아직 시장체제가 확립된 적이 없는 토지 귀족 체제나 시장체제가 폐기된 혁명적인 사회가 아니라면, 그 사회는 시장체제의 규칙과 관습에 의존해 특권과 권력을 누리는 무책임한 엘리트가 지배할 것이다. 이런 엘리트들이 민주주의를 지지할 가능성은 거의 없다. 따라서 그 엘리트들이 민주적인 발전 경로를 받아들인다 하더라도, 그들은 대중들이 시장체제를 지지하도록 세뇌시킴으로써 자신을 지키고자 할 것이다.

나는 구체적인 몇몇 사례를 제시할 수 있다. 왕권, 그리고 관습과 법은 오랫동안 시장 교환을 완전히 차단하지는 않았지만 크게 제한해 왔다. 17세기와 18세기 영국의 상인계급은 그들에게 허용된 교환을 통해서 부를 축적하고자 했다. 그 다음에 그들은 네덜란드 동인도회사와 영국 동인도회사에 허용한 것과 같은 더 많은 시장 기회를 달라고 왕권에 강력히 요구했다. 상인 계급은 그런 기회를 얻어낼 수 있는 힘이 있었다. 빈약한 세금 체계로는 전쟁과 일상적인 행정 관리를 위한 자금이 부족했던 왕권이 차입금과 새로운 조세 수입을 모두 상인에게 의지했기 때문이다. 상인은 왕권의 요구에 응하면서 시장 기회를 활용할 수 있는 새로운 자유의 대가를 요구했다. 상인 계급은 시행착오를 거듭한 끝에 결국에는 왕과 지주들의 영향력을 제압하는 데 성공했다. 정부에 대한 상인들의 권력은 확대되었고, 그들은 자유를 누리면서 그 자유를 통해 이윤을 얻었다. 새로 생겨난 시장체제가 그들에게 매우 유리하게 작용했다.

새로운 질서는 다른 사회집단들을 자극했다. 그리고 그들 역시 상인들이 획득한 자치적인 자유와 권리 가운데 일부를 요구하게 되었다. 상인들은 19세기 독일에서와 같이 전염병처럼 확산되는 이들의 요구를 억누르느냐, 영국에서처럼 이들과 협력할 것이냐 하는 선택의 기로에 직면했다. 후자를 선택한 영국 상인들은 정치적 민주주의의 경로를 밟았다.

최소 수준이기는 하지만 민주주의가 발전하도록 허용하거나 고무시킨 상인들 — 오늘날 기업가라고 하는 — 은 투표권 혹은 참정권을 갖게 된 사람들이 자신들로부터 부와 권력을 빼앗는 쪽에 투표할 것을 매우 두려워했다. 1867년 제2차 권리장전을 통해서 대중들에게 참정권을 준 일에 관해 논평하면서 의회의 한 구성원은, 노동자계급이 "만일 그들이 그 힘을 이용하는 방법을 안다면, 그들은 현 상황의 주인이 될 수 있는 힘을 갖게 될 것이다"고 두려움을 표현했다. 따라서 시장 엘리트는 사유재산, 사기업, 엘리트의 사회적 책무, 위계 제도, 불평등과 같은 시장체제를 지탱하는 신념을 대중들에게 신중하게 '교육'하기 시작했으며 지금도 여전히 그러고 있다. 그들은 공개 토론을 통해, 학교와 교회를 통해, 그리고 대중매체를 통해 대중이 시장체제를 지지하는 순응적 사고를 갖도록 세뇌한다. 요컨대, 그 자체로 엘리트 권력에 대한 도전인 민주주의는, '현 상황의 주인'이 되기보다는 시장체제의 규칙 내에서 살도록 설득하는 엘리트들의 대중 공략을 통해 재갈이 물려졌다.

물론 이런 주장은 전반적으로 수정할 필요가 있다. 제2차 세계대전이 끝났을 때 일본과 독일 같은 패전국에는 민주주의가 강제되기도 했다. 인도와 같은 일부 개발도상국은 상인이 중앙집권적인 권위에 도전하는 초기 단계를 거치지 않고 민주주의를 채택했다. 그러나 이런 경우에서도 엘리트들은 교육 자원이나 홍보 자원을 통해 중앙집권적인 권위가 아닌 시장체제를 지지하도록 만들었다. 그리고 러시아혁명을 통해 공산주의적 권위주의가 시장체제를 대체할 대안으로 등장하자, 이들 엘리트는 대중에게 시장체제의 장점을 이해시키려는 노력을 강화했다.

이런 가설에 따르면 역사적으로 시장체제는 대중의 마음을 공략하고자 했던 엘리트에 의해 민주주의와 결합되었다.

엘리트들이 대중의 마음을 공략함으로써, 대중들이 시장체제를 한결같이 지지하게 되었다면, 시장체제와 결부된 민주주의는 고도로 발전된 민주주의라기보다는, 현재처럼 시민들이 사고할 수 없는 무능력으로 인해 시들어 버린 최소 수준의 혹은 저급한 민주주의다. 이런 민주주의가 존재하는 이유는 상당 부분, 대중에게 영향을 미치는 상인과 기업가의 정치적 에너지 ― 과거와 같은 권위주의적 국가의 권력은 제어하지만 좀 더 성숙한 민주주의는 방해하는 ― 때문인 것 같다. 이것 이외에 우리는 시장체제가 민주주의에 필수적이라는 설득력 있는 증거나 논증을 발견하기 어렵다. 비록 그 증거를 발견하지 못했지만, 그럼에도 불구하고 우리는 그 증거가 존재할지도 모른다는 것은 인정한다. 우리가 간과한 연관성이 있을지도 모른다.

시장 엘리트가 역사적으로 최소 수준의 민주주의에 기여해 왔는가 혹
은 그렇지 않았는가 그리고 지금도 여전히 그런지와는 상관없이, 그들
은 대중들에게 심리적인 영향을 미침으로써 민주주의를 후퇴시킨다.
시장체제는 민주주의를 낮은 수준에 머물게 하고, 민주주의가 발전하
고 제대로 실현되기 어렵게 만들고 있다.

　정의상, 엘리트를 통제하려는 시민들 사이의 정치적 영향력이나 권
력이 대체로 평등한 상태가 정의상 진정한 민주주의의 요건이라면, 시
민들 사이의 경제적 불평등은 그 어떤 것이든 민주주의를 방해하는 장
애물이다. 소득과 부의 불평등은 공직에 입후보할 기회, 후보 추천, 대
중매체를 이용하여 유권자에게 영향을 줄 수 있는 역량, 막후교섭, 그리
고 정당 및 정부 관료의 사회적 상호 교환에서 불평등을 만들어 낸다. 시
장체제는 소득과 부의 불평등을 낳기 때문에 민주주의를 방해한다. 이
것은 이미 증명된 결론이다. 공산주의와 같은 비시장체제도 소득과 부
의 불평등을 만들어 냈다는 사실을 핑계로 이 결론을 뒤엎지는 못한다.

　시장체제가 민주주의를 가로막는 이와 같은 기초적인 장애 외에도,

기업 특히 법인 기업은 그것이 정치체제에서 차지하는 위상이 어떠냐에 따라 민주주의의 장애물로 작용하기도 한다. 이 장에서는 이 문제를 살펴볼 것이다.

기업, 지나치게 큰 시민

민주적인 정치체제에서 개인의 특권과 거의 비슷한 특권을 지닌 영세한 식료 잡화점이나 소기업은 일단 제쳐 놓고 생각하자. 정치적 민주주의를 방해하는 장애물로 문제가 되는 것은 바로 대기업이다. 대기업은 자금의 지출과 정부 관료와의 관계를 통해서 시민보다 훨씬 큰 권력을 행사한다. 그들의 권력은 극소수의 부유한 시민을 제외한 시민 전체의 권력을 무력화할 수 있다.

만일 어떤 기업이 법인 기업이 된다면 그 기업은 그에 따르는 특정한 권리를 누린다. 예컨대, 유한 책임은 그 기업이 망했을 경우 주주가 입게 될 손실을 제한해 준다. 투자자가 그 같은 보호를 받음으로써 법인 기업의 경영자는 부유한 개인이나 심지어는 일부 국민국가들이 할 수 있는 것보다 훨씬 큰 자금을 모으고 지출할 수 있다. 법인 기업은 마치 지나치게 규모가 크고 엄청난 권력을 가진 시민과 같은 역할을 한다. 그 역할은 민주 정권을 무너뜨릴 만큼 분명한 위협은 아니지만, 일반적으로 유사 민주주의가 아닌 진정한 민주주의에 필수적 요인으로 간주되는 정치적 평등을 심각하게 침해할 위험이 있다.

한 가지 놀랄 만한 사례를 살펴보자. 1970년대에 캐나다, 오스트레

일리아, 영국, 미국의 기업들은 환경문제에 주목하는 시민운동에 대응하기 위해, 청원서를 돌리고, 집회에 참석하고, 관리에게 편지를 쓰고, 기업에 불리한 활동에 참여하는 사람들을 상대로 소송을 제기하기 시작했다. 민주주의에서는 시민의 자발적 활동이 법, 특히 언론의 자유에 관한 법에 의해 보호받고 있기 때문에 기업은 자신들이 이런 소송을 제기해도 거의 이기지 못하리라는 것을 잘 알고 있다. 그러나 기업만큼 자금력을 갖지 못한 피고에게는 소송 비용이라는 부담만으로도 위협적이라는 점 역시 잘 알고 있다. 이런 소송은 대체로 자유로운 연설과 공공 행사 참여를 방해하는 무서운 위협이 된다. 기업이 선거운동에 자금을 제공하거나 정부 관료와 돈독한 관계를 맺는 것 역시 정치적 평등에 부합하지 않는 기업의 활동을 보여 주는 일반적 사례다.

기업은 자신이 가진 것 이상으로 과도한 이점을 누린다. 다른 집단의 구성원은 자기 소득에서 비용을 지출하는 반면, 그들은 '공적'으로 자금을 모을 수 있다. 그들이 정치 활동에 쏟아 붓는 자금을 공적이라고 하는 까닭은 그 자금의 출처가 기업의 수입이며, 기업 경영자의 개인적인 소득이라기보다는 소비자와 주주로부터 나온 자금이기 때문이다. 반면 시민 개인은 자기 소득에 전적으로 의존한다. 때로는 법으로 경영자들의 '공적' 자금 사용을 제한하지만, 그 법을 피하는 것은 크게 어려운 일이 아니다.

일반인들이 자금을 모으고 조직을 갖추느라고 고군분투하고 있을 때, 법인이든 아니든 기업은 이미 조직을 갖추고 움직일 준비가 되어 있으며 또 실제로 움직일 수 있다는 부가적인 이점을 누린다. 즉 법인 기업은 곧바로 경영자를 정치적 업무에 배치할 수 있지만, 시민 집단은 자격을 갖춘 인물을 찾아야 한다. 게다가 법인 기업은 영속성을 갖는다. 법인은 죽지 않기 때문이다. 법인 기업은 한 세대에서 다음 세대로 정치 활동을 계속 이어갈 수 있지만, 생명이 유한한 상대방 시민은 활력을 잃거나 죽어 사라진다.

나라마다 법이 다르기는 하지만 일반적으로 법은 가공의 인격인 법인 기업에 정치 참여권을 포함한 많은 권리를 부여한다. 민주주의는 살아 숨 쉬는 사람에게만 이런 권리를 부여한다고 생각하는 이들도 있을 테지만 어쨌든 현실은 그렇다. 법인 기업은 투표하거나 입후보할 수는 없지만 정치 활동에 깊이 관여할 법적인 권리가 있다. 법인 기업 역시 언론의 자유를 보장받고 정치 엘리트와 커뮤니케이션할 수 있는 법적 권리가 있다.

인격체로서의 법인 기업은 민주주의, 더 엄밀하게 말하면 비민주주의와 관련된 근본적인 문제를 제기한다. 기존의 연구들은 너무 소심해서 법인 기업과 비민주주의 사이의 연관성을 잘 다루지 않았지만 말이다. 기업 역시 개별적인 사람들로 구성되어 있다는 것을 핑계로 법인 기업이 시민의 자격을 갖게 된 변화를 사소한 것으로 간과할 수는 없다. 기업 구성원이 이미 누리는 권리 이외에 별도의 시민적 권리를 기업에 허용하는 것은, 기업 경영자들이 개별 시민으로 누리는 권리와 권력을 행사하는 것 말고도 기업의 자산과 인력을 사용할 수 있는 엄청난 특권을 부여하는 효과를 제공한다.

실제 사람이 누리는 권리와 권력을 제도나 기관에 부여하는 관행과 민주주의를 조화시키려 한다면, 그것은 민주주의를 다시 정의하지 않고서는 불가능할 것이다. 민주주의는, 살아 있고 상처받고 열망하는 사람들을 위한 권리와 권력으로, 사람들은 자신들에게 할당된 권리와 권력을 통해 보호를 받고, 자신의 열망을 추구할 기회를 갖는다. 이런 민주적 기준에서 보면 불을 끄는 소화전이나 컴퓨터에 그와 같은 권리와 권력을 할당하는 것은 사리에 맞지 않는다. 그런 것들은 고통을 느끼지도 못하고 열망하지도 않는다. 법인 기업도 아파하거나 열망하지 않는다. 기업 안의 사람들만이 그럴 수 있다. 진정 민주적인 국가라면 오직 사람에게만 사람의 권리와 권력을 주어야 할 것이다.

사회가 법인 기업에 할당한 ― 예컨대, 항공운송을 조직하거나 광석을 채굴하는 ― 기능을 수행하려면 기업은 매매를 할 수 있고 노동을 관리할 수 있는 등의 권리와 권력을 필요로 한다. 나는 법인 기업이 이런 권리와 권력을 보유하는 것이 필연적으로 민주주의를 방해한다고 생각하지는 않는다. 민주주의를 방해하는 장애물은 법인 기업에 자유로운 사람들의 권리와 권력을 추가적으로 할당할 때에만 나타난다. 모든 사회는 이를 최소한으로만 인정한다. 즉 내가 알고 있는 한, 법인 기업이 공직에 입후보하고 당선되는 사회는 없다. 민주주의는 법인 기업의 정치 참여에 대한 제한을 필요로 한다. 즉 이런 제한은 다른 부분에도 적용되어야 하는데, 기업에 법인 자격을 부여하는 것은 이런 제한을 가로막는 일이 된다.

사회는 조세 당국이나 군부대, 농업 관련 부서가 개별 시민처럼 시민권을 요구하는 것을 허용하지 않는다. 오히려 할당된 목적 이외에 다른 목적을 추구하지 못하게 한다. 마찬가지로, 민주주의에 대한 일반적인 정의에 따르면, 민주주의는 법인 기업이나 다른 유형의 조직체에 대해서도 비슷한 제약을 부과할 것을 요구한다. 개별적인 사람들과는 달리 조직체는 동료나 상전이 아니라 하인과 같은 것이다. 이와 같은 민주주의의 요구 조건과, 개인이나 하인이라기보다는 국가와 같은 행태를 보이는 유니레버와 같은 거대 법인 기업의 위상을 비교해 보라. 정치적 민주주의에 필요한 요건들을 충족시키려면 유니레버와 같은 법인 기업들에게는 주어진 기능에 적합한 법적 지위를 부여하고 일련의 규칙을 통해 통제해야 할 것이다. 민주주의에서는, 법인 기업이 법원에 가더라도 권리를 침해당한 사람으로서가 아니라 사회 기관으로서의 지위 때문에 갈 것이다.

국제 질서와 기업

최근 국제적으로도 기업은 민주주의를 위협하는 존재로 점점 더 부각되고 있다. 기업의 정치적 역할에 있어서 중대한 변화는 기업이 국제적인 교역과 금융의 새로운 구조에 편승해 있고, 다국적기업은 범세계적으로 확산되고 있으며, 정부가 자국 기업을 보호하고 장려하는 일에 에너지를 쏟아 붓고 있다는 것 등을 들 수 있다.

이런 법인 기업 가운데 상당수는 대부분의 국민국가보다 더 많은 생산 자원과 생산 규모를 갖추고 있으며, 국가가 기업을 압박할 수 있는 것보다 더 큰 권력으로 국가를 압박할 수 있다. 그뿐만 아니라, 기업과 은행의 시장 엘리트는 국가 엘리트와 결탁해, 국제통화기금과 유럽중앙은행처럼 국제 경제에 영향을 미칠 수 있는 권력 기관을 설립하기도 한다. 이런 상황은 민주 정부에 최소한 세 가지 어려운 문제를 초래한다.

첫째, 이들 기관은 대체로 전문성이 떨어지는 회원국 정부의 관료가 통제하기 어려운, 뛰어난 엘리트 ― 은행가, 금융가, 경제학자 ― 들을

보유하고 있다. 이와 관련된 적합한 사례는 국제통화기금이 개발도상
국에 통화주의에 기초한 정통적인 재정 정책을 강요하는 것을 들 수
있다. 국제통화기금을 효과적으로 통제할 수 있는 역량이나 권력을 지
닌 국가는 많지 않다.

둘째, 회원국이 효과적으로 이들 기관을 통제할 수 있다손 치더라
도, 그 통제는 그 국가의 정치 엘리트의 수중에서 이루어진다. 이런 국
제기관은 회원국의 유권자와는 유리되어 있으므로 유권자는 중요한
많은 쟁점에 대해 거의 무기력할 수밖에 없다. 새로 설립된 유럽중앙은
행의 경우, 의도적으로 정치와 분리되도록 설계되었다. 때문에 유럽중
앙은행은 대중이 요구하는 높은 수준의 고용보다는 시장 엘리트에게
유리한 물가 안정을 추구한다.

셋째, 유권자는 이런 기관들과 유리되어 있는 반면, 기업은 쉽게 접
근할 수 있다. 예컨대, 유럽위원회가 기업이 유독성 방사성 폐기물을
희석해 소비재 상품으로 재활용하거나 비료로 사용하도록 허용할 때,
위원회는 일반 시민의 의견을 듣기보다는, 이해관계가 큰 기업의 말에
귀를 기울일 것이다.

대부분의 국가에서 민주주의는 부분적으로만 실현되었을 뿐이다. 다
양한 열망과 이해관계를 가진 수십억 '유권자'들이 국제기구들을 민주
적으로 통제할 수 있느냐의 여부와 그 방법은 매우 어려운 문제다. 아마
이들 국제기구에 대한 통제는 불가능할 것이다. 시장을 통제하는 이런
기구들이 21세기에 국제무역과 금융을 어떻게 만들 것인지는 아직 알
수 없다. 하지만 결국에는 기업과 은행, 국제정치의 엘리트들이 아무런
민주적 통제도 받지 않는 상황에서 중요한 결정을 하게 될 것이다.

기업 내의 권위

기업은 민주적이기보다는 전제적인 내부 구조를 통해서 움직인다. 그런 구조는 생산적 자산에 대한 기업의 사유재산권에 의해 유지되어 왔다. 법은 그 권리의 끄트머리를 조금 축소시켰을 뿐이다. 노사 관계에 약간의 민주적 요소를 도입하는 차원에서 노동조합을 허용했으며, 일부 국가에서는, 권한이 매우 제한적이긴 하지만 종업원 평의회employee council가 설립되기도 했다.

민주주의 사회라면, 모든 거대 법인 기업의 내부 역시 민주적으로 조직 — 종업원들이 시민 역할을 하고, 따라서 이들이 관리자를 선출하고, 해임하고, 다양한 방법으로 통제하는 — 해야 한다는 생각이 계속해서 주목을 받고 있다. 민주주의 사회에서는 기업도 민주적으로 일관되게 운영되어야 한다는 호소는 매우 설득력 있는 논리라 할 수 있다. 즉 민주주의를 국가가 지향할 수 있는 선의 이데아라고 한다면, 많은 측면에서 국가와 닮은 법인 기업에서도 그럴 수 있다는 것이다. 그러나 오지 몇몇 국가들에서만, 피고용인이 공식적으로 통제에 참여하는 방식을 시도하고 있다. 예컨대, 독일에는 감독이사회 — 경영이사회만큼 기업 통제에서 주도적인 역할을 하는 것은 아니지만 — 에 노동자 대표가 참석할 수 있는 법적 규정이 존재한다.[28]

---

28 독일 기업의 지배 구조는 경영이사회와 감독이사회로 이원화되어 있다. 경영이사회는 기업 경영의 책임을 지며, 감독이사회는 경영이사회의 경영 활동을 견제, 감시하는 기능을 한다. 법적으로 감독이사가 경영이사를 겸직할 수 없도록 함으로써 소유와 경영을 분리시켰으며, 감독이사회가 CEO를 포함한 경영이사의 선임권을 갖기 때문에 대주주는 주로 감독이사회에 포진하고 전문 경영인이 경영이사를 맡게 된다. 특히 독일의 감독이사회에는 주주 대표와 함께 노조 추천 대표가 같은 숫자로 참여한다.

나는 권위주의적인 작업장을 민주주의에 대한 장애물로 평가하는 데 있어 다소 주의를 할 것이다. 작업장 민주주의는 사회 전체의 민주주의와 몇몇 지점에서 다르다. 게다가, 좀 더 광범위한 민주주의에 어느 범위의 그리고 어느 정도의 '산업 민주주의'가 필수적인지 전혀 분명하지 않다.

군대를 의회나 내각이 통제하지 않고 군대 내의 병사들에게 통제권을 넘기는 것이 좀 더 민주적이라고 주장하는 사람이 있을까? 조세 정책을 세금 징수원에게 넘길 사람이 있을까? 새로운 고속도로를 건설할 지역에 관한 결정을 고속도로 건설 노동자에게 넘길 사람이 있을까?

군대, 세금, 고속도로를 결정하기에 적절한 유권자는 — 직접 그 일을 하는 사람들이 그 일이 어떻게 이루어지고 또 어떻게 추진되느냐에 더 큰 관심을 갖긴 하겠지만 — 그 일을 하는 사람들만이 아니라 '우리 모두'다. 어떤 유형의 텔레비전이 얼마나 생산되어야 하느냐 하는 것은 텔레비전이나 다른 어떤 것을 원하는 모든 사람에게 영향을 주는 결정이지 단지 그것을 만드는 사람들에게만 영향을 주는 결정이 아니다. 한 공장에서 임금을 결정하는 것은 사회적 생산의 몫을 요구하는 모든 사람들에게 영향을 주는 것이지 오직 그 한 공장의 피고용인에게만 영향을 주는 것이 아니다.

만일 피고용인이 기업의 핵심적인 통제자로서의 주주를 대신한다면, 새로운 관리자 — 아마도 종업원들이 선출한 — 는 핵심적인 통제자인 종업원에게 민감하게 반응해야 할 뿐만 아니라 시장의 통제에 대해서도 계속 민감하게 대응해야 할 것이다. 이런 경우, 종업원은 임금 인상을 위해 회사의 유동자산을 쓰고 싶어 하는 반면에, 시장은 성장을 위해 자본을 투자하라고 요구함으로써 종업원들의 통제와 시장에서의 통제가 서로 상충할 것이다.

기업을 좀 더 민주적으로 만드는 길을 정교하게 개척하는 것은 쉽지 않은 일이지만, 검토할 만한 길을 발견한 국가도 일부 있다. 작업장의 권위주의적 관행 가운데 많은 것은 불필요할 뿐만 아니라, 경영진에 대한 통제를 어렵게 한다. 그 사례로는 고용 차별 특히 인종이나 민족을 차별하는 것, 타당한 이유도 없이 해고하는 것, 임의로 임금을 차별하는 것, 경영자에게 지나친 보상을 하는 것, 작업장에서 피고용인의 건강과 안전을 위협하는 위험 요소에 관해 비밀을 유지하는 것 등이 있다. 기업에서 나타나는 내부 독재 가운데 일부 지나친 것을 규제하는 국가도 있다. 21세기 말에 가면 어쩌면 지금 우리 시대의 기업에서 나타나는 독재적 관행을 되돌아보며 경악하게 될지도 모른다.

감동 기업

민주주의의 기준에서 보면, 법인 기업의 자선 활동 ― 교육, 조사, 환경 보호, 예술 분야나 빈민 구호에 기부하는 것 ― 은 문제의 소지가 있다. 물론, 피상적으로 보면 별 문제가 없다. 혹자는 민주적 이유에서든 다른 이유에서든 법인 기업의 자선 행위는 고마운 일로 봐야 한다고 생각할 수도 있다. 하지만 법인 기업이 자선 활동에 지출하는 비용을 대고 있는 것은 사실상 소비자나 주주들이다. 그럼에도 불구하고, 그들은 그렇게 하라고 비용을 지출한 게 아니며, 자신들이 그 비용을 대고 있다는 사실도 알지 못하고, 기업의 관대한 행위의 수혜자도 아니다. 착각이나 무관심으로 말미암아, 그들은 자신들이 무언가를 공짜로 얻는 다고 믿으며 기업의 선물을 환영한다.

법인이 벌이는 이런 활동 영역은 한때 '감동 기업'이라는 주제로 논의 되었던 쟁점을 제기한다. 사회는 다음의 두 가지 가운데 선택할 권리가 있다. 첫째, 사회는 기업이 판매할 것을 생산하고 그것을 생산하는 데 필요한 자금만 지출하도록 규제할 수 있다. 둘째, 사회적 지원이 필요한 선한 목적을 위해서는 기업이 '공적' 자금을 무제한 지출할 수 있도록 허용할 수 있다. 지금까지는 후자로 기울어지는 경향을 보였다.

판매를 위한 법인 기업의 생산 투자는 시장 통제에 따라 움직이지 만, 그들의 기부 활동은 거의 통제받지 않는다. 시장체제에서 소비자는 기업이 토마토를 생산하거나 선박 여행 상품을 만드는 것에 대해 찬성 표나 반대표를 던질 수 있다. 하지만 기업이 시 교향악단에 기부하거 나, 토양 오염 조사에 대한 지원을 거부하거나, 학교에서 사기업을 홍 보하기 위한 기업 프로그램을 운영하는 것 등에 대해서는 찬성하거나 반대할 수 없다. 법인 기업의 경영진을 통제할 방법이 없는 상태라면, 그 경영진은 민주적 과정을 통해 '공적' 자금을 관리하는 것이 아니므 로 그 자금은 그들 자신의 선택에 따라 사용한다. 나아가 모든 집단과 마찬가지로 그들은 특유의 편견 — 재계에 대한 비판적인 조사 연구에 는 자금을 대려고 하지 않는 데서 드러나는 것과 같은 — 에 의해 영향 을 받는다. 법인 기업의 정치자금 지출에 관한 논쟁과 마찬가지로, 공 적 자금을 기업이 자의적으로 사용하는 것이 민주주의에 적합하며 타 당한 것인가 하는 문제와 관련해 기업의 사회 공헌 활동은 중요한 논 점을 제기한다.

정의상, 좀 더 진정한 민주주의라면 기업의 공공연한 정치 활동이나, 자선 활동뿐만 아니라, 기업 광고 ― 법인 기업 그 자체를 선전하는 문구 ― 도 규제해야 하는가? 제품에 대한 정보를 제외한 모든 대규모 광고를 금지해야 하는가? 어떤 관찰자는 기업이 만들어 낸 정보의 홍수로 말미암아 자유로운 아이디어의 경쟁이 어렵게 된 상황에서, 이런 조치는 사회가 이에 대처할 수 있는 민주적 방식이라고 생각할 것이다. 반면, 이런 조치를 누군가는 언론의 자유를 소멸시키는 위험한 일이라고 생각할 것이다. 오늘날 민주주의 이론은 이 문제에 대한 적절한 판단 기준을 제시하지 못하고 있다.

시장 엘리트의 특권적인 정치적 위상

민주주의의 작동을 방해하는 시장의 잘 알려진 문제점들 외에도, 또 다른 장애물이 있다. 그것은 시장 엘리트가 정치체제에서 차지하는 특권적인 지위다. 민주주의에서 사회적 특권은 언제나 의심을 받지만, 여기서는 단순한 의심을 넘어, 일련의 분석 ― 비록 논박을 받을 수도 있지만, 시장 엘리트들이 누리는 사회적 특권이 민주주의에 미치는 영향에 대한 분석 ― 을 시도할 것이다.

국가가 시장체제를 가동시키는 방법의 하나는 기업의 활력을 자극하기 위해 매우 다양한 지원을 하는 것이다. 기업에 생산을 중지할 것을 명령할 수는 있지만, 특별한 여건이 아니라면, 생산하라고 명령할 수는 없다. 기업은 유인을 통해서만 움직인다. 이에 따라 정부는 다양한 유인책―특히, 보호관세, 융자, 직접적인 자금 지원, 정부 구매, 특허권, 세금 감면, 정보와 조사 연구 서비스, 보조금에 의한 홍보, 시장을 열기 위해 정부가 다른 나라들과 벌인 협상이나 군사적 간섭 — 을 제공한다. 또한 정부는 기업의 필요에 맞춰 학교 체제를 개편하기도 한다. 국가는 기업을 위해 필요하다면 무엇이라도 제공할 강력한 의지가 있다. 이렇듯 기업에 대한 국가의 과도한 보호를 기업 복지[29]라고 비꼬는 이들도 있다.

정부가 기업에 제공하는 혜택이나 유인책은 대부분의 사람들이 상상하는 것보다 훨씬 규모가 크다. 19세기 말 미국 정부는 대륙 횡단 철도 건설을 독려하기 위해 미네소타 주와 워싱턴 주 땅의 4분의 1과 위스콘신 주, 캔자스 주, 노스다코타 주와 몬태나 주 땅의 5분의 1을 철도 회사에 기증했다. 기증한 땅 전체는 프랑스나 독일보다 더 넓은 지역이었다. 당시 그 유인책의 가치를 평가하면 수십억 달러에 달하지만, 총액에 무엇을 포함시킬 것이냐에 따라 크게 달라진다. 예를 들자면, 정부가 공교육에 지출한 금액 가운데 상당 부분 역시 사업에 대한 혜택이나 유인책으로 계산할 수 있다.

만일 유인책이 부족해서 기업이 투자나 고용, 생산에 망설이게 되면, 기업 엘리트보다 정치 엘리트들의 입지가 더욱 크게 흔들린다. 따라서 정치 엘리트는 끊임없이 시장 엘리트의 요구에 주목한다. 예컨대, 이런 사실은 미국 대통령 선거 과정에서도 볼 수 있다. 관행적으로, 새로운 대통령은 취임도 하기 전에 기업의 요구에 귀를 기울일 것을 보

---

29 기업 복지(corporate welfare)는 기업의 생존을 돕고 이윤을 확보할 수 있도록 서비스, 재정 원조, 보조금, 기타 혜택을 제공하는 것을 말한다. 정부가 일자리를 위해 특정 산업의 세율을 인하하거나, 지역 경제를 위해 저렴한 토지 비용으로 기업을 유치하는 것 등이 이에 해당한다.

장하겠다는 취지로 주요 기업의 경영진과 모임을 개최한다. 농부, 노동조합, 지방자치단체, 군대나 다른 집단에는 그런 보장을 하지 않는다. 수많은 의제와 상황이 있지만, 국가는 민주적 요구보다 시장 엘리트의 요구를 우선시한다. 유권자는 실망하더라도 더디게 반응하기 십상이고, 다음 선거 때쯤이면 실망했던 사실도 잊는 경우가 많다. 그러나 실망한 시장 엘리트는 거의 즉각적으로 생산을 축소하거나, 노동력을 줄이거나, 아예 사업장을 폐쇄하고 해외로 나갈 수 있기 때문이다.

때때로 다른 집단도 자신들의 요구를 해결해 주지 않으면 일을 중단하거나 중단하겠다고 위협함으로써 정부에 영향력을 행사할 수 있다. 지하철 노동자와 환경미화원은 파업의 위협을 통해 시 당국으로부터 양보를 얻어 낼 수 있다. 정부는 보건 정책에서 양보를 얻어 내려는 의사들의 위협적인 불평에 설득을 당하기도 한다. 그러나 어떤 집단보다 정부에 가장 광범하고 지속적으로 영향력을 행사하는 것은 고용된 사람들과 선출된 정치인들이 자기 자리를 지킬 수 있도록 산업의 수레바퀴를 원활하게 돌리는 시장 엘리트들이다.

이런 이유로 해서 시장 엘리트는 특별한 발언권, 즉 정치체제 안의 다른 사람에게는 허용되지 않는 특권을 누린다. 그 특권은 다양한 영역에서 나타난다. 국가라는 영역에서 그 특권은 시장 엘리트들에게 주는 특별한 혜택 ― 예컨대, 세금 감면 ― 에서뿐만 아니라, 기업가들이 지지하는 정책을 외면할 수밖에 없을 때 정부가 일반적으로 주저하는 모습을 보이는 데에서도 드러난다. 지방자치단체는 세금 공제나 다른 혜택을 제공하지 않으면 다른 곳으로 옮기려고 하거나, 목적을 달성하기 위해 옮기겠다고 위협하는 기업에 원하는 것을 제공한다. 몇몇 세계적인 법인 기업들은, 사업 규모, 그에 따른 일자리 기회와, 그들이 현지 정부에 제공하는 다른 혜택을 통해, 때로 철수하겠다고 위협하거나 투자를 꺼리는 모습을 보임으로써 정부를 위협한다. 필립스가 네덜란드에 소유한 여러 공장 중 하나를 폴란드로 옮기겠다고 위협하자 네덜란드 경제부 장관은 이렇게 설명했다. "필립스의 이런 행동은 세계시장에서 활동하는 기업의 일반적인 행태라고 생각한다. …… 정부가 할 수 있는 것이라고는 고작해야 최대한 매력적인 사업 장소를 제공하는 것뿐이다." 그 장관이 두 손을 꼭 쥔 채 무기력한 모습으로 서있는 광경이 눈에 선하다.

시장 엘리트가 정치의 영역에서 갖는 특권적인 위상은 민주주의의 기초라 할 수 있는 정치적 평등의 원칙을 침해하는 것이다. 또한 그 위상은 정치 엘리트가 기존의 정치제도와 시장 제도를 동시에 보호하는 과정에서, 왜 경제 엘리트와 제휴하는 경향을 보이는지에 대한 이유도 설명해 준다. 그리고 어떤 시장 사회에서도 정치 엘리트든 시장 엘리트든 시장체제를 폐지하는 길을 선택하거나 그러려고 시도해 본 적조차 없는 이유도 잘 설명해 준다.

공공 정책에서 엘리트의 요구를 수용하는 대중적인 인식 때문에도 시장 엘리트의 특권적인 정치적 위상이 강화된다. 예컨대, 법정 최저임금의 인상을 지지해야 할 대중이, 그렇게 하면 고용주들이 고용을 줄일 것이라는, 반드시 어리석다고만은 할 수 없는 두려움을 갖는 것이 대표적이다. 혹은 그들은 부자를 위한 세금 감면 조치의 부당성을 알고 있다 하더라도, 그 때문에 투자 유인이 약화될 것을 우려한 나머지 감면 조치를 지지하기도 한다. 대중은 기업 신뢰도를 시들어 버릴 수도 있는 꽃이나 식물과 같다고 생각한다. 그들은 그렇게 생각하도록 교육받는다. 대중이 기업 엘리트에게 특권적 지위를 부여해야 할 필요성을 인정하고 있다는 것은, 적하 이론[30]이라는 것이 그들에게 불합리한 것임에도 불구하고 이를 번번이 용인하는 모습에서도 드러난다. 그 이론은 엘리트의 요구가 충분히 수용된다면 거기서 발생한 이득이 엘리트에게서 대중들에게로 넘쳐흐를 것이라고 말한다. 만일 이득이 이런 방식으로 획득된다면 일차적으로는 엘리트가 제일 먼저 이득을 향유하게 될 것이다. 이렇게 해서 자신들의 이익을 보호하기 위해서는 먼저 시장 엘리트가 정치적으로 특별한 위상을 가질 필요가 있다는 대중적 인식이 확장되고 있는 것이다.

기업의 특권적 지위를 옹호하는 강력한 주장이 하나 더 있는데, 그것은 시장체제를 움직이는 데 그런 특권적 지위가 필요하다는 것이다. 여기서는 시장체제가 민주주의를 실제로 방해한다는 것을 인정한다. 더 나아가 시장을 움직이기 위해서라면 민주주의가 손상되더라도 감수할 수밖에 없다고 말하는 지경까지 간다.

이런 관점에서 보면, 시장체제를 고무하기 위해서는 어느 정도 민주주의를 제한해야 한다는 주장이 성립한다. 시장 사회가 현실적으로 시장체제를 활성화하는 데 필요한 정도보다 더 크게 민주주의를 제한하든지 아니든지 간에, 문제는 시장 사회가 이런 문제의식을 거의 갖지 않는다는 사실이다. 그러나 민주주의와 시장체제 사이에 어떤 절충이 필요하다고 해도, 그로 인해 민주주의가 훼손된다는 것은 결코 가벼운 문제가 아니다. 그것은 시장 엘리트의 필요를 충족시키기 위해 대중의 정치적 요구를 무시하거나 조작함으로써 정치과정을 실질적으로 왜곡

---

30 적하 이론(trickle-down theory)이란 정부 자금을 대기업에 유입시키면 그것이 넘쳐서 중소기업과 소비자에게까지 차례로 흘러 들어가 경기를 자극한다는 이론이다.

시키기 때문이다. 대중에 대한 무시와 조작을 동시에 보여 주는 것은 1998년 이래로 영국 노동당이 정부 안에 신설한 여러 자문위원회에서 잘 나타난다. 그런 위원회들은 기업 경영자들을 불러들여 장관들과 유착 관계를 갖게 하고, 제도적으로 확고했던 임명된 관료들의 권력을 약화시켰다. 시장체제를 위해서 민주주의를 훼손한 사회는 커다란 대가를 치르게 된다.

기업, 특히 법인 기업이 민주주의를 위협하기 때문에 법인 기업을 없애자는 사람은 거의 없다. 우리는 이제 법인 기업과 같은 존재가 없는 세계를 거의 상상하지 못한다. 민주주의를 위협하는 문제점에도 불구하고, 법인 기업은 지금까지 생산적인 제도였고 또 앞으로도 계속 그럴 것이다. 그리고 모든 사회는 아마 어떤 형태로든 그에 적합한 미래를 만들어 나갈 것이다. 프랑켄슈타인은 미친 괴물을 만들어 냈지만, 풍자로 치더라도 그 괴물은 인류가 만들어 낸 법인 기업이라는 집단적인 피조물과 비교하면 보잘것없다. 법인 기업은 생존하고 번성할 만큼 분별력이 있지만 프랑켄슈타인은 그렇지 못했다. 또한 법인 기업은 불멸의 존재인 데 반해 프랑켄슈타인은 그렇지 못했다. 그리고 법인 기업은 전 세계에 혜택을 제공하거나 정반대로 심각하게 황폐화시킬 수 있는데 반해서 프랑켄슈타인은 그럴 수 없었다. 혹자는 법인 기업을 위한 좀 더 나은 민주적 안전장치를 생각할 수 있을 것이다. 하지만 그 안전장치가 얼마나 잘 작동될 수 있는가 하는 것은 법인 기업이 어떻게 대응하느냐에 따라 크게 좌우된다. 법인 기업은 민주적 안전장치를 피하려고 능력껏 최대한 멀리 달아날 것이기 때문이다.

THE
MARKET
SYSTEM

THE
MARKET
SYSTEM 18 더 나은 시장체제는 가능한가

미국에서 시장 엘리트와 정부 엘리트는 서로를 적으로 생각하는 경우가 빈번하지만 프랑스에서는 상대적으로 밀접한 협력 관계를 유지해왔다. 오랫동안 환경오염에 무관심한 정부도 있고, 반면 환경오염을 억제하기 위해 노력을 기울여 온 정부도 있다. 이런 다양한 차이나 원인으로 말미암아 다양한 형태의 시장체제가 출현했는데, 그중에 어떤 것은 정책 수립자가 의도하지 않았던 것이기도 하고, 또 어떤 것은 그들이 계획적으로 만들어 낸 피조물이기도 하다.

20세기 들어 정책 수립자들이 자신들이 다루고 있는 의제에 대해 서로 다른 선택의 여지를 탐색하는 동안, 여성이 노동시장으로 대거 유입되었고 그 결과 우리의 삶에서 차지하는 시장체제의 위상은 필연적으로 크게 변화되었다. 오늘날 여성이 해야 할 일을 규정하는 것은 남편이나 가족과 같은 전통의 권위라기보다는 주로 시장이다. 여성은 그들이 얻게 된 화폐 소득으로 인해 이전에는 가정에서 생산하던 많은 서비스와 재화를 시장에서 구입한다. 장담할 수는 없지만 21세기에도 인터넷과 새로운 다자간 커뮤니케이션 기술을 통해 중요한 변화가 나타날지 모른다. 예를 들어, 인터넷 경매는 시장 참여자에게 선택의 범위를 크게 넓혀서 시장 활동의 규모를 확대할 것이다.

이 장에서 나는 시장체제 안에서 실현 가능한 몇 가지 선택 대안을 살펴볼 것이다. 물론 어떤 것은 다른 것보다 설득력 있는 논거를 제시할 수도 있겠지만 이 장의 목적은 그것이 아니다. 내가 대안을 논의하는 이유는 이를 통해 그간 너무 가볍게 무시되거나 간과되었던 시장체제의 몇 가지 특성을 잘 드러낼 수 있기 때문이다.

앞에서 논의한 문제를 근거로 여러 구체적인 대안을 살펴볼 수 있을 것이다. 가설적으로 생각해 본다면 적어도 모든 시장 사회는 다음과 같은 현상에 대한 국가의 통제 수준(거의 없거나, 얼마간 있거나, 상대적으로 더 많은)에 따라 서로 다른 유형의 시장체제를 선택할 수 있다.

- 파급효과
- 다양한 형태로 나타나는 독점
- 기업의 정치적·사회적 권력
- 기업 안에서 경영자의 권위
- 기업가의 동기
- 투자
- 소득과 부의 분배

각각의 대안 사이에서 나타나는 편차는 작지 않다. 대안의 범위는 국가와 기업이 밀접한 관계를 유지했던 1960년대 일본에서부터, 법인 기업과 국가 사이에 지속적인 갈등이 있었던 미국에 이르기까지 광범위하다. 그리고 한 국가의 시장체제 안에서도 각각의 변수에 따라 다양한 선택의 가능성이 열려 있으며, 그 결과는 중요한 차이를 초래한다. 중국, 인도, 러시아, 미국 같은 큰 나라가 파급효과를 어떻게 다루기로 선택하느냐는 전 세계에 큰 영향을 미친다.

사회가 선택할 수 있다는 가설을 전제로 했지만, 사실상 민주주의 사회에서 사회의 선택은 시장체제를 작동시키는 주요 지렛대인 국가를 통치 엘리트가 또는 시민이 얼마나 잘 활용할 것인가에 달려 있다. 하지만 국가 자체에 한계가 많기 때문에 전망은 그리 밝지 않다. 다른 무엇보다도 특히 법인 기업이 부과하는 장애가 크다. 법인 기업은 그 자체가 좀 더 나은 시장체제를 발전시키는 것을 어렵게 하는 중심적 장애물이다.

오늘날 광범위하게 나타나는 국가 통제의 범위나 성격을 어떻게 규정할 것인지와 관련해 시장체제를 둘러싸고 가장 큰 논쟁거리가 되는 것은, 응분 보상 원칙에서 벗어나서 소득과 부를 재분배하는 문제다. 재분배의 범위는 자유로운 공교육에서부터, 실업 급여와 가족수당 같은 복지국가의 재분배에 이르기까지 매우 넓다.

한 동료는 나에게 "복지국가는 이미 더는 작동하지 않는다는 것을 스스로 입증했다"고 단언했다. 물론 복지국가의 여러 프로그램들은 대체로 난관에 부딪혀 있다. 대표적인 사례는 의료 혜택 문제다. 여러 시장 사회에서는 의료 서비스를 제대로 받기 어려운 저소득층 시민을 대상으로 의료 지원이나 무상 의료를 제공한다. 소비자들이 의료비에 구애받지 않고 의료 서비스를 이용할 수 있도록 하면서도, 감당할 수 있는 수준에서 의료 서비스에 대한 수요를 묶어 둘 수 있는 방법은 무엇인가? 복지국가는 정부가 계획이나 예상보다 더 많이 지출하려는 경향을 갖게 될 때 난관에 부딪힌다. 복지 분야의 지출은, 과거 역사에서 흔히 볼 수 있는 기념비적인 공공 토목공사, 군용 공사, 통치자들의 사치, 기업 복지처럼 과다한 재정 지출을 야기하는 항목의 하나로 취급되기도 한다. 인구의 고령화로 수혜자는 늘고 이를 지원해야 할 경제활동인구는 계속 줄어들고 있다는 점만 놓고 보더라도 복지 프로그램은 중요한 논란이 되고 있다.

그럼에도 불구하고 이런 복지국가적 분배는 계속 유지되어야 할 것으로 보인다. 시장 사회는 최소한의 재분배에서부터 부적절한 과잉 지출에 이르기까지 복지국가의 다양한 형태 사이에서 선택할 수 있다. 유엔의 한 평가에 따르면 일인당 소득의 측면에서 미국은 세계에서 가장 부유한 나라지만, 미국의 복지 제도는 선진 산업국가 가운데 최악의 수준으로 빈곤을 방치하고 있다. 그렇지만 복지국가를 포기하는 것은 선택의 문제가 아니다. 복지가 필수적이라는 판단은 '문명화'가 가져온 산물이다. 한편으로는 엘리트가 급진적인 대중을 달래는 전략이기도 하다.

여전히 복지국가는 신체 건강한 노동자들 ― 고령이거나 장애를 가진 노동자, 일시적으로 실직한 노동자들이 아닌 ― 이 생산성이 떨어진다는 이유만으로 시장체제에서 영원히 배제될 가능성에 대해 효과적으로 대처하고 있지 못하다. 숙련 기술과 자본을 갖지 못해 최소한의 욕구마저도 충족시킬 수 없는 수백만 명의 새로운 최하층 계급underclass을 등장시킬 수도 있다. 그들에게는 수입뿐만 아니라 일자리와 그에 수반되는 사회적 지위도 필요하다. 그러나 최하층 계급에 속하지 않은 사람들이 이를 용인하거나 지원할 리는 만무하다. 최하층 계급에 속한 사람들 역시 자신들을 무기력하게 배제하는 사회를 묵묵히 받아들이지만은 않을 것이다. 기존 시장체제에서는 하기 어려운 선택을 해야 할지도 모른다. 최근에는 미국의 모든 젊은이에게 일생에 단 한 번 8만 달러를 지원함으로써 이해관계자 사회stakeholder's society를 만들자는 제안도 있었다.[31] 만일 산업사회에서 건강한 노동자들이 시장에서 지속적으로 배제되는 상황이 앞으로도 계속된다면, 이에 대한 대응은 국가별로 매우 상이하게 나타날 것이다.

두 개의 전망

시장체제의 다양한 양상이나 각각의 형태에 있어 사회가 어떤 선택을 할 것인가를 결정하는 것은, 아마도 국가와 시장체제의 관계에 관해 각자가 선호하는 ─ 정확한 것이 아니라 머릿속에서 대체적으로 그려진 ─ 이론 혹은 모델일 것이다.

일반적인 모델 혹은 전망에서는 시장이 선두에 서서 중심적인 역할을 하며, 국가는 보조적인 역할 두 가지를 수행한다. 국가가 수행하는 첫 번째 보조적 역할은 시장체제가 작동하는 데 없어서는 안 될 법적 토대를 확립하는 것이다. 이런 국가의 역할은 논란의 여지가 별로 없으며 거의 쟁점이 되지 않는다. 국가의 두 번째 보조적 역할은 '간섭'이나 '개입', 또는 덜 비판적이긴 하지만 여전히 부정적인 '규제'와 같은 용어

---

31 Bruce Ackerman and Anne Alstott, *The Stakeholder Society* (New Haven: Yale University Press, 1999).

로 표현된다. 이 모델은 국가를 시장체제에 불필요한 요소로 간주한다. 이 모델에서 국가는 기껏해야 부분적으로 성공한 땜장이, 최악의 경우에는 파괴자로 인식된다. 시장 참여자는 개별적인 개인들이다. 국가는 참여자가 아니라 규제자이며, 시장체제 '외부'에서 영향력을 행사하는, 따라서 늘 경계의 대상으로 간주된다. 시장 거래에서 간과되는 공동의 필요를 충족시키려 하는 한, 국가는 비효율적이나. 국가가 추구하는 사회적 편의 시설이나 환경보호 같은 목적은 시장에서 거래되는 재화나 서비스보다 가치가 적기 때문이다. 게다가, 국가는 대체로 시민 — 이 모델은 시민은 자유로워야만 한다고 가정하는 데 반해 — 을 강제함으로써 이를 달성한다.

이 모델에 대한 여러 가지 대안 가운데 하나를 살펴보도록 하자. 대부분의 독자는 다음의 모델이 앞서 설명한 모델보다 우월하다는 것을 금방 알아차리겠지만, 내 관심은 어떤 모델을 옹호하려는 것이 아니라, 두 모델을 대조적으로 살펴보려는 것이다. 앞의 모델과 마찬가지로 이 두 번째 모델에서도 국가는 아주 불완전한 제도이지만 시장체제의 법적인 토대를 확립한다. 그러나 그보다 훨씬 강력히 시장체제를 지원한다. 간섭이나 규제와는 달리 지원은 지속적이며 광범위하다. 국가의 지원은 통화와 신용 관리, 보조금 지원, 세금 감면, 연구 조사와 개발, 해외시장 개척과 보호 등 매우 다양하게 이루어진다. 앞의 모델에서 주장하는 바와 같이 규제도 하지만 지원하는 역할을 훨씬 광범위하게 담당한다. 국가는 소득과 부의 재분배를 담당하기도 한다.

두 번째 모델에서 강조하는 국가의 역할에는 첫 번째 모델이 간과한 두 가지 역할이 있다. 우선 국가는 시장 참여자다. 국가는 시장체제의 가장 큰 구매자인 동시에 판매자다. 교사, 연구 조사자와 고속도로 건설에 필요한 노동은 물론이고 농산물, 컴퓨터와 트럭도 구매한다. 국가는 재화와 서비스의 가격을 결정하기도 한다. 국가는 농부의 소득을 보호하기 위해 일부 농산물의 최저 가격을 설정하기도 하고, 독점을 제어하기 위해 전력의 최고 가격을 제한하기도 한다. 국내 생산자를 보호하기 위해 높은 관세율로 수입품 가격을 높이기도 한다. 국가가 가격을 결정하는 것은 규제나 지원, 재분배 등 다양한 목적을 갖는다. 구매자와 판매자로서 참여하는 것과 마찬가지로 국가는 가격 결정자로서 시장체제에 끊임없이 참여한다. 국가는 매매와 가격 결정이라는 역할을 통해 시장체제의 외부자가 아니라 내부자라는 점을 확인할 수 있다.

이 두 번째 모델에서 국가가 추구하는 공동 목적은 시장체제의 개별 참여자가 추구하는 목적 못지않게 중요하다. 사실상 양자가 추구하는 목적은 동일하다. 지불 능력이 있는 사람이 교외에 집을 구입하는 이유 가운데 하나는 혼잡한 도시 생활에서는 채울 수 없는 쾌적함 때문이다. 그들은 건물과 아스팔트로 뒤덮인 환경이 아니라 녹색 환경을 가까이에서 누리고 싶은 것이다. 그들이 원하는 것은 소음에서 벗어난 조용한 환경일 수도 있다. 특히, 편의 시설이나 환경과 같은 목적은 국가가 결정하는 공동 선택의 목적이기도 하다. 이런 목적은 거의 강제를 통해서만 효율적으로 달성될 수 있다 ─ 예컨대, 공교육은 강제적인 세금을 필요로 한다. 국가의 강제는 이 모델의 기본 요소다.

나는 두 번째 모델을 선호하며 또 그 모델이 더 현실적이라고 생각한다. 당신의 동의 여부와는 상관없이 그 모델은 우리가 선택을 분명하게 하도록 도와줄 수 있다.

국가 관리 도구로서의 시장체제

두 번째 모델이 함축하고 있는 — 그리고 현실에서도 그런 — 것은, 시장체제는 국가의 주요 행정적 도구라는 점이다. 물론 유일한 도구는 아니다. 국가는 직접적인 명령과 금지를 통해서도 관리하기 때문이다. 그러나 이 모델에서 시장체제는 여러 목적을 추구할 수 있는 수단에 가깝다. 국가는 일상적으로 시장체제를 활용한다. 의료 서비스를 확대하고자 하는가? 그러면 가격을 낮추라. 조사 연구를 활성화하고자 하는가? 그러면 자금을 제공하라. 대기 오염을 개선하고자 하는가? 그러면 산업 폐기물 방출에 비용을 분담시켜라. 민족 갈등을 줄이고자 하는가? 고용할 때 민족 차별을 규제하라. 요컨대, 국가가 관리하기 위한 일반 규칙으로 시장체제를 활용하라는 것이다.

일반적으로 우리는 시장체제가 공동 목적에는 이바지할 수 없거나, 한다고 해도 나쁘게만 작용하는 것처럼 생각한다. 즉 시장체제를 개인주의와 동일시하는 식으로 잘못 이해해 왔다. 분명히 국가는 매우 다양한 집단적 목적을 추구한다. 국가는 — 일반적으로도 그렇고 전형적인 방식이기도 한데 — 시장체제가 있음으로써 가능해진 통제를 통해서 그런 목적을 추구한다. 시장체제의 미래는 개인적인 목적뿐만 아니라 공동 목적의 추구와도 상관성을 갖는다. 현명한 선택을 하기 위해서는 이 점을 이해할 필요가 있다.

시장체제가 정확히 왜 그리고 어떻게 국가의 주요 관리 도구가 되어야 하는지에 대한 설명을 자세히 살펴봐야 한다. 모두 아는 것 같지만 대부분은 정말 알지 못하는 경우가 많기 때문이다.

어떻게 정부는 시민들이나 통치자가 필요하다고 생각하는 것을 개인들로 하여금 하게 할 수 있을까? 정부는 과속 운전이나 방화와 같은 바람직하지 않은 행동은 금지함으로써 통제한다. 그렇다면 시민들이 특정한 용역을 적극적으로 생산하도록 어떻게 유도할 것인가? 예컨대, 고속도로 건설에 참여할 노동자를 어떻게 모집하는가? 특정한 용역의 생산과 관련해, 명령은 징병을 할 때와 마찬가지로 극히 제한된 조건에서만 사용할 수 있다. 명령을 통해서는 정부가 필요로 하는 용역 가운데 일부만을 효율적으로 생산할 수 있을 뿐이다. 명령이 아닌, 좀 더 나은 방법이 있다.

우리가 머리를 손질한 대가로 미용사에게 비용을 지불하는 것처럼 국가도 원하는 용역을 구매한다. 직접적으로든 아니면 위탁 기업을 통해서든, 국가는 새로운 고속도로, 의료, 빈민을 위한 식량 생산 등에 필요한 다양한 용역을 구입한다. 또한 개인들이 하는 것처럼 국가도 필요한 도구와 장비를 구입하거나 임대하면 된다.

살펴본 바와 같이 정부의 구매는 단순하지만 매우 강력하고 정확한 효율적 관리 도구다. 구매라는 관리 도구는 대부분 명령보다 낫다. 더 정확하고, 더 널리 사용할 수 있고, 사람들이 거절하는 빈도가 적고, 사용이 훨씬 간단하다.

특정한 용역이 적극적으로 생산되도록 정부가 유인하는 다른 두 가지 일반적인 방법은 시민들의 행동을 형성하는 가격을 조정하는 것이다. 한 가지 방법은 아파트 건축, 건강관리, 선박, 농업 등 시장과 가격이 이미 확립되어 있는 산업에 보조금을 제공하는 것이다. 보조금은 기본적인 관리 도구로서의 구매를 보완한다.

보조금으로 원하는 용역을 생산하도록 유도할 수 있다면, 반대로 특별세나 목적세를 통해 원치 않는 용역을 좌절시킬 수 있다는 것도 쉽게 추론할 수 있다. 재화와 용역에 부과하는 세금은, 예컨대, 산업폐기물 방출이나 특정한 유형의 국제금융 거래를 제어할 수 있다. 따라서 세금은 관리 도구로서의 구매와 보조금을 보완한다.

국방에서부터 경관을 가꾸는 문제에 이르기까지 정부가 집단적인 목적을 추구할 때, 구매와 보조금과 세금이 동반된다. 국가가 관광 지구나 의료 영역을 구매하는 것은 시장 사회에서 일반적으로 나타나는 현상이다. 네덜란드는 예술가들에게 막대한 보조금을 지원하고, 이탈리아는 중공업에, 노르웨이는 북부 지역의 경제 활성화를 위해 지역 보조금을 지급한다. 그리고 여러 사회에서 소비자를 보호하기 위해 세금을 부여한다. 물론 정부는 식품이나 약품 규제처럼 직접 금지 조치를 사용하기도 하지만 이미 언급했듯이 이웃에 위화감을 주는 지출 품목에 대한 중과세나 담배세 같은 간접 규제를 활용하기도 한다. 세금과 보조금은 드러나지 않는 형태로 집행되기도 한다. 예컨대, 중간계급에 대한 주택 보조금이 영세민을 위한 전세 보조금 규모를 축소시킨다는 비판을 받으면, 재산세나 주택 담보 대출 이자에 대한 세금 감면 등의 방법으로 간접적 지원을 할 수 있다.

정부는 구매, 보조금, 세금과 더불어 행정 명령이 아닌 가격을 이용하는 다른 장치도 사용한다. 예컨대, 거래가 가능하거나 시장에 내놓을 수 있는, 제한적인 오염물 배출 허가권을 기업에 발행함으로써, 정부는 청정 기업(이런 기업들은 그들의 허가권을 판매할 수 있다)의 소득과 산출을 높이고 오염 기업(이들은 오염물을 배출하기 위해 추가적으로 허가권을 매입해야 한다)의 소득과 산출을 줄일 수 있다. 혹은 국제 조약을 통해서 국가별로 시장에 내놓을 수 있는 탄소 배출권을 할당하여, 각 국가로 하여금 그 허가권을 매입하게 하거나 매입할 필요를 줄이기 위해 방출을 제어하게 할 수 있다.

구매, 보조금, 세금 그리고 이와 연관된 정책은 국가의 개입이 필요한 어디에나 활용될 수 있다. 특정 약품의 생산에 대한 지원처럼 제한된 선택이 필요한 경우도 있고, 육아 보조처럼 좀 더 포괄적인 선택일 수도 있다. 또한 그런 정책 수단들은 소비지출보다는 저축을 보조하는 경우처럼 훨씬 더 광범위한 선택을 하는 데 사용될 수도 있다. 또한 담배 소비를 줄이려고 세금을 부과하는 경우처럼 선택의 책임을 개인에게서 국가로 옮기거나, 자녀가 다닐 학교를 부모가 선택할 수 있도록 허용하는 바우처 제도[32]처럼 국가에서 개인에게로 선택의 책임을 옮기기도 한다.

이런 것들은 최종 소비자의 서비스와 재화에 보조금이나 세금을 부과하기보다는 생산 요소의 투입 과정에 보조금이나 세금을 부과하는 경우처럼 — 예컨대, 부분 장애를 지닌 노동자의 고용에 보조금을 지불하는 것 — 생산의 연결 고리 가운데 특정한 지점에서 효과를 갖도록 도입할 수도 있다. 예컨대, 국가는 자동차세를 부과함으로써 자동차 생산을 줄이거나, 자동차 배기량이나 크기에 따라 세금을 차등 부과해 대형 자동차의 생산을 억제하거나, 금속 부문에 세금을 부과해 자동차 산업의 철강 소비를 억제할 수 있다. 또한 국가는 교육 수준을 전체적으로 향상시키거나, 수학과 과학을 공부하는 학생을 늘리거나, 가난한 학

---

32 바우처란 원래 특정 상품의 판매를 촉진하거나 고객의 충성도를 유지하기 위해 상품권이나 할인권을 주는 마케팅 기법으로, 사회보장제도에서 널리 활용되고 있다. 직접 현금을 지원하기보다는 지원이 필요한 특정 분야의 범위에서 수혜자가 원하는 서비스를 선택할 수 있도록 정부에서 카드나 증서를 발급하는 것을 뜻한다. 여기에서 설명하는 미국의 바우처 제도는 연방 정부가 저소득층에게 지원하는 학자금으로, 부모의 선택에 따라 공립학교든 학군 밖의 사립학교든 자유롭게 다닐 수 있도록 허용한 제도다.

생에게 기회를 열어 주기 위해 학교나 학생에게 보조금을 사용할 수 있다.

세금은 세계 시장체제에서 재화나 서비스의 생산을 조절하기 위한 수단으로 보조금만큼 일반적으로 사용되는 것은 아니지만, 대체로 경제개발 전략의 일환으로 수입을 억제하기 위한 관세나 다른 수입 비용의 추가 형태로 이루어진다. 유감스럽게도 보조금은 불합리하게 분배되는 경우가 많다. 대체로 보조금 분배는 보조금 수령자가 주도한다. 보통은 기업이 수령자가 되는데, 그들은 정치적 영향력을 동원하고, 그러고 나서 보조금을 받아야 하는 형식적인 이유를 갖다 댄다.

올바른 보조금 지급과 정치적 고려에 의한 보조금 지급을 구별하기는 어렵다. 일본은 세계시장에서 자국의 기업들이 새로운 역할을 담당해야 한다는 목적을 내세우며 관세나 다른 수입 제한 조치를 이용해 많은 산업을 보조했다. 하지만 일본은 1970년대에도 여전히 그와 같은 목표 달성과는 무관해 보이는 시멘트, 유리, 철강, 정유와 같은 산업을 계속 보조했다. 벌목 산업에 투입된 보조금은 남벌을 가속화시키는 불행한 결과를 몰고 왔지만, 보조금 지급은 지속되었다. 벌목 산업의 쇠퇴로 인해 정치적 영향과 고통을 겪게 될 지방자치단체의 요구 때문이었다. 불합리한 보조금은 대개 영향력 있는 산업, 기업, 직장 집단과 지방자치단체에 주어지는 선물로 여겨지며, 여기저기서 나누어 먹게 된다.

국가의 구매, 세금, 보조금과 파급효과를 다루기 위한 다른 장치는 점점 더 현대사회에 중요한 선택지를 제공한다. 적어도 전염병의 위협, 토지 비옥도의 저하, 숲의 축소, 광물 자원의 고갈, 그리고 지구온난화로 인한 불안, 도시 과밀화 현상과 같은 문제를 가진 사회라면 그에 따른 파급효과를 통제하기 위해 좀 더 노력을 기울일 것이라고 기대할 수 있을 것이다. 이것은 거의 모든 현대사회에 적용되는 문제다. 파급효과의 규모와 위협이 점증함에 따라 이미 북아메리카에서 남아메리카를 거쳐 유럽과 아프리카, 아시아에 이르기까지 환경 법안 제정을 확대하도록 고무시켰다. 세계적 차원에서도 시장체제는 파급효과에 대처하기 위해 단호한 금지 조치뿐만 아니라 세금과 보조금을 지급하고 있다. 예컨대, 네덜란드 정부는 현재 폴란드와 체코에서 네덜란드로 확산되는 대기 오염을 줄이려고 각 국가의 기업에 오염 방지 장비를 보조하고 있다.

여기서 환경문제에 대처하기 위해 언제 시장적 통제를 사용해야 하고, 언제 직접적인 명령과 금지를 사용해야 하는지에 관한 오늘날의 논쟁을 다루려는 것은 아니다. 모든 정부는 집단적인 목적을 위해 앞에서 설명한 시장적 통제를 널리 사용한다는 것과, 모든 사회는 그 통제를 어떻게 사용할 것인지에 관해 택해야 할 선택지들을 안고 있다는 것이 내가 말하고자 하는 핵심이다. 분명히 비시장적인 명령적 통제도 필요한 곳이 있다.

만일 우리가 파급효과나 다른 문제에 대처하기 위해서 정부의 구매와 보조금, 세금을 사용하는 문제뿐만이 아니라 빈곤을 줄이고 부와 소득 불평등을 완화시키는 방법을 사용하는 것을 고려한다면, 홀로 고립된 시장체제라는 것은 미완성된 아파트 건물과 같다는 걸 깨닫게 될 것이다. 사람들이 선택의 여지없이 그 아파트에서 살아야 한다면 어쩔 수 없지만, 잘 살 수는 없을 것이다. 내부 칸막이, 난방, 조명, 벽지와 침대 같은 설비가 갖춰져 있을 때 비로소 거주할 만할 쾌적한 공간이 되는 것이다. 그런 것들이 없다면 그 건물은 너무 침침하고 춥고 불안전한 공간일 것이다.

사회는 구매, 세금, 보조금 등으로 살기 좋은 시장체제를 만들려 한다. 그러나 계약과는 달리 아파트의 난방장치나 내부 칸막이가 너무 부실하다는 사실이 밝혀질 수 있는 것처럼, 국가가 시장체제를 보완하기 위해 시행하는 것이 잘못되거나 오히려 재앙이 될 수도 있다. 만일 시장체제라는 것이 국가가 많은 개선책을 덧붙일 수 있는 구조물이라면 그 결과는 나라마다 다를 것이다. 이런 면에서, 모든 시장 사회는 언제나 많은 선택지를 갖고 있고, 앞으로도 계속 그럴 것이다.

그렇지만 그와 같은 개선책(정부 정책)이란 그 대상이 되는 구조물(시장체제)을 필요로 한다는 사실은 결코 작은 문제가 아니라 매우 중요한 핵심이다.

시장체제를 넘어서는 대안은 가능한가

이미 앞에서 지적한 것처럼 한 시장체제 안에는 몇 가지 형태의 대안이 있다. 대안적 형태의 시장체제는 개별 국가 나름대로 파급효과, 법인 기업의 권력과 불평등 같은 문제에 대처하는 방식에 따라 끊임없이 발전할 것이다. 그러나 지금 당장 시장체제 자체를 대체할 수 있는 선택 가능한 대안은 과연 있는가? 만일 있다면 그 대안은 무엇인가? 우리는 자본주의와 사회주의, 시장체제와 명령 체계를 두고 양자택일해야 했던 과거의 경험처럼 거대한 선택의 기로에 있는가?

내가 물리적 계획이라고 표현한, 화폐도 없고 가격도 없는 단순한 구조는 사회 조율의 기능을 제대로 발휘하지 못한다. 중앙집권적으로 생산을 결정하고 정부가 재화와 서비스를 할당하여, 개인이나 가족 단위에서 직접 선택할 수 있는 것이 전혀 없고 화폐마저 없는 체제는 어떤 사회도 관심을 갖지 않을 것이다. 달리 표현하면 지구상의 어떤 사회에서든 소비자와 정부 관료들은 시장적 선택이 갖는 이점을 수긍한다. 생산을 통제하거나 계획한다 하더라도 산출물을 분배하는 일반적인 방식은, 협력해서 생산된 전체 산출물 중에서 각각의 개인이나 가족이 차지하는 몫을 돈으로 환산해 지급하고 그 범위에서 원하는 것을 매입하도록 하는 것이다. 이런 방식은 관리자와 소비자 모두에게 배급표로 인해 초래되는 짜증스러움이나 독단성, 비효율의 문제를 덜어 준다. 물론 일부 재화와 서비스는 특별한 제도가 필요하다. 예컨대, 일부 의료 서비스는 무상으로 분배되어야 한다. 그러나 소비자의 시장적 선택을 일반 규칙으로 삼는 것의 우월성은 인정되어야 한다. 앞에서도 살펴본 바와 같이 권위주의적인 공산주의 체제조차도 소비자가 선택하도록 하는 것이 유리하다는 사실을 우리는 알게 되었다. 그렇다면 우리는 공산주의적 관행을 벗어나 소비자의 선택을 광범위하게 도입한 중앙집권적인 계획체제도 상정해 볼 수 있다.

마찬가지로 징병과 같은 특별한 여건을 제외하고는 어디서고 명령을 통해 노동력을 공급하는 경우는 찾아보기 어렵다. 다시 말해, 관리자든 시민이든 공히 직업 선택권이 강제보다 우월하다는 것을 인정한다. 심지어 권위적인 공산주의 체제조차 직업 선택권을 주는 것이 유리하다고 인식하고 있다. 그러므로 우리는 직업 선택의 자유를 충분히 부여하는 중앙집권적인 계획체제를 상상해 볼 수 있다.

또한 어느 사회나 정부 구매, 보조금, 세금을 국가의 관리 도구로 이용하고 있으며, 공산주의 체제 또한 이런 관리 도구를 선택적으로 활용한다. 따라서 이런 관리 도구를 광범위하게 활용하는 중앙집권적으로 계획된 비시장체제 역시 상상해 볼 수 있다.

범사회적인 조율의 관점에서 보면, 시장체제를 넘어서는 대안은 여러 측면에서 시장체제와 유사한 체제일 것이다. 그 체제 역시 화폐, 가격, 소비 선택, 직업 선택과 다양한 시장 기능을 이용한다. 그렇다면 두 체제의 차이는 무엇인가?

시장체제가 화폐, 가격, 시장 기능을 이용하는 것은 생산의 통제를 시장에 참여하는 대중에게 맡기기 위해서인 데 반해, 대안 체제는 생산에 대한 통제를 정부의 권위나 계획 수립자의 수중에 놓기 위해서라는 점이 일반적으로 지적되는 두 체제의 차이점이다. 시장체제와는 달리 대안 체제는 중앙집권적인 계획 생산을 한다. 시장체제에서 생산은 중앙집권적인 결정이 아니라 효율 가격 — 혹은 그 근사치 — 을 통해 이루어지는 소비자 구매에 의해 좌우된다.

이런 구분은 그 자체로는 타당하지만 문제는 순수한 시장체제 모델이 아니라 현실 사회의 시장체제 사회 대부분은 이미 중앙집권적인 계획 수립을 통해 생산에 관여하고 있다는 사실에 있다. 21세기가 시작되면서 시장체제가 지배적인 체제가 되었음에도 불구하고, 관념적으로든 현실적으로든 생산에 관한 국가 차원의 계획이 폐기된 것은 아니다. 일부 학파의 용어를 빌리면 국가계획은 아직 파문당하지 않았다. 내가 말하는 국가적인 계획 수립이란 어떤 사회나 지배 엘리트가 장·단기적인 미래를 위해 전문적이고 세심한 정부 선택을 하려고 노력하는 과정을 의미한다. 그런 계획 수립을 선호하는가의 여부와는 상관없이 대부분의 사회는 그런 노력을 한다. 국가 차원의 계획은 언제나 존재했다. 고대의 폭군들도 국가 차원의 계획을 했고, 애덤 스미스가 시장체제의 대의를 주장하면서 맞서 싸운 중상주의자들[33]도 그러했다.

---

33 중상주의란 16세기 말부터 19세기에 걸쳐서 유럽에 널리 퍼졌던 경제사상으로 상공업을 중시하고 국가의 보호 아래 국산품 수출을 장려하여 국가의 부를 증대시키려고 했다. 초기 중상주의자들은 주로 화폐 유통에 관심을 기울였으나 17세기의 후기 중상주의자들은 화폐 순환 내부에서의 변동이 그 나라의 무역수지에 기인한다는 것을 알게 되어 무역수지 개선을 위한 정책에 관심을 기울였다.

제1, 2차 세계대전을 치르기 위해서 전시체제로 전환했던 민주 진영의 동맹국들도 마찬가지다. 사실 계획 수립이란 진부하다 할 정도로 매우 일상적인 일이므로 특별하게 구분해야 할 필요가 없다고도 할 수 있고, 그 용어 자체에 예민하게 신경을 곤두세우지 않아도 좋을 것이다. 그와 같이 정의된 계획 수립을 성공과 실패로 이끄는 것은 인간의 역량에 달려 있을 뿐이다.

시장 사회에 속한 현대 정부들은 자신들이 하고 있는 것이 무엇인지 자각하지 못한 채, 스스로가 볼 때 정당성을 갖춘 계획 — 예컨대, 산업 정책 — 을 실행하고 있다. 또한 환경 정책 같은 분야에서도 의도적인 선택을 한다. 그리고 우리가 방금 살펴본 것처럼, 시장체제 하의 정부는 주로 구매, 세금과 보조금을 통해서 계획을 세운다.

그러므로 실제 시장체제와 이를 넘어선 대안 체제의 차이점은 시장체제가 중앙집권적인 계획 수립을 훨씬 적게 하는 것이라고 재정의하는 것이 옳겠다.

이렇게 수정한 정의가 시장체제와 비시장체제의 차별성을 줄이기는 하지만 차이점은 여전히 분명하다. 이 정의는 우리에게 이렇게 말하기 때문이다. 즉 중앙집권적인 계획 수립은 정부 차원에서 결정한 목표 혹은 공동 목표를 정부가 추구하는 데 적합한 반면에, 시장체제는 공동 목표와 개인주의적인 목표가 혼합된 목표를 정부나 수백만 시장 참여자가 추구하는 데 적합하다. 모든 인간은 도로를 건설하는 일과 같은 공동체의 목표와 식량이나 오락과 같은 개인적인 목표를 동시에 추구하기 때문에, 이런 점에서 확실히 시장체제가 이점을 갖고 있다.

이것이 중앙집권적인 계획 수립과 시장 사회의 기본적인 — 그리고 대체로 아주 유용한 — 차이점이다. 물론 이런 구분이 언제나 정확한 것은 아니다. 정부 관료나 계획 수립자는 개인이 시장 구매를 통해 모색하는 것과 유사하게, 좀 더 나은 영양 섭취와 같은 개인주의적인 목표를 달성하기 위해 행동할 수도 있기 때문이다. 그리고 시장체제에 참여하는 개인들도 '빗장 공동체' 같은 집단적인 조직체를 만들기도 한다.

전반적으로 타당성이 인정되기는 하지만 공동 목표와 개인적인 목표에 따른 구분 역시 충분하지는 않다. 우리는 여러 측면에서 좀 더 분명한 구분 ― 시장체제에서 계획을 수립하는 방법과 대안 체제에서 계획을 수립하는 방법의 구분 ― 이 필요하다. 공동 목표와 개인적인 목표에 따른 구분은 불분명할 뿐만 아니라, 앞서 설명한 첫 번째 구분보다 익숙하지도 않다.

시장체제가 없다면 중앙집권적 계획 수립자는 가격과 무관한 결정을 하거나 비용을 고려하지 않는 임의 가격을 결정의 준거로 삼을 것이다. 시장체제 사회에서 중앙집권적 계획자는 개별적인 소비자와 마찬가지로 일련의 효율 가격(더 정확하게는 효율 가격의 근사치)을 알고 있고, 그런 가격이 제공하는 비용 정보를 고려해서 결정한다. 요컨대, 효율 가격은 시장체제의 중앙집권적인 계획 수립에서는 지침이 되지만, 대안적 형태의 계획체제에서는 지침이 되지 못한다.

시장체제와 대안 체제를 구분하는 세 번째 차이점을 살펴보자. 효율 가격을 고려하지 않는 중앙집권적인 계획은 생산에 필요한 수많은 각각의 단위마다 생산을 조율하기 위한 위계적 의사 결정 구조를 필요로 한다. 생산 목표를 이미 결정한 중앙집권자는 관리적 위계 제도를 통해 생산의 각 단위마다 명령을 내림으로써 각 생산 분야에 투입물을 배분한다. 시장체제를 통해 추진되는 계획은 다르다. 시장체제에서의 계획 수립은 생산량을 조절하기 위해서 가격을 올리거나 내리는 것으로 한

정된다. 그러므로 정해지지 않은 가격에 반응하면서 생산을 하게 하는 시장체제와 마찬가지로, 시장체제에서 이루어지는 계획 역시 기업가들로 하여금 계획된 가격에 따라 생산을 조절하도록 한다. 시장적 계획 수립의 중심에는 생산 계획 수립자나 정부 관료가 아니라 가격에 따라 움직이는 기업가가 있다.

계획 수립 도구로서의 시장체제

물론 시장체제는 정부의 계획을 중시하는 체제가 아니다. 많은 사람들이 시장체제를 지지하는 것은 바로 그 이유 때문이다. 하지만 앞 장에서 설명했듯이 시장체제가 국가의 핵심적인 관리 도구라고 한다면, 정부가 중앙집권적으로 계획을 수립하면서 이용하는 주요 도구 또한 시장체제라는 점 역시 인정하는 것이다. 그리고 만일 우리가 기존의 계획이나 전통적인 의미의 계획과 시장체제에서의 계획이 어떻게 다른지 좀 더 상세히 비교해 본다면, 시장체제에 대한 우리의 이해를 크게 진전시킬 수 있을 것이다.

수많은 개인이나 가족에게 분배하거나 판매하기 위해서가 아니라 공동의 목적 — 조사 연구, 군사력 모집, 고속도로 건설 등 — 을 위해 생산이 결정된 경우, 시장체제의 정책 결정자들이나 계획 수립자는 시장에서 생산할 필요가 있다고 결정한 것을 구입한다. 비시장체제의 계획 수립자들과는 달리, 그들은 명령을 하지 않고, 생산 목표를 설정하지 않으며, 투입 요소들을 할당하지 않는다. 그들은 명령을 통해 원하는 재화와 서비스를 얻는 것이 아니라 구매를 통해 얻는다. 효율 가격은 그들이 고려하는 모든 선택에 따르는 비용을 알려 준다. 그리고 명령이 아닌 구입은 그들이 명령이라는 강요를 통해서가 아니라 구매라는 유도를 통해 결정을 수행할 수 있게 한다.

다른 한편, 수백만 명의 소비자들에게 분배를 약속한 생산ー식품, 주택, 오락 등ー에 대해서는 다른 방법을 취한다. 다시, 우리는 정책 결정자들이 필요하다고 판단한 양만큼 생산물을 구입하는 (그리고 나서 그것을 소비자들에게 판매하고, 소비자는 계획 수립자들이 결정한 총량 안에서 구입하게 되는) 단순한 경우를 상상해 볼 수 있을 것이다. 그러나 우리가 살펴본 바와 같이 훨씬 더 간단한 방법ー그리고 시장체제에서 실제로 실행하는 방법ー은 정책 결정자들이 생산을 늘리고 싶은 경우에는 서비스와 재화를 공급하는 이들에게 지불할 가격을 올리고, 생산을 줄이고 싶을 때는 지불할 가격을 내리는 것이다. 전자는 보조금을 통해서, 후자는 세금을 통해서 그렇게 한다. 즉 그들은 보조금을 통해서 주택을 구입할 수 있는 가능성을 늘리거나 세금을 통해서 자동차 생산을 줄인다.

시장체제에서의 계획 수립은 계획을 수립하는 방법의 두 가지 측면 모두에서 대안적 계획체제들과 다르다.

시장체제 안에서. 시장체제에서의 계획 수립은 첫째, 작동 중인 시장체제 안에 기반을 두고 있다는 점에서 다르다. 시장체제에서의 계획 수립은 시장체제와 경쟁하는 대안 체제가 아니다. 또한 가상적인 대안 체제 혹은 구소련과 마오쩌둥 치하의 중국에서와는 달리, 화폐, 가격, 시장은 계획 수립의 단순한 부속물이 아니다. 시장체제 외부의 계획 수립자에 의해서가 아니라 시장의 소비자, 노동자와 기업가에 의해서 훨씬 더 많은 대부분의 결정이 이루어진다.

효율 가격. 이미 말한 것처럼, 시장체제에서의 계획 수립은 대안적인 계획체제에서와는 다르다. 왜냐하면, 시장체제에서 생산에 관한 중앙집권적 결정을 하는 사람들— 그들이 내각의 각료이거나 입법자이거나 아니면 공무원이거나 — 은 효율 가격 형태의 비용 정보를 갖고 있기 때문이다. 대안적인 계획체제에서 가격은 임의 가격이다.

관료들이 세금을 부과하고 보조금을 지급함으로써 시장 참여사의 시장 선택을 수정하거나 변경할 때, 그것은 곧 그 사회가 부담해야 할 공동의 가치에 참여자들이 집중하게 하는 것이다 — 이것이 그들의 활동 이유다. 그들은 해당 재화나 서비스에 대한 시장의 평가와 효율 가격을 적절하지 않은 것으로 간주한다. 그럼에도 불구하고 효율 가격은 참여자 대중이 가치 있게 여기는 것이 무엇이며, 개별적인 시장 선택에는 어떤 부담이 따르는가를 그들에게 알려 준다. 그것은 귀중한 정보다. 그 정보를 통해 그들은 기존의 시장 평가와 그들 자신의 평가를 비교할 수 있다. 또한 그 정보는 시장 평가를 무시하는 것이 아니라 수정하면서—일축하기보다는 가감하면서—계획을 세울 수 있게 해주기도 한다. 시장체제가 없다면, 그들은 그런 정보와 지침, 개별적인 평가를 수정할 수 있는 가능성을 가질 수 없을 것이다. 그들은 개별적이거나 일반적인 평가에 관한 정보를 제공해 줄 어떤 효율 가격도 얻지 못할 것이다.

순차적인 결정. 시장체제에서의 계획 수립은 포괄적인 생산 계획 — 5개년 계획, 심지어는 1개년 계획조차 — 없이 진행된다는 점에서 다르다. 그 대신에 모든 현대 국가에서 보여 주고 있듯이, 시장체제에서의 계획 수립은 시장체제의 몇몇 부분에서 이루어지며, 각각의 결정은 이미 이루어진 결정에 비추어서 그리고 앞으로 이루어질 결정을 예상해서 이루어진다.

어떤 사람들은 포괄적인 계획 없이 이루어지는 순차적인 결정을 계획 수립이라고 부르는 것에 반대할 것이다. 그러나 그들의 견해는 과거의─내 생각에는 이제는 구시대의 유물이 된─계획 수립 이론이다. 왜 5개년 계획이나 1개년 계획과 같은 비순차적인 계획 수립이 구시대의 유물인지 알려면, 국가적 생산 계획 수립과 자신의 가정에서 지출 계획을 세우는 결정을 비교하는 것이 도움이 될 것이다.

만일 당신 가족의 1개년 계획─원하는 각 재화와 서비스의 양을 자세하게 밝히는─을 적어 내라고 한다면, 당신은 그렇게 하기가 어렵다는 것을 금방 알 것이다. 이렇게 저렇게 각각의 양을 상술한다고 해도, 당신은 변화하는 욕망, 예상치 못한 여건, 비용의 변화나 새로운 서비스와 재화의 입수 가능성을 제대로 예상했는지 확신할 수 없을 것이다. 당신은 가족의 의료비를 미리 예상하지 못하며, 올해 지붕이 새기 시작할 것인지, 6월에 시장에 출시될 어떤 새로운 컴퓨터 소프트웨어가 필요할 것인지 알지 못한다.

다행스럽게도 당신은 계획을 한꺼번에 모두 세울 필요가 없다. 그 대신에 시장체제는 당신이 결정하기 적당한 시간에 결정을 위해 순차적으로 선택할 수 있도록 해준다. 당신은 이미 이루어진 선택─고기를 이틀 동안 계속 먹지 않았음─에 비추어서, 그리고 가깝고 먼 미래의 대안에 비추어서 각각의 선택을 고려한다. 만일 당신이 자동차를 구입한다면 보험에 가입할 것이다. 당신은 자신의 능력 범위 안에서 선택할 수 있고, 1개년 계획을 세울 때보다 훨씬 더 높은 능력을 발휘할 수 있다. 당신은 한 해의 지출 전체에 영향을 미칠 제약들, 예컨대, 당신이 한 해 동안 오락에 얼마까지 지출할 수 있는지를 염두에 둘 수는 있다.

그러나 당신의 계획 수립은 선택하는 그 순간에야 비로소 분명해지며 또 순차적으로 이루어진다.

당신이 원한다면 자연스럽게 되는 대로 살 수도 있지만—그리고 그에 따른 결과를 감수할 수도 있지만—다른 한편으로는 각각의 결정과 관련된 과거와 미래의 결정들을 광범위하고 면밀하게 고려하면서 선택 가능한 결정을 하나하나 연구할 수도 있다. 결정들 간의 상호 의존성을 가볍게 볼 필요는 없다. 하지만 한 번에 다 결정해야만 하는 것이 아니라면 각각의 결정들을 자유롭게 검토할 수는 있다. 필요한 모든 결정이 한 번에 한 가지씩 결정되고, 각각의 결정은 당신이 원하는 것만큼 최대한 넓게 그리고 깊이 연구하거나 계획될 수 있는 것이다.

과거에는 국가적 계획 수립자들이나 의사 결정자들은 5개년 계획이나 1개년 계획이라는 이름으로 결정을 모두 한꺼번에 하도록 내몰렸다. 우리가 이미 살펴본 것처럼, 그들은 그런 과제 속에서 허우적거렸다. 관리가 가능하고 좀 더 합리적인 형태의 국가적 계획 수립은 의사 결정자들이나 계획 수립자들로 하여금 순차적인 일련의 결정들을 한 번에 하나씩 대할 수 있게 하며 그들의 역량을 높여 준다. 이것은 끝없는 시장 선택들을 순차적으로 할 수 있는 기회를 부여해 당신의 역량을 높여 주는 것과 같다. 부분들 간의 상호관계를 고려하려는 그들의 노력은, 모든 부분에서 한꺼번에 결정해야 하는 책무에서 그들을 해방시킨다. 당신이 선택의 문제를 놓고 그러하듯, 그들도 하나의 부분적인 결정을 대하는 경우마다 바람직한 상호관계를 연구하고 조사하고 논의할 수 있다.

한 동료는 두 형태의 계획 수립을 위와 같이 구별하는 것에 관해 논평하면서 나에게 이렇게 말했다. 즉 정보가 완벽하고, 인간이 계산하고 분석할 수 있는 역량이 무한하다면, 계획 수립의 두 형태는 똑같이 잘 작동할 것이다 — 즉 두 가지 형태 모두 이상적으로 작동할 것이다. 그러나 그는 요점을 놓치고 있다. 인간은 완벽한 정보와 무한한 분석 역량을 갖고 있지 않다. 두 번째 형태가, 첫 번째가 달성할 수 없는 것을 —이상적으로는 아니지만 비교적—달성할 수 있는 것은 바로 그 이유 때문이다.

차별적인 영역. 계획 수립의 두 가지 방법을 구분하는 마지막 구별은 영역의 차이다. 시장체제에서 계획 수립자들은 그들이 사회를 통제하는 영역에서 신과 같은 존재가 아니며, 따라서 사회를 조직하는 데 따르는 부담의 대부분을 관성적으로 시장체제에 의존한다. 계획 수립자들이 자신이 수립한 계획에 대해 자랑스러워하는 경우가 많지만, 사실상 그들의 노력은 시장체제가 조율한 결과를 부분적으로 수정한 — 부분적으로 재편한 — 것일 뿐이다. 전통적인 사회는 어떤 것을 생산해야 하며, 무슨 분야에서 어떤 자원으로 생산해야 하는가 하는 문제와 관련된 주요 배분의 결정을 모두 중앙집권적 계획 수립자에게 떠맡긴다. 이와는 대조적으로, 시장체제에서의 계획 수립은, 시장에서 소비자에 의해 이루어지는 결정보다 우월한 결정이 이루어질 수 있는 분야로 생산에 관한 중앙집권적 결정을 제한한다. 이 점만으로도, 시장체제에서의 계획 수립은 대안적인 형태보다 더 간단하고, 관리도 더 쉽다 — 그리고 덜 간섭한다. 계획 수립자나 정책 결정자는 너무 많은 것을 다루지 않아도 되므로 눈을 덜 찌푸리고도 일을 더 잘할 수 있다.

시장 계획자들이 일련의 생산을 계획하지 않는다고 해서, 혼란을 초래하거나, 생산이 이루어지지 않는 것은 아님 — 대안적 체제에서는 혼란과 생산이 이루어지지 않을 것이다 — 을 주의할 필요가 있다. 그들

316

은 기존의 시장체제가 작동하도록 내버려 둔다. 만일 그들이 대량 수송 수단을 보조하기로 선택한다고 할 때, 그것은 그렇게 결정하지 않으면 대량 수송이 멈출 것이기 때문이 아니라 현행 운송 체제를 개선할 수 있다고 믿기 때문이다. 운송 체제는 그들의 결정이 없어도 움직일 수 있다. 기차가 그들의 결정을 기다리는 것은 아니다.

하나의 결산

따라서 시장체제와 대안 체제의 차이점 — 대안 체제는 시장체제와 유사하기는 하지만 효율 가격이 없고 기업가라는 핵심이 없다 — 을 고려할 경우, 시장체제를 옹호할 근거가 있는가? 나는 분명히 그렇다고 생각한다. 물론 중앙집권적인 계획체제의 대안으로서 그리고 우리가 방금 살펴본 것처럼 원할 경우 중앙집권적 계획 수립의 한 도구로서 시장체제가 운용되는 경우가 있다. 여기서 나는 효율 가격이 시장체제의 효율성을 특징짓는 것은 분명하나, 선행 결정을 지닌 시장체제가 보편적으로 효율적이라고 주장하는 것은 아니다. 혹은 시장체제를 인정하지만, 소비의 자유와 직업의 자유를 누리기 위해서는 시장체제가 반드시 필요하다고 주장한 적도 없다. 그리고 나는 시장체제가 민주주의를 침해하는 문제를 우려하기도 했다. 그리고 인성과 문화에 미치는 부정적 영향에 관해서도 살펴보았다.

그렇다고 해서 앞의 장에서 살펴본 대로 효율과 비효율 혹은 시장체제가 자유에 대해 갖는 효과 등 시장체제의 특성을 경시해서는 안 된다. 그뿐만 아니라, 시장체제가 계획 수립에서 담당하는 역할도 분명히 해두어야 할 것이다. 그런 특성을 염두에 두면서, 생활의 많은 부분에서 협력이 필요하다는 점—우리 대부분이 실제로 그러듯이—에 우리 모두 동의한다고 가정해 보자. 그 협력이 승용차 함께 타기를 위한 것이든, 자녀들의 보육을 위한 것이든, 집을 짓기 위한 것이든, 아니면 콜롬비아에서 커피를 가져오기 위한 것이든 말이다. 일부 협력을 조직하는 데 중앙집권적인 권위의 도움이 필요하다손 치더라도, 협력의 대부분은 상호 조정에 의해 조율된 개인적인 노력에 맡겨질 수 있다는 것을 우리는 안다. 권위의 개입 없이도 협력의 기회를 향유할 수 있거니와, 정부 권위를 강화시키지 않고서도 효율적이고 흔쾌하게 협력을 이끌어 낼 수 있는 다른 기회도 많다는 것을 우리는 안다. 시장체제를 지지하는 근본적인 이유는 기본적인 사회적 조율 과정으로서 상호 조정이 갖는 장점 때문이다.

때로 우리는 기획 자체가 즐겁기 때문에 상호 조정의 협력에 참여—울타리를 손질하는 일에 이웃과 동참—할 것이다. 때로 우리는 커다란 노력을 기울일 필요 없이 "이것 좀 도와주세요. 나 혼자서는 못 하겠네요" 정도의 설득만으로 서로 조절해 협력할 수 있다. 그러나 일반적으로는 더 많은 것이 필요하다. 우리는 다른 사람들의 협력을 얻으려면, 그 협력이 우리가 원하는 용역이든 사물이든, 그들에게 영향을 줄 수 있는 좀 더 강력한 어떤 방법이 필요하다. 특히 지속적인 상호 조정 속에서는 더욱 그렇다. 우리는 대부분 폭력이나 물리적인 힘, 혹은 또 다른 강요와 위협을 금지시켜야 한다는 데 동의한다. 그러면 무엇이 남는가? 한 가지 원칙 혹은 절차만 남았다. 즉 사람은 다른 사람에게 조건적인 혜택을 제공함으로써만 그들에게서 필요한 도움을 이끌어 낼 수

318

있다. 이것은 단순하지만 중요하고, 기본적인 사회적 조율의 원칙이다.

나는 이런 유형의 자율적인 상호 조정을 전반적으로 폐지해야 할 어떤 이유도 상상할 수 없다. 그런 조율을 따를 경우 얻게 될 많은 이득을 포기해야 하는 어떤 이유도 상상할 수 없다. 우리가 살펴보았듯이, 상호 조정이 가져온 혜택은 화폐, 신용과 더불어 기업가가 등장하면서 엄청나게 확대되었다. 그러므로 시장체제를 지지할 만한 가장 기본적인 논거는 확고해졌다. 개인, 가족 혹은 어떤 집단이든 강제적이 아닌 방식으로 협력을 주도할 수 있는 광범한 기회를 누리고 싶어 한다면, 그들은 시장체제를 필요로 할 것이다.

따라서 시장체제에 대한 무조건적인 반대는 성립하기 어렵다. 시장체제가 없는 사회를 우리의 미래로 삼는 것은 고려할 만한 가치가 없다. 이처럼 시장체제를 지지하는 일반적인 주장을 넘어서 이를 뒷받침할 수 있는 세부적인 근거들도 많다. 이에 대해서는 앞에서 살펴보았으며, 그중에는 강력한 주장들도 있다. 물론 그 모든 세세한 주장들은 앞서 살펴본 시장체제의 결함들과 견줘서 자세히 검토되어야 할 것이다. 아마도 시장체제를 둘러싼 세부적인 주장과 시장체제가 갖고 있다고 간주되는 결함에 대한 논의는 일반적이고 기본적인 주장보다 더 논쟁할 여지가 많을 것이다.

전반적인 관점에서 시장체제를 옹호한다고 해서 그런 주장이 시장체제가 충분하다고 말하는 것은 아니다. 아니 결코 그렇게 말하지 않는다. 그뿐만이 아니라, 그 주장은 수많은 결함을 안고 있는 현존하는 시장체제를 인정하는 것도 아니다. 내가 강조하려는 것은 다양한 제도와 사회과정이 있고 그 가운데 몇몇 유형의 시장체제는 인간들 사이에 상호작용이 이루어지는 어떤 영역에서 매우 큰 가치를 갖는다는 데 있다.

물론 그런 시장체제 역시 국가, 가족, 기업, 시민사회의 상호작용 같은 다른 형태의 사회적 조율에 의해서 보완되어야 하며 때로는 그런 사회적 조율에 자리를 내주어야 할 때가 있기도 하다.

시장체제는 우리 삶의 모든 차원에서 중요하다. 시장체제는 우리 조상들이 상상도 못했던, 국내적 차원에서나 범세계적 차원에서 사회 전체에 영향을 미치는 놀라운 협력의 업적을 이룩했다. 시장체제는 평화를 유지하는 데도 기여한다. 그러나 다른 한편, 시장체제가 갖고 있는 응분 보상 원칙은 사회라는 개념 자체를 위협한다. 나는 지금 이 문장을 이 책의 요약으로 슬그머니 끼워 넣고 있는 것이 아니라 앞서 말했던 것을 다시금 강조해서 표현하고 있을 뿐이다. 사회를 생각하고 경제는 생각하지 말자. 시장체제는 우리 삶과 사회적 구조에 깊숙이 스며들어 있는 커다란 한 부분으로서만 이해할 수 있기 때문이다.

당신은 어떤 유형의 사회를 원하는가?

옮긴이 후기

시장체제라는 용어를 낯설게 느끼는 사람이 많을 것이다. 과거 자본주의냐 사회주의(혹은 공산주의)냐의 관점이 지배했을 때, 시장체제는 자본주의의 별칭과 같은 것이었고 이념적으로 어떤 입장을 갖느냐에 따라 옹호 혹은 폐지의 대상으로 이해되었다. 칼 폴라니와 같은 몇 안 되는 선구자들을 제외하고, 시장체제에 대한 관심이나 논의도 별로 없었다. 이 책의 저자가 서문에서 말하고 있듯이 지금껏 수많은 사람들이 경제학을 배우고 연구하고 가르쳤지만, 정작 시장체제가 무엇인지에 대해 말하고자 하는 사람은 없었다.

시장체제의 문제가 본격적으로 논의되기 시작한 것은 비교적 최근의 일이라 할 수 있다. 그 첫 번째 계기는 소련과 동유럽 사회주의가 억압적인 정치 질서로 퇴락하고 경제적 성과도 점점 빈약해지고 불평등과 환경 파괴 등의 문제가 심화되면서 권위를 잃은 반면, 서구 자본주의 국가들에서 복지국가가 제도적으로 안착하게 되면서부터였다. 그러면서 '자본주의 대 사회주의'라는 관점은 급격히 약화되었고 '어떤 자본주의냐'의 문제가 더 많이 제기되었다. 그것은 같은 자본주의라 하더라도 시장체제가 사회적으로 얼마나 제어되고 복지나 재분배 등의 기능이 어떠냐에 따라 매우 다르게 유형화될 수 있다는 관점으로의 전환을 의미했다. 1980년대 초부터 시작된 '자본주의 다양성론'이나 '자본주의 대 자본주의' 등의 접근은 이때의 문제의식을 잘 보여 주는 예라고 할 수 있다. 그러나 이때에도 시장체제는 자본주의를 특징짓는 하나의 구성적 요소를 의미했을 뿐, 독립적인 주제로 다뤄진 것은 아니었다.

두 번째 계기는 1980년대 말 현실 사회주의 국가들이 붕괴하고 난 뒤였다고 할 수 있다. 많은 사람들이 이때의 세계사적 대전환을 '시장체제의 승리'라고 규정했다. 보수적인 관점을 갖는 사람들은 시장체제를 자유와 풍요, 효율성을 가능하게 하는 체제로 이해했고 더 적은 국가, 더 많은 시장체제를 강조했다. 반대로 진보적인 관점을 갖는 사람일수록 시장체제를 양극화와 환경 파괴의 주범으로 보면서 시장주의 반대 혹은 더 적은 시장체제, 더 많은 재분배와 복지를 강조했다. 물론 이때에도 여전히 논의를 압도했던 것은 시장체제에 대한 부정적·긍정적 관점이었을 뿐, 시장체제란 무엇이고 어떻게 작동하는지에 대한 논의는 거의 없었다.

이 책의 저자 린드블롬은 경제학을 가장 잘 아는 정치학자다. 미국의 학계에서조차 매우 드물게도, 그는 정치학과 경제학 두 학과에서 학생들을 가르쳤고 정치학과 경제학이 만나는 영역의 문제를 광범하게 연구했다. 그 결정판은 1977년에 출간된 그의 책『정치와 시장: 세계의 정치경제체제』*Politics and Markets: The World's Political-Economic Systems*다. 이 책이 나왔을 때 반응은 대단했다. 무엇보다도 이 책의 내용 가운데, 시장체제란 결코 자연적인 것이 아니라 여러 제도와 관습에 의해 인위적으로 만들어진 것이며, 기업 엘리트의 특권적인 위치가 민주주의를 위협할 수 있을 뿐만 아니라 대중들이 생각할 수 있는 대안 역시 이들이 허용하고자 하는 범위 안에서 이루어진다는 등의 내용이 주로 문제가 되었다.

학계에서는 다원주의 논쟁이 재개되었고, 이를 계기로 린드블롬은 '신다원주의'를 개척한 학자라는 평가를 얻게 되었다. 다원주의를 개척한 동료 학자 로버트 달 역시 린드블롬의 관점을 수용했다. 그러나 파장은 학계에만 국한되지 않았다. 책은 『타임』이 선정한 베스트셀러 목록에도 올랐으며, 보수적인 비평가들은 "비밀공산주의자" 혹은 "은밀한 사회주의자"라고 공격했다. 미국의 대표적인 대기업 모빌 사the Mobil Corporation는 아예 『뉴욕타임스』에 광고를 내어 그의 주장을 비난했다.

그러나 누가 뭐라 해도 이 책은 현실에 존재하는 여러 정치경제체제를 유형화하고 그 내부의 정책 결정 메커니즘을 제도와 과정을 중심으로 체계화했을 뿐만 아니라, 계획체제와 대비되는 시장체제를 본격적인 연구 주제로 부각시켰던 고전이라 할 수 있다. 이때의 문제의식은 24년 후에 출간된 이번 책 『시장체제』에서 더욱 분명하고 발전된 내용으로 표현되었다.

린드블롬은 1917년생이다. 80세를 훌쩍 넘겨 이 책을 썼다. 이 책에서 린드블롬은 지금까지의 자신의 평생 연구를 총결산하는 한편, 매우 흥미로운 시도를 했다. 그것은 전문용어와 경제학 이론 혹은 수식을 전혀 사용하지 않고 가능한 한 자신의 생각을 일상어로 표현하고자 했다는 것이다. 자신의 학문적 성취를 전문 연구자들이 아니더라도 해당 주제에 관심을 갖는 독자들이 읽고 이해할 수 있게 글을 쓰는 것, 그는 이를 학자로서의 마지막 사회적 역할이라고 생각했다. 이 책은 바로 그런 사회적 소명 의식의 결과라고 할 수 있다.

이 책이 다루고 있는 문제의 범위는 실로 방대하다. 바로 생각나는 대로만 적어도 금방 수십 개를 나열할 수 있다. 시장체제란 무엇인가. 시장과 시장체제는 어떻게 다른가. 시장체제는 무엇으로 이루어져 있는가. 시장체제는 경제적 번영을 가져오는가 아니면 불평등을 심화시키는가. 시장체제와 민주주의 사이의 상관성은 어떤가. 시장체제는 평화를 유지하는 데 기여하는가. 시장체제가 효율적이라는 주장은 어디까지 사실이고 어디서부터는 사실이 아닌가. 시장체제는 인격과 문화를 타락시키고 환경을 오염시키는가. 시장체제는 어떻게 만들어졌는가. 국가와 시장체제는 대립적인가. 기업은 시장체제적 요소인가 아닌가. 시장체제에서 소비자 주권은 실현되고 있는가. 시장체제는 공익적인 목적을 위해서는 기능하지 못하는가. 모든 시장체제는 똑같은가. 시장체제와 계획은 양립할 수 없는가. 미래의 시장체제는 어떤 위상을 갖게 될 것인가. 시장체제가 기능할 수 있는 최대 영역은 어디까지인가. 시장체제의 확산이 허용되지 않는 한계 영역은 어디까지인가. 시장체제에서 국가, 가족, 시민사회의 역할은 무엇인가. 국가는 시장체제 밖에서 규제의 역할만 하는 존재인가. 시장체제는 법인 기업의 특권적 위상을 필요로 하는가. 지금까지와는 다른 대안적 시장체제를 발전시킬 수 있는가. 시장체제 없는 사회는 가능한가. 우리는 대체 시장체제를 어떻게 생각해야 할 것인가.

아마도 이 책이 제기하고 있는 질문과 설명을 따라 읽다 보면 그간 우리가 알고 있는 상식이 얼마나 많은 혼란과 왜곡, 비논리와 이데올로기로 이루어져 있는 것인지를 발견하고 놀라게 될 것이다. 시장체제를 둘러싼 잘못된 신화와 상식을 해체하는 데 이 책만큼 강력한 논증은 없어 보인다. 그러나 이 책이 잘 읽힌다고 해서 쉬운 책이라고만 생각한다면, 아마도 이 책을 다 읽고 난 다음 독자 여러분은 분명 커다란 혼란에 빠질 수 있다. 이 책은 결코 간단한 책이 아니다.

시장주의자의 관점에서 볼 때 이 책은 그야말로 불경스럽기 짝이 없다. 시장체제에서 자명한 것은 하나도 없으며 시장체제란 인간이 관습과 법을 통해 인위적으로 만들어 낸 피조물이며 시장체제에 어떤 범위와 역할을 맡길 것인지는 사회가 결정할 일이라는 린드블롬의 관점이야말로 시장근본주의market fundamentalism에 대한 가장 근본적인 부정이기 때문이다. 시장주의와 기업의 이익을 옹호하는 미국의 대표적인 기관인 미제스연구소Ludwig von Mises Institute의 서평은 이를 잘 보여 준다. 한마디로 말해 오해, 왜곡, 논리적 남용, 반자본주의 정서를 담은 "대단한 넌센스!"라는 것이다. 그러면서 다른 사람의 말을 빌은 형식이긴 하지만 이런 "반자본주의적 좌파 교육"을 하는 교수들이 고소득을 받는 것을 어떻게 정당화할 수 있는가를 은근히 따져 물었다.

그러나 린드블롬의 책은 반시장주의적 급진파나 시장체제를 폐지해야 한다고 생각하는 혁명주의자들에게도 매우 불편한 내용을 담고 있다. 이 책은 시장체제의 장점을 단호하게 인정하고 있으며 우리가 지금보다 더 나은 경제체제를 만든다 하더라도 그것은 시장체제나 그 유사한 어떤 것이 될 것이라고 보기 때문이다. 자본주의의 놀라운 성취에 대해 누구보다 더 강렬하게 찬사를 보냈지만 자본주의를 넘어선 혁명적 대안을 추구했던 마르크스와는 달리, 린드블롬은 신념에 찬 점진주의자이며 시장체제의 장점을 인간과 사회가 어떤 목적으로 사용할 것인지의 문제를 더 중요하게 생각했다.

아마도 시장체제의 문제를 옹호나 반대냐의 관점에서 볼 때 린드블롬의 이 책은 한 서평자가 지적했듯 "술 취한 사람이 하는 것처럼"elbow-raising 왔다 갔다 하는 것으로 보일 수 있다. 그러나 문제를 그렇게 보는 것은 폐지냐 옹호냐 하는 화끈한 입장을 요구하는 그러한 관점의 문제이지 이 책의 문제는 아닌 것으로 보인다. 린드블롬이 일관되게 말하고자 하는 것은, 시장체제를 만든 것도 인간이고 시장체제를 움직이는 것도 인간이라는 것이다. 따라서 시장체제를 따를 것인가 벗어날 것인가 하는 접근이 아니라 우리가 어떤 선택을 하느냐에 따라 시장체제를 선용할 수도 있고 오용할 수도 있는 것으로 접근할 것을 말하고 있다. 예컨대 사람들은 성스러운 목적을 위해 예배당을 지을 때도 시장체제를 활용한다. 건축 자재와 노동력, 설계, 작업 관리 등을 상업적인 목적으로 사고파는 시장체제에서 구매할 수는 없다고 생각하고 이 모든 것을 시장체제가 아닌 방법으로 조달하고자 한다면 실제 결과는 훨씬 나쁠 것이다. 시장체제의 작동을 정부가 보완하는 방법으로 공적 목적을 달성할 수도 있다. 가난한 사람들이 필요로 하는 물건이 있는데 이들이 구매할 수 있는 가격으로는 채산성이 맞지 않아 기업들이 생산을 꺼린다고 할 때, 이 부분의 시장체제를 폐지하기보다 보조금을 지급하거나 세금 혜택을 통해 관련 산업의 채산성을 보완해 주는 것이 더 간단한 방법일 때가 있다.

우리는 시장체제를 이용하는 방법을 배워 왔고 앞으로도 더 배워 갈 필요가 있을 것이다. 시장체제냐 아니냐의 투쟁보다 더 중요한 것은 어떤 사회를 만들 것이냐를 둘러싼 투쟁이다. 이를 통해 좀 더 인간적이고 공동체적인 선택을 확대해 가는 것이 중요하고, 그러한 가치에 상응할 수 있도록 시장체제를 활용할 수 있는 사회적 역량을 키우는 것이 중요하다. 이것이야말로 민주주의의 문제다. 오늘날 우리 사회에서 시장체제의 결과가 불평등을 심화시키는 기제로 작용하고 있다면 그것은 시장체제 때문이 아니라 시장체제를 인간적이고 공동체적인 목적과 접맥시키지 못한 것, 다시 말해 민주주의 투쟁에서 실패하고 있기 때문이라고 할 수 있다.

이 책의 핵심을 이해하는 데 있어서 왜 시장경제가 아니고 시장체제인 가라는 질문을 제기해 보는 것이 유용할 것이다. 이상하게도 우리사회 에서는 시장경제라는 말은 많이 쓰지만 시장체제라는 표현은 잘 보기 힘들다. 영어권에서도 market economy란 표현이 market system이 란 표현보다 많이 쓰이긴 하나 우리처럼 아예 시장체제란 개념을 보기 힘든 정도는 아니다. 그만큼 이 책은 시장의 문제를 둘러싼 우리 사회 의 지배적 인식과 매우 거리가 있는 내용이라고 할 수 있다.

이 책은 시장경제라는 말을 쓰지 않는다. 어쩌면 이 책의 주제는 왜 시장경제가 아닌지, 왜 시장체제라는 관점에서 문제를 봐야 하는지에 대한 것이라고도 할 수도 있다. 시장적 조율이 단순히 경제 영역에 국 한된 것이라면 아마도 정치학자나 사회학자의 관심이 되지 않았을지 모른다. 물론 이 책도 필요하지 않았을 것이다. 그러나 이 책은 끊임없 이 '사회를 생각하고 경제를 잊으라'고 말한다. 독자 여러분들이 이 책 을 읽으면서 그 이유를 이해할 수 있었다면, 사실상 이 책의 모든 것을 이해했다고 해도 과언이 아니다.

그렇다면 이제부터 우리도 시장경제보다는 시장체제를 먼저 말해 야 할 것이다. 경제를 어떻게 할 것인가를 말하기 전에 어떤 사회를 만 들고 싶은가를 더 많이 말해야 할 것이다.

흔히들 물속에 사는 물고기는 물을 의식하지 못하고 우리는 대기를 의식하지 못한다고 말한다. 그간 시장체제에 굳이 관심을 두지 않았던 것도 이미 우리가 그 속에 그만큼 깊이 빠져 사는 때문일 터이다. 우리에겐 이미 시장체제에 대해서 상식처럼 믿고 있는 명제들이나, 아주 쉽게 생각하는 관계들 혹은, 매일 매일의 일상에 부딪혀서 새삼스럽게 왜 그런 일이 일어나는지 따져 볼 생각도 하지 않는 현상들이 있다. 이 책을 번역하면서 옮긴이 역시 그간에는 생각해 보지 못했던 새로운 인식을 얻은 느낌이다. 좋은 책은 쓴 사람만이 아니라 옮기고 읽은 사람에게도 즐거움과 보람을 갖게 한다는 생각을 했다.

옆에서 늘 힘이 되어 주는 어머니와 집사람, 동생 내외, 친지들에게 이 자리를 빌어서 사랑하는 마음을 전한다.

옮긴이 한상석

참고문헌

1장 시장체제의 시대

흔히 시장체제에 관한 가장 중요한 책으로 1776년에 출간된 애덤 스미스의 『국부론』을 꼽는다. 어떤 이들은 마르크스의 『자본』을 들기도 한다. 『자본』 1권은 1867년, 2권은 1885년, 3권은 1894년에 출판되었으며, 재판과 3판은 마르크스가 사망한 후 엥겔스의 도움으로 출판되었다. 두 책 모두 세계 여러 나라에서 출판되었다.

시장체제의 발흥과 역사를 둘러싼 다양한 해석에 관해서는 다음을 참조.
- Rothenberg, Winifred Barr. 1992. *From Market-Places to a Market Economy: The Transformation of Rural Massachusetts, 1750-1850*. Chicago: University of Chicago Press.

사유화에 관해서는 다음을 참조.
- Vicker, John and Vincent Wright. eds. 1989. *The Politics of Privatisation in Western Europe*. London: Frank Cass.

내가 본문에서 정의했듯이 물리적 계획체제를 화폐나 가격, 시장 없는 계획체제로 볼 때는 주의가 필요하다. 어떤 책에서는 화폐나 가격 또는 시장이 있든 없든 관계없이 물리적 계획체제를 모두 계획경제 — 시장체제에 대한 모든 대안 — 로 지칭하기 때문이다.

시장체제를 채택한 국가들에 대한 최근의 논의는 다음을 참조.
- Kuttner, Robert. 1997. *Everything for Sale: The Virtues and Limits of Markets*. New York: Knopf.
- Gilpin, Robert. 2000. *The Challenge of Global Capitalism: The World Economy in the Twenty-First Century*. Princeton, N. J.: Princeton University Press.

유럽공동시장에 관해서는 다음을 참조.

- Kenen, Peter B. 1995. *Economic and Monetary Union in Europe: Moving Beyond Masstricht.* Cambridge: Cambridge University Press.
- Heilbroner, Robert L. 1985. *The Nature and Logic of Capitalism.* New York: W. W. Norton.

2장 사회 조율

사회질서가 어떻게 이루어지는가에 관해서는 다음 책, 특히 2장 참조.
- Cohen, Percy S. 1968. *Modern Social Theory.* New York: Nasic Books.

일반적인, 특히 생물학적 세계의 상호 조정에 관해서는 도킨스의 책을, 정치 분야의 상호 조정에 관해서는 필자가 쓴 다음의 책을 보라.
- Dawkins, Richard. 1986. *The Blind Watchmaker.* New York: W. W. Norton.
- Lindblom, Charles E. 1965. *The Intelligence of Democracy: Decision Making Through Mutual Adjustment.* New York: Free Press.

폴리비오스를 언급한 내용에 관해서는 그의 다음 저서를 보라.
- Polybios. Paton, W. R. trans. 1923. *Histoies 6.10.* Cambridge: Harvard University Press.

3장 시장체제의 조율

역사적인 발전 과정을 통해 나타난 시장체제 조율에 관한 심층 분석이 필요하다면 다음을 참조.
- Braudel, Ferdnand. 1967. *Civilisation Matérielle, Economic et Capitalisme: 15e~18e Siecle.* Paris: A. Colin(영문판 Sian Reynolds ed. trans. 1981. *Civilization and Capitalism: 15th-18th Centuries.* New York: Harper & Row).; 주경철 옮김. 1996. 『물질문명과 자본주의 I~III』. 까치.

4장 시장체제의 기본 골격

'시장체제란 무엇인가'라는 주제에 대해서 연구자들은 각기 다른 설명을 하고 있다. 이

장에서 시장체제에 관한 전반적인 개요와 연구자들의 주장을 비교해 보라. 특히 필자의 설명을 다음의 책과 비교해 보라. 비록 두 책의 설명이 다르기는 하지만 핵심적인 일치점을 발견할 것이다. 특히 존 오닐의 저서는 시장과 윤리, 지식, 정치와 관련하여 매우 탁월한 참고 도서다.

- O'Neill, John. 1998. *The Market: Ethics, Knowledge, and Politics.* London: Routledge.
- Galbraith, John Kenneth. 1967. *The New Industrial State.* Boston: Houghton Milfflin.

누구나 시장체제에 선택할 수 있는 법적 자유가 필요하다는 사실은 다 아는 것 같아도, 재산권이 착취적인 자본주의의 유해한 요소인가 하는 오랜 논쟁은 여전히 결론을 내리지 못하고 있다. 시장 선택을 할 수 있으려면, 소비자는 화폐에 대해서는 물론이고 그들이 구입하는 것들에 대해서도 소유권을 가져야 한다. 재산권에 대한 반론은 생산 자산, 즉 '생산 수단'에 대한 재산권을 이런 개인적인 재산권으로부터 구별하고, 생산 수단이 사유화되면 안 된다고 주장한다.

생산수단이 공적인 손에 있든 사적인 손에 있든, 정부 관료, 주식회사, 개별적인 기업가 등 시장체제를 통해 생산을 조직화하기 위해 생산 자산을 사용하거나, 구입하거나, 판매하거나 혹은 임대할 수 있는 법적 권리가 필요하다. 이런 법적 권리는 필연적으로 현재의 사유재산권과 매우 비슷할 것이다.

재산권에 대한 일부 비판은 다른 문제를 제기한다. 그 비판의 초점은 권리에 대한 것이 아니라, 모든 기존 시장체제에서 이루어지는 권리의 불평등한 분배, 어쩌면 미래의 시장체제에서는 크게 감소할지도 모를 불평등에 대한 것이다. 재산권에 관해서는 다음을 참조.

- Bethell, Tom. 1998. *The Noblest Triumph: Property and Prosperity Through the Ages.* New York: St. Martins.
- Alexander, Gregory S. 1997. *Commodity and Propriety: Competing Visions of Property in American Legal Thought, 1776-1970.* Chicago: University of Chicago Press.

5장 기업과 법인 기업

법인 기업의 규모와 구조에 관해서는 다음을 참조.

- Harrison, Bennett. 1994. *Lean and Mean: The Changing Landscape of Corporate Power in the Age of Flexibility.* New York: Basic Books.

- Bowman, Scott R. 1996. *The Modern Corporation and American Political Thought: Law, Power, and Ideology.* University Park: Pennsylvania State University Press.

저축 대부 은행의 도산에 관해서는 다음을 보라(특히 2장).
- Greider, William. 1992. *Who Will Tell the People: The Betrayal of American Democracy.* New York: Simon & Schuster.

시장 엘리트와 정치 엘리트에 대한 대중의 통제를 다룬 분석은 다음을 참조.
- Schumpeter, Joseph Alois. 1942. *Capitalism, Socialism, and Democracy.* New York: Harper & Brothers, chap. 21.; 이영재 옮김. 1985. 『자본주의, 사회주의 민주주의』. 한서출판사
- Rose, Richard. 1985. "Accountability to Electorates and to the Market: The Alternatives for Public Organizations." Glasgow: University of Strathclyde Center for the Study of Public Policy, *Studies in Public Policy* 144.

전 세계적으로 국가의 다양한 기업 규제에 관한 입문서로는 다음을 참조.
- Francis, John. 1993. *The Politics of Regulation: A Comparative Perspective.* Oxford: Blackwell.

팀워크와 내부 통제가 수직적 방법에서 수평적 방법으로 변화하는 과정에 관해서는 다음을 참조.
- Petzinger, Thomas Jr. 1999. *The New Pioneers: The Men and Women Who Are Transforming the Workplace and Marketplace.* New York: Simon and Schuster.

법인 기업이 성장한 것은 효율적이기 때문인가, 아니면 독점과 정부의 호의라는 이점 때문인가? 효율과 문제점, 그리고 대안에 대한 설명은 다음을 참조.
- Chandler, Alfred D. Jr. 1977. *The Visible Hand: The Managerial Revolution in America.* Cambridge: Harvard University Press.
- Roy, William G. 1977. *Socializing Capital: The Rise of the Large Industrial Corporation in America.* Princeton, N.: Princeton University Press.

기업 소유권의 다양한 형태에 관해서는 다음을 참조.
- Hansmann, Henry. 1996. *The Ownership of Enterprise.* Cambridge: Harvard University Press.

사유화에 관해서는 다음을 참조.

- Vickers, John and Vincent Wright eds. 1989. *The Politics of Privatisation in Western Europe.* London: Frank Cass.

법인 기업에 관한 복잡한 문제들에 관해서는 다음을 참조.

- Korten, David C. 1995. *When Corporations Rule the World.* West Hartford, Conn: Kumarian.

6장 시장체제가 적용될 수 있는 최대 영역

- Kuttner, Robert. 1997. *Everything for Sale: The Virtues and Limits of Markets.* New York: Knopf.

7장 선택 가능한 시장체제의 실제 영역

시장체제의 선택 영역에 관해서는 다음을 참조.

- Kuttner, Robert. 1997. *Everything for Sale: The Virtues and Limits of Markets.* New York: Knopf.

시장체제에서 혈액이나 장기 매매, 혹은 상담과 같은 특정 서비스를 허용하거나 배제하는 문제에 관해서는 다음을 참조.

- Radin, Margaret Jane. 1996. *Contested Commodities.* Cambridge: Harvard University Press.

8장 응분 보상 원칙

칼 폴라니는 시장체제에서 토지, 노동력과 화폐가 자기 규제적인 상품으로 바뀌는 원인들과 결과들을 역사적으로 분석하고 있다. 토지와 화폐에 관한 문제를 제외하고는 응분 보상 원칙에 대한 나의 분석은 대체로 그의 용어보다 문제의 여지가 적은 용어를 사용해 다시 기술한 것이다.

- Polanyi, Karl. 1944. *The Great Transformation.* New York: Farrear & Rinehart.;

박현수 옮김. 1991. 『거대한 변환』. 민음사.

응분 보상 원칙과 높은 산출의 상관관계에 관해서는 다음의 연구를 보라.
- Edsall, Thomas Byrne. 1984. *The New Politics of Inequality*. New York: W. W. Norton, p.224-226.

소득과 부의 불평등에 관해서는 다음을 참조.
- United Nations Development Programme. 1997. *Human Development Report*. New York: Oxford University Press.

10장 시장체제의 효율성

카네기의 말은 다음에서 인용한 것이다.
- Johnson, Paul. 1997. *A History of the American People*. New York: HarperCollins, p.522.

11장 시장체제의 비효율성

파급효과로 인한 환경 재앙에 대한 우려와 예측에 관한 세계자원기구 및 다른 조직들의 언급에 대해서는 다음을 참조.
- Halal, William E. and Kenneth B. Taylor eds. 1999. *Twenty-First Century Economics: Perspectives of Economics for a Changing World*. New York: St. Martin's.

파급효과와 관련하여, 샤론 베더는 기업들이 환경보호에 대해서 단지 부주의한 것이 아니라 공격적으로 적대적이라는 증거를 제시한다. 중국의 사례도 참조.
- Beder, Sharon. 1998. *Global Spin: The Corporate Assault on Environmentalism*. White River Junction, Vt.: Chelsia Green.
- Binyan, Lin and Perry Link. 1998. "The Great Leaf Backward." *New York Review of Books*, October 8, pp. 19-23.

파급효과는 중공업이나 굴뚝 산업만의 문제가 아니라는 점에 관심이 있는 독자라면 실리콘밸리의 사례를 통해 이 문제를 분석한 짧은 글을 보라.

- Sachs, Aaron. 1999. "Virtual Ecology." *World Watch*, January-February 1999, pp. 12-21.

불평등에 관해서는 다음을 참조.
- United Nations Development Programme. 1997. *Human Development Report*. New York: Oxford University Press.
- Sunstein, Cass R. 1997. *Free Markets and Social Justice*. Oxford: Oxford University Press.

기업가의 동기 유발에서 나타나는 문제점, 특히 영국, 프랑스, 일본과 독일의 불법 사례에 관한 것은 다음을 참조.
- Vogel, David. 1996. *Kindred Strangers: The Uneasy Relationship Between Politics and Business in America*. Princeton N. J.: Princeton University Press. 92ff, 102ff.

부패에 관해서는 다음을 참조.
- Rose-Ackerman, Susan. 1999. *Corruption and Government: Causes, Consequences, and Reform*. London: Cambridge University Press.

12장 선행 결정으로 인한 시장체제의 비효율성

많은 경제학자들은 주로 선행 결정에 의한 배분이 효율에 미치는 영향보다는 분배의 형평성에 미치는 영향에 주목한다. 이들은, 시장적 상호 교환은 자발적인 것이기 때문에, 그 교환을 통해 모든 사람이 더 유복해지고, 서로 최선의 유리한 교환을 향해 움직이는 것으로 본다. 또한 그 과정이 인간 복지에 중요한 결과를 가져온다고 본다. 그들은 그 움직임을, 일부 참여자들이 다른 참여자들의 혜택을 빼앗음으로써 자신이 혜택을 얻을 수 있는 상호 교환과 구별하고자 한다. 그러므로 그들은 오직 서로에게 유리한 움직임들만 효율적이라고 할 뿐, 일부 사람들이 다른 사람들을 희생시키고 혜택을 얻는 다른 움직임들은 효율적이라거나 비효율적이라고 하지 않고 단지 공정하거나 불공정하다고 선언할 뿐이다. 그러므로 선행 결정은 효율적이거나 비효율적인 것이 아니라 공정하거나 불공정할 뿐이다.

그들의 구별은 여러 측면에서 탁월한 점이 있다. 그러나 우리의 목적들을 위해서는, 경제학자들이 오직 서로에게 유리한 상호 교환에만 '효율성'이란 용어를 적용하려고 하는 것은 유감스러운 일이다. 효율에 대한 좀 더 일반적인 정의는—그리고 우리의 분석 전반에 걸쳐 사용된 정의는—만일 소득이나 손실이 누구에게 떨어지든 소득이 손실을 보충한다면, 그러한 선택이나 배분이 효율적이라고 말한다. 예컨대, 환경 보존 지역을 관광용으로 사용하는 데서 오는 이득을 얻기 위해 그 지역을 지원하는 세금을 부과할 만한 가치가 있다고 한다면 그 지역을 사용하는 결정은 효율적이라 할 수 있을 것이다. 비록 대부분의 납세자들이 그 지역을 결코 찾지 않는다고 해도 말이다. 이런 유형의 판단은 불가피하다. 만일, 용어를 어떻게 사용하든, 그런 판단들이 없다면, 시장체제에 대한 평가는 이루어질 수 없다.

13장 자유 : 시장체제는 사회를 더 자유롭게 하는가

시장체제의 옹호자들은 시장체제의 특성으로서 효율보다는 자유에 관해 더 많이 언급한다. 이것은 그들의 우선순위를 반영하는 것이다. 어쩌면 자유가 효율보다 더 논증하기 쉬울 수도 있다. 그중에 특히 자유를 시장체제의 지배적인 가치로 주장하는 두 학자가 있다. 오스트리아 경제학자였던 하이에크는 『예종에의 길』로 독자들에게 가까이 다가갔다. 그 외에도 학술적인 저작들을 통해 정교한 논리를 발전시켰다. 시카고 대학의 경제학자인 밀턴 프리드먼도 아래의 저서를 통해 시장체제에서의 자유라는 문제를 다루었다. 그러나 자유에 대한 그의 분석은 하이에크의 분석이나 통화론에 관한 자신의 탁월한 저작에는 미치지 못한다.

- Hayek, Friedrich A. von. 1944. *The Road to Serfdom*. Chicago: University of Chicago Press.; 정도영 옮김. 1984. 『예종에의 길』. 삼성미술문화재단.
- Friedman, Milton. 1962. *Capitalism and Freedom*. Chicago: University of Chicago Press.; 심준보 옮김. 2007. 『자본주의와 자유』. 청어람미디어.
- _____. 1980. *Free to Choose: A Personal Statement*. New York: Harcourt Brace Jovanovich.

14장 인성과 문화 : 시장체제는 인성과 문화를 타락시키는가

시장체제가 인성과 문화에 미친 영향에 관한 논증과 역사적인 해석에 비해, 그 영향에 관한 조사 연구는 비교적 최근에야 검토, 분석되었다. 이 책에서도 인용한 다음의 책은 이 분야에서 매우 획기적인 저서다.

- Lane, Robert E. 1991. *Market Experience*. Cambridge: Cambridge University

Press.

시장체제의 문제점에 관해서는 다음을 참조.

- Marx, Karl and Friedrich Engels. 1848. *Communist Manifesto*.; 강유원 옮김. 2008. 『공산당선언』. 이론과실천.
- Ruskin, John. 1967. "Unto This Last." *Four Essays on the First Principles of Political Economy*. Lloyd J. Hubenka ed. Lincoln: University of Nebraska Press. 74ff.
- Fromm, Erich. 1941. *Escape from Freedom*. New York: Rinehart.
- Marcuse, Herbert. 1964. *One-Dimensional Man: Studies in the Ideology of Advanced Industrial Society*. Boston: Beakon.; 이희원 옮김. 1993. 『일차원적 인간』. 육문사.

시장체제와 인성, 문화의 관계에 관한 사회과학적 사고는 오랫동안 이 분야의 탁월한 연구를 통해 영향을 미쳐 온 막스 베버와 사회비평가인 리처드 토니의 저서를 보라.

- Weber, Max. 1930. *The Protestant Ethics and the Spirit of Capitalism*. New York: Charles Scribner's Sons(Die Protestantische Ethik und der Geist des Kapitalismus(1904-5)).; 김상희 옮김. 2006. 『프로테스탄트 윤리와 자본주의 정신』. 풀빛.
- Tawney, Richard H. 1929. *Religion and the Rise of Capitalism*. New York: Harcourt, Brace.

퇴니에스의 공동사회와 이익사회의 구분은 1887년에 출판된 그의 저서에서 언급되는데, 그 책은 영역되어 *Communism and Society* (East Lansing: Michigan State University Press, 1957)라는 제목으로 출판되었다.

현대의 논쟁에 대해서는 다음의 두 저서를 세넷의 저서와 비교해 보라.

- Cowen, Tylor. 1998. *In Praise of Commercial Culture*. Cambridge: Harvard University Press.; 이은주 옮김. 2003. 『상업 문화 예찬』. 나누리.
- Frank, Robert H. 1999. *Luxury Fever: Why Money Fails to Satisfy in an Era of Excess*. New York: Free Press.
- Sennett, Richard. 1998. *The Corrosion of Character: The Personal Consequences of Work in the New Capitalism*. New York: W. W. Norton.

시민 참여의 쇠퇴에 관한 상반된 두 견해에 대해서는 다음을 참조.

- Putnam, Robert. 2000. *Bowling Alone: The Collapse and Revival of American Community*. New York: Simon & Schuster.; 정승현 옮김. 2009. 『나 홀로 볼링 : 볼링 얼론 - 사회적 커뮤니티의 붕괴와 소생』. 페이퍼로드.
- Ladd, Everett Carll. 1999. *The Ladd Report*. New York: Free Press.

행복의 쇠퇴에 관해서는 다음을 참조.

- Lane, Robert E. 2000. *The Loss of Happiness in Market Democracies*. New York: Yale University Press.

사상사의 관점에서 시장체제의 영향에 관한 통찰력 있는 분석을 보려면 다음을 참조.

- Hirschman, Albert O. 1988. "Rival Interpretations of Market Society." *Journal of Economic Literature 20*. December 1988, 146-84.

15장 대중 설득 : 대중은 과연 자유롭게 선택할 수 있는가

미국과 전 세계의 홍보 비용에 대한 평가, 그리고 홍보의 두 가지 방법에 관한 통찰력 있는 분석은 다음을 참조.

- Korton, David C. 1999. *The Post Corporate World: Life After Capitalism*. West Harvard, Conn.: Kumarian, p. 32ff.
- Postman, Neil. 1986. *Amusing Ourselves to Death: Public Discourse in the Age of Show Business*. New York: Vintage.; 정탁영·정준영 옮김. 1997. 『죽도록 즐기기 : TV시대의 사람·사회·담론)』. 참미디어.

뉴스와 홍보의 연관성에 관해서는 다음을 참조.

- Beder, Sharon. 1998. *Global Spin: The Corporate Assault on Environmentalism*. White River Junction, Vt.: Chelsea Green, p. 197.

사회조직과 엘리트에 의한 대중 조작으로 사상적 왜곡이 형성된 문제(우상, 암시, 조작된 의지 등)에 대해서는 다음을 참조.

- Wood, Neal. 1983. *The Politics of Locke's Philosophy: A Study of "An Essay Concerning Public Understanding."* Berkeley: University of California Press.
- Schumpeter, Joseph A. 1942. *Capitalism, Socialism, and Democracy*. New York:

Harper & Brothers.

- Habermas, Jürgen. 1971. *Knowledge and Human Interest*. Boston: Beacon.; 강영
  계 옮김. 1989. 『인식과 관심』. 고려원.
- Schattschneider, E. E. 1960. *Semisovereign People: A Realist's Guide to
  Democracy in America*. New York: Holt, Rinehart and Winston.; 현재호·박수형
  옮김. 2008. 『절반의 인민주권』. 후마니타스.

르네상스 시대 대중에 대한 엘리트의 통제에 관한 인용은 다음을 참조.
- Hale, John. 1944. *The Civilization of Europe in the Renaissance*. New York:
  Atheneum. pp. 464, 471.; 한국일보 타임-라이프 편집부 옮김. 1993. 『르네상스』. 한
  국일보 타임-라이프.

최근 몇 년 동안 엘리트들의 선전 문구, 특별한 홍보와 관련된 출판물이 속출했다. 그중
에서 법인 기업의 통제와 대중매체 활용에 관해서는 다음을 참조.
- Alger, Dean. 1998. *Megamedia: How Giant Corporations Dominate Mass Media,
  Distort Competition, and Endanger Democracy*. Lanham, Md.: Rowman and
  Littlefield.
- Herzog, Don. 1998. *Poisoning the Minds of the Lower Orders*. Princeton, N.J.:
  Princeton University Press.

정치적 부패에 관해서는 다음을 참조. 다양한 출처를 이용하여 폭넓게 검토하고 있다.
앞에서 언급한 베더의 저서도 보라.
- Etzioni, Amitai.1984. *Capital Corruption: The New Attack on Americal Democracy*.
  New York: Harcourt Brace Jovanovich.

플라톤 이후 공공 담화의 오랜 역사적 조망에 관해서는 다음을 참조.
- Corcoran, Paul E. 1979. *Political Language and Rhetoric*. St. Lucia, Queensland:
  University of Queensland Press.

시장 엘리트가 대중의 마음을 공략하는 것에 관한 논의는 다음 책의 5~7장을 보라.
- Lindblom, Charles E. 1990. *Inquiry and Change: The Troubled Attempt to
  Understand and Shape Society*. New Haven: Yale University Press.

중간계급 사회에서 '두 계급 사회'(two-class society)로의 변화와 관련해서는 다음을 참조.

- Perrucci, Robert and Earl Wysong. 1999. *The New Class Society.* Lanham, Md.: Rowman and Littlefield.

16장 민주주의는 시장체제를 필요로 하는가

노동계급의 부상에 관해 영국 의회의 한 구성원의 말을 인용한 출처는 다음과 같다.
- Robert McKenzie and Allan Silver. 1988. *Angels in Marble: Working Class Conservatives in Urban England.* Chicago: University of Chicago Press, p. 5.

시장체제와 민주주의의 제반 관계에 관한 깊이 있는 역사적 연구로는 다음을 참조.
- Moore, Barrington Jr. 1966. *Social Origins of Dictatorship and Democracy: Lord and Peasant in the Making of the Modern World.* Boston: Beacon.; 진덕규 옮김. 1990. 『독재와 민주주의의 사회적 기원』. 까치.

17장 기업은 민주주의의 장애물인가

법인 기업에 관해서는 다음을 참조.
- Roy, William G. 1996. *Socializing Capital: The Rise of the Large Industrial Corporation in America.* Princeton, N.J.: Princeton University Press.

미국 정부가 철도 회사에 선물한 토지 문제를 인용한 출처는 다음과 같다.
- Johnson, Paul. 1997. *A History of the American People.* New York: HarperCollins, p. 534.

기업의 특권적인 위상의 발전은 다음의 책 13장을 보라.
- Charles E. Lindblom. 1977. *Politics and Markets: The World's Political-Economic Systems.* New York: Basic Books.; 주성수 옮김. 1989. 『정치와 국가: 세계의 정치경제체제』. 인간사랑.

기업 복지에 관해서는 다음의 타임지 연재물을 보라.
- *Time. 1998.* November 9, 16, 30.

네덜란드 경제부 장관의 말은 다음에서 인용한 것이다.
- *Parliamentary Proceedings 1994-95,* pp. 5085-88, 86th assembly, June 12, 1955.

기업과 민주주의의 관계는 다음을 참조.

- Mitchell, Neil J. 1997. *The Conspicuous Corporation: Business, Public Policy, and Representative Democracy*. Ann Arbor: University of Michigan Press.
- Vogel, David. 1996. *Kindred Strangers: The Uneasy Relationship Between Politics and Business in America*. Princeton, N.J.: Princeton University Press.
- McQuaid, Kim. 1994. *Uneasy Partners: Big Business in American Politics, 1945-1990*. Baltimore: Johns Hopkins University Press.
- Yergin, Daniel and Joseph Stanislaw. 1998. *The Commanding Heights*. New York: Touchstone/Simon and Schuster.

기업가들이 민주주의에 대한 적대감으로부터 돌아서고 있는 것에 대한 흥미 있는 분석도 보라.

- Payne, Leigh A. 1994. *Brazilian Industrialists and Democratic Change: The Battle Between Government and the Marketplace That Is Remaking the Modern World*. Baltimore: Johns Hopkins University Press.

18장 더 나은 시장체제는 가능한가

산업혁명과 비견될 만한 오늘날의 정보혁명에 대한 연구는 다음을 참조.

- Halal, William E. and Kenneth B. Taylor eds. 1998. *Twenty-First Century Economics: Perspectives of Economics for a Changing World*. New York: St. Martin's.

복지국가의 문제점과 전망에 관해서는 다음을 보라

- Baker, Dean and Mark Weisbrot. 1999. *Social Security: The Phony Crisis*. Chicago: University of Chicago Press.
- Pierson, Christopher. 1991. *Beyond the Welfare State? A New Political Economy of Welfare*. Cambridge, Eng.: Polity.
- Marmor, Theodore R, Jerry L. Mashaw and Philip L. Harvey. 1999. *America's Misunderstood Welfare State: Persistent Myths, Enduring Realities*. New York: Basic Books.

이해관계자 사회 이론의 제안은 다음에서 인용한 것이다.

- Ackerman, Bruce and Anne Alstott. 1999. *The Stakeholder Society*. New Haven: Yale University Press.

찾아보기